中国社会科学院工业经济研究所

学科前沿报告

2017

主　编／黄群慧　史　丹
副主编／崔民选　李海舰

经济管理出版社
ECONOMY & MANAGEMENT PUBLISHING HOUSE

图书在版编目（CIP）数据

中国社会科学院工业经济研究所学科前沿报告（2017）/黄群慧，史丹主编.—北京：经济管理出版社，2017.12
ISBN 978 - 7 - 5096 - 5627 - 3

Ⅰ.①中…　Ⅱ.①黄…②史…　Ⅲ.①工业发展—研究报告—中国—2017　Ⅳ.①F424

中国版本图书馆 CIP 数据核字（2017）第 329414 号

组稿编辑：杨雅琳
责任编辑：杨雅琳
责任印制：黄章平
责任校对：张晓燕

出版发行：经济管理出版社
　　　　　（北京市海淀区北蜂窝 8 号中雅大厦 A 座 11 层　100038）
网　　　址：www. E - mp. com. cn
电　　　话：（010）51915602
印　　　刷：北京晨旭印刷厂
经　　　销：新华书店
开　　　本：787mm × 1092mm/16
印　　　张：16.5
字　　　数：279 千字
版　　　次：2018 年 1 月第 1 版　　2018 年 1 月第 1 次印刷
书　　　号：ISBN 978 - 7 - 5096 - 5627 - 3
定　　　价：88.00 元

前　言

《中国社会科学院工业经济研究所学科前沿报告（2017）》是中国社会科学院工业经济研究所推出的第七本学科前沿年度报告。工业经济研究所现设有工业发展研究室、工业运行研究室、产业组织研究室、市场与投资研究室、资源与环境研究室、能源经济研究室、区域经济研究室、产业布局研究室、企业管理研究室、企业制度研究室、中小企业与创新创业研究室和财务会计研究室，其研究领域包括应用经济学和工商管理学中的产业经济学、区域经济学、企业管理学和会计学四个分支学科。因此，工业经济研究所的学科前沿报告主要涵盖这四个学科的热点和学术前沿问题。本报告延续了学科前沿报告系列反映"重大问题、前沿成果、权威研究"，体现"演进脉络、最新进展、未来方向"的一贯宗旨。工业经济研究所历来有直面现实经济发展中的最主要矛盾和最紧迫问题的传统。本报告继续秉承了这一传统，虽然也有一些理论前沿综述，但重点放在了与经济现实密切相关的热点专题前言综述上，这是本学科前沿报告与一般理论学科前沿报告的显著区别。

全书分为三篇，共十二章，第一篇是产业经济学科前沿报告，由第一章至第五章共五章构成；第二篇是企业管理学科前沿报告，由第六章至第十章共五章构成；第三篇是区域经济学科前沿报告，由第十一章至第十二章共两章构成。

第一章"中国经济增长动力机制与宏观经济监测中的大数据方法研究综述"对中国经济及工业经济增长动力机制进行了分析，介绍了国内外关于宏观经济监测及大数据方法的应用研究方面的新观点。

第二章"竞争政策研究前沿综述"从竞争政策及其理论问题研究、竞争政策的典型实践、竞争政策新规则、互联网垄断及管制、竞争政策发展趋势、我国竞争政策存在的问题与发展思路七个方面，系统地介绍了当前竞争政策研究的重点。

第三章"传统产业转型升级研究"通过对传统产业、产业转型升级理论的文献梳理，对传统产业转型升级进行了新的判定和衡量；基于文献研究，挖掘了传统产业转型升级与战略性新兴产业和高科技产业发展三者间的正向互动促进作用。

第四章"矿产资源消费与产业结构演进的交互影响：文献综述"介绍了产业结构演进对矿产资源消费的影响、矿产资源消费对产业结构演进的影响，并对国内外相关领域的研究进行了评述。

第五章"生物质能利用技术与政策进展综述"对生物质能资源规模及利用状况、生物质能利用的主要技术路径及其应用进展、主要国家促进生物质能发展的政策演变进行了系统梳理和介绍。

第六章"企业模块化理论的演进：一个综述"首先介绍了模块化的概念，随后详细介绍了产品设计模块化、生产系统模块化和组织模块化，最后对企业模块化进行了述评和展望。

第七章"企业管理学科前沿研究报告"系统介绍了企业管理学科中品牌社群研究、企业集团研究、人力资源研究、企业社会责任研究四个方向的研究最新进展。

第八章"国资国企改革研究最新进展"从深化国资国企改革的政策思路、国有企业治理与管理问题、国有企业面临的国际规则挑战三个方面综述有代表意义的研究成果。

第九章"集成企业与组件企业间的知识分工：文献综述"从企业知识分工的概念、知识分工问题的理论内涵、集成企业与组件企业间知识分工的影响因素三个方面全面、系统地介绍了最新研究进展。

第十章"自然资源资产负债表编制研究前沿综述"主要就探索编制自然资源资产负债表的理论研究进展进行述评，并对现阶段我国自然资源环境信息披露制度研究进行简要总结，以期为我国自然资源国家治理体系和治理能力现代化建设提供理论基础和研究支撑。

第十一章"区域经济学学科前沿报告"首先介绍了中国区域经济学发展态势，随后对当前中国区域经济热点问题进行了系统梳理和介绍。

第十二章"地区产业非均衡发展与产业升级：'雁阵模式'、产业集聚视角的综述"从"雁阵模式"和产业集聚两个角度分别回顾研究地区非平衡发展、产业转移升级的文献，并对现有研究成果进行简要梳理。

学科前沿综述虽然是学术研究的一项基础工作，但真正做好该项工作并不容易。尤其是能够将该项有价值的工作连续地进行下去，还需要付出很多艰辛的努力。本报告是中国社会科学院工业经济研究所研究人员不懈努力的结果，是集体智慧的结晶。希望本报告能为提升产业经济、企业管理、区域经济、会计等学科领域的学术研究水平提供有益的借鉴。受时间和水平的限制，本书难免存在一些问题，请各位读者批评指正。

编者

2017 年 11 月 24 日

目 录

产 业 篇

第一章 中国经济增长动力机制与宏观经济监测中的大数据方法研究综述 ………… 3

一、中国经济及工业经济增长动力机制研究 ……………………………… 3

二、宏观经济监测及大数据方法的应用 …………………………………… 8

第二章 竞争政策研究前沿综述 …………………………………………… 19

一、竞争政策及其理论问题研究 ………………………………………… 19

二、竞争政策的典型实践 ………………………………………………… 30

三、竞争政策新规则："竞争中立" ……………………………………… 36

四、互联网垄断及管制 …………………………………………………… 46

五、竞争政策发展趋势 …………………………………………………… 50

六、我国竞争政策存在问题与发展思路 ………………………………… 52

七、结论与展望 …………………………………………………………… 55

第三章 传统产业转型升级研究 …………………………………………… 57

一、传统产业转型升级的判定和衡量 …………………………………… 57

二、传统产业转型升级和战略性新兴产业以及高技术产业的关系 ……… 59

三、传统产业转型升级的动力 …………………………………………… 61

四、传统产业转型升级的路径 …………………………………………… 62

五、传统产业转型升级的国际经验 ················· 64

　　六、简要评述 ······························· 66

第四章　矿产资源消费与产业结构演进的交互影响：文献综述 ··· 73

　　一、产业结构演进对矿产资源消费的影响 ··········· 74

　　二、矿产资源消费对产业结构演进的影响 ··········· 80

　　三、国内外研究述评 ························· 82

第五章　生物质能利用技术与政策进展综述 ············· 89

　　一、生物质资源规模及利用状况 ················· 89

　　二、生物质能利用的主要技术路径及其应用进展 ······· 93

　　三、主要国家促进生物质能发展的政策演变 ········· 97

　　四、总结性评论 ···························· 100

企业篇

第六章　企业模块化理论的演进：一个综述 ············ 109

　　一、引言 ································· 109

　　二、模块化的概念 ·························· 110

　　三、产品设计模块化 ······················· 113

　　四、生产系统模块化 ······················· 115

　　五、组织模块化 ··························· 117

　　六、评述与展望 ··························· 119

第七章　企业管理学科前沿研究报告 ··············· 125

　　一、品牌社群研究前沿问题 ··················· 126

　　二、企业集团研究前沿问题 ··················· 134

　　三、人力资源研究前沿问题 ··················· 143

　　四、企业社会责任研究前沿问题 ················· 148

第八章　国资国企改革研究最新进展 ……………………………… 179

一、深化国资国企改革的政策思路 ……………………………… 179

二、国有企业治理与管理问题 …………………………………… 183

三、国有企业面临的国际规则挑战 ……………………………… 188

第九章　集成企业与组件企业间的知识分工：文献综述 ………… 195

一、为什么要关注企业间知识分工问题 ………………………… 195

二、知识分工问题的理论内涵 …………………………………… 197

三、集成企业与组件企业间知识分工的影响因素 ……………… 199

四、结语与展望 …………………………………………………… 203

第十章　自然资源资产负债表编制研究前沿综述 ………………… 209

一、探索编制自然资源资产负债表的最新研究进展 …………… 209

二、对自然资源资产负债表探索研究的简要述评 ……………… 218

区 域 篇

第十一章　区域经济学学科前沿报告 ……………………………… 225

一、中国区域经济学发展态势 …………………………………… 225

二、中国区域经济热点问题研究 ………………………………… 226

第十二章　地区产业非均衡发展与产业升级："雁阵模式"、产业集聚视角的

综述 …………………………………………………………… 235

一、"雁阵模式"理论 …………………………………………… 236

二、产业集聚 ……………………………………………………… 239

后　记 ……………………………………………………………… 253

产业篇

第一章 中国经济增长动力机制与宏观经济监测中的大数据方法研究综述

随着中国经济进入新常态，国民经济及工业经济下行压力增大，对于中国经济及工业增长动力的研究受到越来越多的关注。与此同时，如何更好地判断国民经济及工业经济的景气运行状况也受到越来越多的关注，特别是大数据方法的应用为宏观经济及工业经济监测方法的发展注入了新的动力。这些研究为工业运行学科的发展带来新的方法和新的观点。

一、中国经济及工业经济增长动力机制研究

（一）中国经济增长动力

1. 围绕需求侧展开的研究

从需求侧围绕着拉动经济增长的"三驾马车"进行的研究。赵昌文等（2015）利用经济增长动力分解模型进行测算，前工业化时期（1978～1989年）和工业化初期（1990～1999年）消费是经济增长的主动力，消费对经济增长的贡献率都在42%以上；工业化中期（2000～2011年）消费对经济增长的贡献率大幅降低，为33%左右；进入工业化后期（2012年以来），最终消费对经济增长的贡献率又显著提升，超过资本积累成为最主要的拉动力量。2006年以后固定资本形成对经济增长的贡献率超过了42%，比2005年以前有大幅提高，2012年后投资的贡献率进一步提高，但仍低于消费的

贡献率。改革开放后，出口需求对经济增长的贡献总体呈现出"先升后降"的趋势特征。我国 1981～1989 年出口对经济增长的贡献率为 13%～14.5%，1990～1994 年迅速提高到 32%，在加入世界贸易组织（World Trade Organization，WTO）后 2000～2005 年达到 38.4% 的峰值，此后下降趋势明显，2012～2013 年仅为 6.2%。

黄泰岩（2014）认为，1978 年以来，投资对经济增长的贡献是呈波动上升的。他指出，在我国第二次动力转型的 1998～2012 年，投资始终占据主要地位，这一时期的经济增长是"以投资为主导的需求拉动型经济增长"。中国需求拉动经济增长已经走到尽头，必须放弃主要依靠需求拉动的思维定式，寻求新的动力源。刘瑞翔和安同良（2011）分析发现，出口在"三驾马车"中发挥着最为重要的作用，1987～2007 年由出口需求增加导致中国经济增长 256%，而消费和投资需求的增长分别驱动经济增长 243% 和 231%。刘志彪指出，由于大部分人的消费能力有限，目前还不能完全以消费型内需拉动生产，投资驱动的发展模式还有一定的空间。

从这些研究来看，扩大内需、形成消费主导型经济增长动力的观点得到了更多研究的支持。对于如何扩大内需尤其是形成消费主导型的经济增长动力，这些研究也提出了一些自己的建议，但是对于如何制定实施更为具体的需求侧政策，学术界及政策部门仍有很多工作要做。

2. 围绕供给侧及生产要素质量与成本的研究

（1）低要素成本与经济增长。梁俊伟（2006）研究得出，劳动力比较优势使大量劳动要素及资本要素随之投入出口行业，导致劳动密集型产品供给增加，国际市场价格下降，从而使贸易条件恶化，抑制了经济增长。陆铭和蒋仕卿（2007）以 1996 年国企职工大规模下岗分流为界将中国劳动力市场改革划分为两个阶段，发现 1978～1996 年经济增长充分利用市场竞争遏制了工资的过快增长，扩大了劳动要素的使用，有效地发挥了低劳动力成本的比较优势，而 1996 年以后则更多地依靠劳动生产率的提高。从贸易角度看，劳动力低成本也在较大程度上促进了我国出口经济增长，但这种劳动力要素福利可能导致"福利恶化型增长"。张广婷等（2010）发现，1997～2008 年中国农业剩余劳动力转移对劳动生产率提高和国内生产总值（Gross Domestic Product，GDP）增长的贡献分别达到 16.33% 和 1.72%，这种效应在中部地区最为明显。王金营等（2010）研究认为，1978 年以来，我国劳动负担比每下降 1 个百分点，可带来经济增长 1.06 个百分点的提高，改革开放 30 多年劳动负担降低累计带来的经济增长占总增长的 27.23%。

（2）要素升级与经济增长。高人力资本具有边际资本报酬递增的属性特征，是经济中长期稳定增长的重要因素。李静等（2015）基于中国 1978～2013 年数据的研究表明，人力资本是中国经济稳定增长的动力之源，具有足够动力实现经济增长的长期稳定。张德荣（2013）则有不同观点，认为在中国即将进入的中高收入阶段，人力资本不再是经济增长的动力因素，而更可能是发展的结果；尽管人均受教育程度尚有提升空间，但中国未来经济可持续增长可能不能依赖人均受教育程度的持续提高。余泳泽（2015）则选用全要素生产率（Total Factor Productivity，TFP）进行研究，发现自 1978 年以来，中国全要素生产率对经济增长的贡献水平偏低，总体呈下降趋势，一些年份甚至为负值，TFP 停滞所导致的粗放经济增长态势令人堪忧。

3. 结构变化与经济增长

（1）产业结构与经济增长。近年研究中关于未来经济增长的新动力产业存在较大争议。迟福林（2015）认为，服务业开始成为我国经济增长的主要推动力，经济增长新常态取决于尽快形成服务业主导的经济结构。李钢（2013）则认为，1978～2009 年中国经济增长的主要动力产业是第二产业，到 2020 年中国经济增长的主要动力产业将仍是第二产业，第三产业难以成为中国经济增长的动力产业。夏杰长和倪红福（2016）也有不同观点，他们认为在全球价值链背景下，服务业和工业（尤其是制造业）自身特点发生了根本变化，二者界限日益模糊，未来 10 年左右，服务业和工业不是谁主导，而是相互补充、相互促进的。中国未来经济增长的主导产业到底是服务业还是工业，抑或二者均是，目前存在一定争议。不过从工业和服务业融合发展态势来看，工业特别是制造业可能在未来一段时间仍会居于重要地位，实现工业和服务业"双轮驱动"。

（2）区域结构与经济增长。齐红倩等（2015）发现，1996～2013 年城镇化发展对经济增长速度和质量的提升存在长期的正向促进效应，但 2005 年以后特别是经济新常态以来促进效果明显减弱。程开明（2007）指出，城市化水平与人均 GDP 之间呈现出 "S" 形曲线的关系，表明城镇化对经济增长的影响呈现出阶段性变化。国家统计局综合司课题组计算了 1978 年以来我国 31 个省（市、区）地区生产总值的赫芬达尔指数，结果显示，自 2006 年达到峰值 0.0551 后，该指数不断下降，至 2013 年降幅达 8.1%。这表明欠发达地区的快速增长丰富了我国经济增长的区域动力。

（3）收入分配结构与经济增长。Chan 等（2014）研究发现，改革开放以来中国收入不平等程度上升提高了经济增长率，"让一部分人先富起来"的经济政策是经济高速增长的重要原因。钞小静等（2009）研究表明，收入分配不平等通过有效需求机制阻碍了经济增长。显然，分配结构在不同时期或通过不同途径对经济增长可能有不同的影响，适度的不平等有利于中国经济增长，不断恶化则会阻碍经济增长。靳涛和邵红伟（2016）区分了平均主义、正态分布和两极分化的收入分配结构各自对经济增长的影响，发现新中国成立以来，从计划经济到市场经济，从平均主义到趋于两极分化，收入分配先是阻碍了经济增长，而后大大刺激了经济增长，收入分配持续恶化又阻碍经济增长，中国收入分配对经济增长的影响经历了完整的倒"U"形轨迹。龙翠红等（2010）研究发现，农村收入不平等与经济增长之间有着明显的负相关关系，城市收入不平等对经济增长没有显著的影响，城乡之间收入不平等与经济增长之间有着显著的负相关关系；城乡部门之间的收入不平等在解释城乡两部门的经济增长时起到了重要的作用。

（4）生态环境与经济增长。张卫东和汪海（2007）实证表明，1986~2005 年我国环境污染对经济增长存在明显的负效应，但这种负效应存在一定时滞。朱承亮等（2011）构建产出角度的 SBM – Undesirable 模型，从效率视角对 1998~2008 年中国绿色经济绩效进行了研究。结果显示，节能减排约束下中国经济增长平均效率为 0.822，在现有技术进步和要素投入不变的情况下，中国经济增长平均效率尚有 17.8% 的提升空间；平均效率水平的区域分布为东部沿海地区 > 东北老工业基地 > 全国平均 > 西部地区 > 中部地区。钱争鸣和刘晓晨（2013）的研究结果稍有不同：1996~2010 年绿色经济效率水平为东部地区 > 中部地区 > 西部地区；三大地区绿色经济效率与经济增长之间均存在倒"U"形关系。以上研究的启示是，提升中国经济增长质量，必须优化生态排放结构，实现绿色发展；中西部地区应借鉴东部地区发展经验，提高资源利用效率和环境治理水平以缩小绿色经济效率水平的地区差异。环境规制对经济增长的作用方向存在一定争议。范庆泉（2015）等发现，约束重点行业的碳减排政策（碳强度约束目标）对实际 GDP 的影响存在倒"U"形关系，我国碳减排政策在当前碳强度约束目标下实现了环境质量改善和经济持续增长的"双重红利"。熊艳（2011）的研究结果刚好相反，认为环境规制强度与经济增长之间呈正"U"形关系。

4. 经济体制改革与经济增长

于敏和王小林（2012）构建了一套由 4 个维度、7 个领域、13 个指标组成的包容性增长指数，发现中国经济增长总体呈包容性趋势，但包容性增长整体水平偏低，且发展缓慢，其中，收入不平等越来越成为中国经济包容性增长的巨大障碍。沈坤荣和滕永乐（2013）指出，过去一系列以市场化为导向的体制变革的旧制度"红利"正逐渐消失甚至已经消失，可能又会强化微观激励，形成新的利益集团，阻挠改革深化。刘冰（2015）认为，通过实施市场化改革提高经济系统效率是未来经济发展的主要动力，宏观经济调控方式要从以需求管理为主过渡到需求和供给管理并重。张晓晶（2015）认为，供给管理是应对中国经济中长期减速问题的措施。供给管理本质上是供给面的体制改革。通过全面深化改革释放市场活力，对冲经济下行压力。从中长期看，中国经济在人口与劳动、资本和金融、资源和产权、技术与创新、制度与分工等方面都存在各种"供给抑制"。通过放松人口生育控制、放松户籍制度、减少资本与金融管制、优化土地与资源产权结构、推动国有企业等低效率领域的制度改革等措施，解除"供给抑制"可提高经济的长期潜在增长率。

黄群慧（2016）认为，随着人口红利快速消失、企业制造成本不断上升、资本边际回报逐步下降，中国工业增长的主要源泉必然是提高工业生产要素质量和创新工业生产要素资源配置机制，深化改革，以供给侧结构性改革为契机，再造一个工业发展的新生态系统，这个新生态系统由企业、产业和区域三个紧密相连的子系统构成，系统运行的核心是提高工业创新能力与全要素生产率。这个新生态系统与原生态系统的关键区别是具有更高的创新能力与全要素生产率，工业增长方式从劳动力和物质要素总量投入驱动主导转向了知识和技能等创新要素驱动主导，适应中国从工业大国向工业强国转变的根本需要。

（二）工业经济增长动力

原磊（2013）认为，中国工业经济增长动力机制发生转变，具体表现如下：一是由投资拉动为主向消费、投资、出口"三驾马车"协同拉动转变；二是由外延式增长向内涵式增长转变；三是由平推式工业化向立体式工业化转变；四是由"低级红利"向"高级红利"转变。江飞涛等（2014）研究表明，中国工业增长的动力机制已由效率与要素协同驱动型向资本投入主导驱动型转变。以 2003 年为界，资本投入对工业经济增长的贡献率由年均 34.07% 大幅提升为 89.28% ，而全要素生产率进步的贡献率则由年均 47.34% 骤降为年均 4.08% 。与此同时，全要素生产率增长率由年均 4.60% 急剧下降至年均 −0.05% ，边际资本产出率由 2002 年的 0.61 急剧下降至 2012 年的 0.28。他们认为，投资驱动工业经济增长的模式面临严峻的效率问题，其可持续性面临质疑。张卫华（2015）认为，中国工业发展的要素禀赋基础以及外部条件正在发生着根本性改变，中国工业正处于转变发展模式的历史性变革期。成功度过这一时期，需要转换工业发展的驱动力，实现工业经济转型升级。通过分析技术创新、要素投入、固定资产投资对工业发展的作用变化，发现要素投入和固定资产投资在工业发展中的驱动作用下降，技术创新有望成为驱动工业发展的新动力，并探讨了工业转型升级的方向、动力和方式。徐佳宾和刘勇凤（2017）以 35 个主要工业行业为对象，实证分析了 1991～2014 年中国工业增长的动力演变过程。研究表明，规模和结构是中国工业增长的主要动力因素，规模因素对工业增长的贡献始终较大，并且资本要素的规模变动效应明显超过劳动要素，而结构因素对工业增长的贡献较低。

二、宏观经济监测及大数据方法的应用

（一）国外相关研究

随着大数据的发展，许多学者将大数据的处理方法引入传统宏观经济预测模型中。例如，有些学者将"谷歌趋势"引入不同的宏观经济预测模型中，通过将预测结果与传统预测结果进行比较发现，引入搜索结果的预测模型大多比传统模型预测结果来得更加准确。

Suhoy（2009）采用大数据的方法构建"本地/就业"和"社会/社会服务/福利和失业"类别的指数，可以预测以色列、德国、土耳其、美国的失业率趋势，其用谷歌求职搜索指数预测美国的失业率的结果优于基于专业预测人士调查的全国失业率预测模型的预测结果。Choi 和 Varian（2012）则以"谷歌趋势"中的汽车销售、失业率、旅游目的地规划和消费者信心为

例，全方位展示如何利用搜索引擎数据预测经济指数的短期变动。麻省理工学院实施的"十亿价格项目"，基于互联网零售记录所构建的每日价格指数与劳工局发布的消费者价格指数非常接近。Vosen 等（2012）利用搜索数据，构建了零售业搜索指数，它不但成功预测了美国个人消费情况，而且比美国会议委员会消费者信心指数（Conference Board Consumer Confidence Index，CBCCI）和密歇根大学消费者信心指数（The University of Michigan Consumer Confidence Index，UMCCI）在预测方面更加准确，而后两个指数就是基于社会调查的统计数据计算出来的。

Cavallo（2015）进一步指出，私营部门具有更为丰富的数据信息资源，计算资源也更为强大，数据使用灵活程度也更高，能够被用来刻画和预测经济指标，可实现对经济状况的实时追踪。Baker 等（2015）则利用 10 种主流报纸的文本数据，并在此基础上构建了能够刻画经济政策不确定性的新指标。Šćepanović（2015）认为，随着大数据及大数据技术的发展，经济监测不再只依赖于政府调查数据，对于手机数据的分析可以逐步揭开社会网络结构与经济发展之间的联系，并可以此为基础建立刻画经济状况的新指标。他分析了科特迪瓦的手机用户数据，发现用户的移动模式和打电话模式与经济活动、贫富程度、发电和能源等普查数据等都有很强的关联性，可以通过一天中不同时间的通话频率推断出用户的家庭和工作区域。

Sobolevsky 等（2015）在分析西班牙个人银行转账记录数据的基础上，提出了 35 种个体经济行为量化指标。结果发现，个体消费行为与社会经济指标之间存在显著关联性。通过所提出的量化指标，能够预测 GDP、房屋价格、失业率、犯罪率、高等教育比例、生活成本和预期寿命等社会经济统计指标。以上工作为实现采用互联网大数据来预测宏观经济状况提供了新方向。

LIU 等（2016）分析了微博 2 亿用户连续 4 年的在线社交网络数据，发现在线社交活跃度与区域经济发展水平之间的关联性很强，并且社交活跃度还能反映区域的宏观产业结构。这种基于数据挖掘的分析框架，不仅能简单有效地预测经济发展状况，还为实时感知区域经济结构的健康状况提供了新途径。Levenberg（2013）提出了一种利用复合异质网络数据流来预测经济变量的新方法，采用贝叶斯分类器组合模型对非农就业指数进行了高精度预测。

（二）国内相关研究

2010 年，《经济学人》推出"克强指数"，并将之视为评估中国 GDP 增长的重要指标。该指数由三个经济指标构成，分别是"新增工业用电量""新增铁路货运量"和"新增银行中长期贷款"。"克强指数"被一些国际机构所认可，如花旗银行就用它来对比工业企业利润，并认为它的解释力更强。刘慧（2014）通过构建"克强指数"与经济增长的 VAR 模型和 VEC 模型，发现"克强指数"的三大指标与经济增长之间存在长期均衡关系和短期调整机制。申红艳等（2014）的研究也表明，用电量尤其是工业用电量与经济增长之间存在长期稳定的均衡关系和因果关系。但是，"克强指数"只包含三个主要经济指标，忽略了农业和服务业，缺少对经济发展状况的全方位把握（高见，2016）。

在宏观经济景气监测预测研究方面，国内研究者及研究机构进行了一些新的尝试，例如，工业和信息化部与中国社会科学院数量经济与技术经济研究所的工业景气指数、中国社会科学院世界经济研究所的多国宏观经济季度模型、国家信息中心的中国宏观经济模型、中国人民银行的季度计量经济模型。这些宏观经济监测预测模型以年度、季度模型为主，周期较长。无论对于政府的宏观经济政策而言，还是企业与个人的经济决策而言，更为及时准确的宏观经济预测具有更重要的价值（陈龙等，2016）。

传统的宏观经济监测预测模型都是基于经济调查的同频数据进行的，而基于大数据或者交易数据的高频数据必须要降为低频数据才能使用。这就需要采用新的方法。混频数据模型（MIDAS）可以利用混频数据，避免高频数据降为低频数据时的信息流失，提高了宏观经济监测预测的准确性。吉林大学的刘汉和刘金全（2011）验证了混频数据抽样模型（MIDAS）对中国季度 GDP 的监测和预测能力，其研究发现，出口是造成金融危机阶段中国经济增长减速的主要成因。混频数据模型在短期预测中国宏观经济方面具有比较优势，在实时预报方面具有显著的可行性和时效性。

高见和周涛（2016）指出，随着信息技术的革新，一方面经济发展促使人们使用互联网和电子信息产品在全球范围内获取和分享信息，另一方面高科技产品也忠实地记录下人们在社会经济系统中的大量行为数据。这些海量非干预数据的开放和使用，可能会对社会经济研究产生深远影响。与传统的经济普查相比，这些数据所涵盖的社会经济系统范围更广。全新的研究策略和方法，不仅极大节约了统计成本，而且可以支撑经济决策的及时性。正是认识到大数据方法在经济景气监测中的应用前景，我国部分机构和学者也开始了这方面的研究工作。

在全国人大财经委员会于 2013 年 7 月向中央提交的《企业发展和宏观经济发展关系分析》报告中，构建了"企业发展工商指数"，并以此为基础预测了中国宏观经济的趋势。"企业发展工商指数"由"企业发展工商指数课题组"提出，指数涉及 10 个对宏观经济具有显著先行性的指标，可以提前 1~2 个季度预测宏观经济发展形势。其中，部分指标采用了大数据相应技术，无论从数据规模还是技术手段上，这项研究都是大数据技术在宏观经济监测中的一次新的尝试。后来的经济发展形势证实了"企业发展工商指数"预测有较好的准确性。

张崇（2012）则利用网络搜索数据构建居民消费品指数的预测模型，其模型具有很强的时效性，同时具有较好的预测能力，它比国家统计局的数据发布早，同时具备一定的转折点预测能力。彭庚等（2013）利用 Google 提供的关键词搜索数据，采用改进的逐步回归方法分层建立了三个模型来预测失业率。结果发现，三个模型的拟合优度均在 90% 以上，说明网络搜索数据对经济、社会问题可以进行有效的预测。董倩等（2014）基于百度提供的搜索数据，对全国 16 个城市的二手房和新房价格进行了拟合与预测。结果发现，网络搜索数据不但很好地预测了房价指数，而且比官方数据发布提前了两周时间，具有很强的时效性。

大数据技术还很快被金融机构应用到投资分析领域。国泰君安于 2012 年推出"个人投资者投资景气指数"，该指数是国泰君安研究所基于对海量个人投资者样本持续性跟踪监测，并对账本投资收益率、持仓率、资金流动情况等一系列指标进行统计、加权汇总后得到的综合性投资景气指数，旨在通过对中小投资人真实投资交易行为的量化解读，更好地了解投资人对市场的预期以及当前的风险偏好等信息。高见等（2016）指出，大数据可以捕捉到新金融和其他新业态的早期发展趋势，再结合更多传统普查和统计数据，能更加完整和动态地反映新经济的发展情况。陈沁、沈明高和沈艳（2016）发布了《财智 BBD 中国新经济指数技术报告》及新经济指数（NEI），他们试图量化中国新经济的发展现状以及新经济在整个经济中占比的变化，从而填补经济转型过程中新经济度量的空白。构建新经济指数的基础数据是网络公开的大数据，包括企业网络公开招聘信息、新成立企业工商登记信息、风险投资数据、招投标数据、三板上市数据、各类专利及专利转化数据等。新经济指数是一个翔实的指标体系，细项指标代表了新经济活动的侧面，包括 1 个全国指数、4 个维度、15 个三级指标及每月 8700 万个事件的原始数据，共涉及 9 大行业类别，111 个 4 位数代码行业，覆盖全国 294 个地级以上城市。

互联网相关的电子商务和业务交易数据也被开发利用了起来。2011 年 9 月，阿里巴巴集团旗下的阿里研究中心针对网络零售消费品的价格情况发布了全国"网络零售价格指数"（Internet Shopping Price Index，ISPI）。网络零售价格是概括网络零售交易商品一般价格水平的指标。它建立在淘宝交易平台汇聚和实时积累的海量交易行为数据基础之上。目前，淘宝网是国内最主要的网络零售交易平台，基于淘宝网的 ISPI 可以大体反映国内网络零售渠道的一般物价变动。刘涛雄（2017）采用数据挖掘的方法编制线上 CPI 指数，其编制方法分为四个步骤：第一个步骤是将篮子里的产品分为 8 个大类、46 个中类、262 个小类；第二个步骤是数据抓取与处理；第三个步骤是确定各类商品的权重；第四个步骤是指数计算。其数据来源主要来自京东、天猫、1 号店等大型购物网站，也包括互联网上非电商其他信息来源。其最终统计计算的数据结果，跟统计局数据比较具有很强的相关性，方向基本一致，且反应更为及时。

刘涛雄和徐晓飞（2015）指出，大数据对宏观经济分析及研究方法的发展具有革命性的意义。首先，大数据极大地拓宽了信息来源。大数据时代的重大变化是海量的可得数据。大而全的可得数据对宏观经济分析是极其重要的，可以准确了解宏观经济形势，正确做出宏观经济发展预测，合理制定宏观经济政策。其次，大数据时代信息获得的速度大大提高，很多信息实时可得。再次，大数据带来宏观经济分析的方法论变革。随着信息量的极大拓展和处理信息能力的极大提高，经济分析可能从样本统计时代走向总体普查时代，建立在相关关系分析基础上的预测是大数据的核心。最后，大数据促进了宏观经济分析技术的革新。

陈龙等（2016）进一步指出大数据方法的应用，需要在数据收集方面，从传统宏观经济统计数据向互联网非统计数据转变。传统宏观经济数据在很大程度上依赖于调查统计。在准确性与时效性的权衡上，官方统计部门通常会为保证准确性而牺牲时效性。这就必不可避免地导致数据公布时间的滞后。而且与人为因素占很大比重的统计调查相比，从网页、电子邮件、搜索引擎、社交平台上获取的数据信息在一定程度上更加真实可信。

从已有研究来看，大数据方法在宏观经济监测预测领域的应用还不成熟，无论其理论基础还是应用方法方面的研究均相对不足，已有的大数据监测方法也需要进一步的检验。但是，大数据方法在宏观经济监测及工业经济监测中的应用有光明的前景。目前，与国外相比，我国在大数据与经济监测方面仍存在比较大的差距，一方面我们应用的领域还比较少，另一方面应用的时间也比较短，我国在这一领域的研究和应用还有很大潜力和空间。

参 考 文 献

［1］钞小静，任保平，惠康. 收入分配不平等、有效需求与经济增长——一个基于中国经济转型期的实证研究［J］.当代经济科学，2009（3）：9，15，124.

［2］陈龙，王建冬，窦悦. 基于互联网大数据的宏观经济监测预测研究：理论与方法［J］.电子政务，2016（1）.

［3］陈沁，沈明高，沈艳. 财智BBD中国新经济指数技术报告［EB/OL］. http：//www. nsd. edu. cn/teachers/professorNews/2016/0304/25596.

［4］程开明. 城市化与经济增长的互动机制及理论模型述评［J］.经济评论，2007（4）：143－150.

［5］迟福林. 走向服务业大国——2020：中国经济转型升级的大趋势［J］.经济体制改革，2015（1）：30－33.

［6］董倩，孙娜娜，李伟. 基于网络搜索数据的房地产价格预测［J］.统计研究，2014（10）.

［7］范庆泉，周县华，刘净然. 碳强度的双重红利：环境质量改善与经济持续增长［J］.中国人口·资源与环境，2015（6）：62－71.

［8］高见，周涛. 大数据揭示经济发展状况［J］.电子科技大学学报，2016（4）.

［9］国家统计局综合司课题组. 我国经济增长动力及其转换［J］.调研世

界，2014（12）：3 - 8.

[10] 黄群慧．论中国工业的供给侧结构性改革 [J].中国工业经济，2016
（9）：5 - 23.

[11] 黄泰岩．中国经济的第三次动力转型 [J]. 经济学动态,2014（2）：4 -
14.

[12] 江飞涛，武鹏，李晓萍．中国工业经济动力机制转换 [J].中国工业
经济，2014（5）：5 - 17.

[13] 靳涛，邵红伟．最优收入分配制度探析——收入分配对经济增长倒
"U" 形影响的启示 [J]. 数量经济技术经济研究，2016（5）：
44 - 64.

[14] 李钢．服务业能成为中国经济的动力产业吗 [J].中国工业经济，
2013（4）：43 - 55.

[15] 李静，楠玉，江永红．中国经济增长减缓与稳定增长动力 [J].中国
人口科学，2015（3）：32 - 43,126.

[16] 梁俊伟．劳动力比较优势、贸易利益与经济增长——基于中国的数据
[J].经济科学，2006（4）：18 - 28.

[17] 刘冰．经济新常态与经济增长的新变化 [J].宏观经济管理，2015
（1）：31 - 40.

[18] 刘长庚，张磊．中国经济增长的动力：研究新进展和转换路径 [J].
财经科学，2017（1）：123 - 132.

[19] 刘汉，刘金全．中国宏观经济总量的实时预报与短期预测——基于混
频数据预测模型的实证研究 [J].经济研究，2011.

[20] 刘慧．"克强指数" 与经济增长的动态关系研究：基于 VAR 和 VEC
模型的实证分析 [J].商业时代，2014（1）.

[21] 刘瑞翔，安同良．中国经济增长的动力来源与转换展望——基于最终
需求角度的分析 [J].经济研究，2011（7）：30 - 41, 64.

[22] 刘涛雄，徐晓飞．大数据与宏观经济分析研究综述 [J].国外理论动
态，2015（1）.

[23] 刘涛雄．基于互联网数据的经济指数分析 [J].软件与集成电路，
2017（1）.

[24] 刘志彪．新常态下经济增长动力重塑与结构纠偏 [J].前线，2015
（6）：18 - 20.

[25] 龙翠红, 吴福象, 洪银兴. 收入不平等与经济增长——基于中国省际面板数据的实证分析 [J]. 世界经济文汇, 2010 (5): 25 - 37.

[26] 陆铭, 蒋仕卿. 重构"铁三角": 中国的劳动力市场改革、收入分配和经济增长 [J]. 管理世界, 2007 (6): 14 - 22.

[27] 彭庚, 苏亚军, 李娜. 失业率预测研究——基于网络搜索数据及改进的逐步回归模型 [J]. 现代科学管理, 2013 (12).

[28] 齐红倩, 席旭文, 高群媛. 中国城镇化发展水平测度及其经济增长效应的时变特征 [J]. 经济学家, 2015 (11): 26 - 34.

[29] 钱争鸣, 刘晓晨. 中国绿色经济效率的区域差异与影响因素分析 [J]. 中国人口·资源与环境, 2013 (7): 104 - 109.

[30] 申红艳, 吴晨生, 宸铁梅, 滕飞. 大数据时代宏观经济分析面临的机遇与挑战 [J]. 经济研究参考, 2014 (63): 19 - 25.

[31] 沈坤荣, 滕永乐. "结构性"减速下的中国经济增长 [J]. 经济学家, 2013 (8): 29 - 38.

[32] 王金营, 杨磊. 中国人口转变、人口红利与经济增长的实证 [J]. 人口学刊, 2010 (5): 15 - 24.

[33] 夏杰长, 倪红福. 中国经济增长的主导产业: 服务业还是工业? [J]. 南京大学学报 (哲学·人文科学·社会科学), 2016 (3): 43 - 52.

[34] 熊艳. 基于省际数据的环境规制与经济增长关系 [J]. 中国人口·资源与环境, 2011 (5): 126 - 131.

[35] 徐佳宾, 刘勇凤. 中国工业增长的动力分析——规模还是结构 [J]. 经济理论与经济管理, 2017 (6): 33 - 44.

[36] 于敏, 王小林. 中国经济的包容性增长: 测量与评价 [J]. 经济评论, 2012 (3): 30 - 38.

[37] 余泳泽. 改革开放以来中国经济增长动力转换的时空特征 [J]. 数量经济技术经济研究, 2015 (2): 19 - 34.

[38] 原磊. 工业经济增长动力机制转变及"十二五"展望 [J]. 经济问题, 2013 (4): 4 - 11.

[39] 张崇, 吕本富, 彭庚等. 网络搜索数据与 CPI 的相关性研究 [J]. 科学管理学报, 2012 (7).

[40] 张德荣. "中等收入陷阱"发生机理与中国经济增长的阶段性动力 [J]. 经济研究, 2013 (9): 17 - 29.

［41］张广婷，江静，陈勇. 中国劳动力转移与经济增长的实证研究［J］.中国工业经济，2010（10）：15 – 23.

［42］张卫东，汪海. 我国环境政策对经济增长与环境污染关系的影响研究［J］.中国软科学，2007（12）：32 – 38.

［43］张卫华，江源，原磊，于建勋. 中国工业经济增长动力机制转变及转型升级研究［J］.调研世界，2015（6）：3 – 10.

［44］张晓晶. 试论中国宏观调控新常态［J］.经济学动态，2015（4）：14 – 24.

［45］赵昌文，许召元，朱鸿鸣. 工业化后期的中国经济增长新动力［J］.中国工业经济，2015（6）：44 – 54.

［46］朱承亮，岳宏志，师萍. 环境约束下的中国经济增长效率研究［J］.数量经济技术经济研究，2011（5）：3 – 20，93.

［47］Baker S. R., Bloom N., Davis S. J. Measuring Economic Policy Uncertainty［R］. Cambridge, USA：National Bureau of Economic Research, 2015.

［48］Cavalloa. Scraped Data and Sticky Prices［R］. Cambridge, USA：National Bureau of Economic Research, 2015.

［49］Choi H, Varian H. Predicting the Present with Google Trends［J］. Economic Record, 2012, 88（S1）：2 – 9.

［50］Levenberg A., Simpson E., Roberts S., et al. Economic Prediction Using Heterogeneous Data Streams from The World Wide Web［C］//Proceedings of ECML/PKDD2013 Workshop on Scalable Methods in Decision Making. Prague, Czech Republic：［s. n.］2013.

［51］Liu J. H., Wang J., Shao J., et al. Online Social Activity Reflects Economic Status［J］. Physica A, 2016, 457：581 – 589.

［52］Sobolevsky S., Massaro E., Bojic I., et al. Predicting Regional Economic Indices Using Big Data of Individual Bank Card Transactions［C］//Proceedings of the 6th ASE International Conference on Data Science. Stanford, USA：ASE, 2015：1 – 2.

［53］Suhoy T. Query Indices and a 2008 Downturn：Israeli Data［R］. Technical Report, Bank of Israel, 2009.

［54］Vosen S., Schmidt T. A Monthly Consumption Indicator for Germany Based on Internet Search Query Data［J］. Applied Economics Letters, 2012, 19（7）：683 – 687.

［55］ŠĆEPANOVIĆ S, MISHKOVSKI I, HUI P, et al. Mobilephone Call Data as A Regional Socio – economic Proxy Indicator ［J］. PLOS ONE, 2015, 10 （4）: e0124160.

（江飞涛、张航燕）

第二章 竞争政策研究前沿综述

竞争政策①指"一整套旨在确保市场竞争不受限制和经济福利不至于降低的政策和法律"。② 以 1890 年美国通过的《谢尔曼法》（Sherman Act）为显著标志，③ 竞争政策首先在美国登上历史舞台，开启了对托拉斯的管制与制裁；随着第二次世界大战后德国、英国和欧共体相继实施竞争政策，竞争政策逐步系统化、制度化地成为各国经济发展的重要政策之一，在维护和促进竞争方面变得不可或缺，从少数几个国家扩展至全球大部分国家，并逐渐构成市场经济秩序的重要基石。④

一、竞争政策及其理论问题研究

（一）竞争政策界定与认识

竞争政策是一个十分广泛的概念，包括一系列由政府采取的用以保持和

---

① 在美国常被称为反托拉斯政策。

② Motta M.. Competition Policy: Theory and Practice［M］. Cambridge: Cambridge University Press, 2004.

③ Motta M.. Competition Policy: Theory and Practice［M］. Cambridge: Cambridge University Press.

④ Neumann M.. Competition Policy: History, Theory and Practice［M］. Cheltenham: Edward Elgar Publishing, 2002. 战前虽然有一些国家在不同程度上制定和实施了竞争政策，但其作用空间与实施力度十分有限，且在国家经济政策也不占重要位置。

促进市场有效竞争的措施和工具。① 反托拉斯法（或竞争法，也称反垄断法）只是竞争政策的一个组成部分，其他组成部分包括国有企业私有化、去规制实践、削减企业补贴和降低对国外产品和供应商的歧视等政策措施。通常来说，一个政府的竞争政策立场可能部分地由其参与在其中的国际条约决定，如区域一体化协议。Hoekman B. 和 Holmes P.（1999）认为，竞争法和竞争政策之间的主要区别在于，竞争政策针对私人和政府的行为，而竞争法（反垄断法）则针对私人实体（或公司）的行为。②

竞争法是指一系列由政府制定与实施的，针对企业之间限制竞争的协议和滥用主导地位等行为（包括试图通过并购等方式创造主导地位的行为）的规制和原则。竞争法最主要的目标是最大限度地确保资源配置效率，通过确保竞争过程不受扭曲或不被滥用支配地位所阻碍（无论是通过禁止或通过监管）或限制竞争协议，从而最大化国家利益。大多数地区或国家认为，企业之间的可能减少竞争的协议会促进效率提升，甚至对这类协议给予补贴支持。不同国家在强调效率方面各有侧重——大多数都包括立法中的社会目标和"公平"考虑。③

Hoekman B. 和 Holmes P.（1999）指出，由于受国内出口利益的驱动，竞争政策（竞争法）正日益受到经济合作与发展组织（Organization for Economic Co – operation and Development，OECD），成员国贸易政策官方的重视，因为反竞争行为使它们的产品与服务在国外市场受阻。为最小化在实行某些 WTO 协议过程中可能造成的不良后果，发达国家对于实行积极的国内竞争政策具有强烈的意愿，从而也使一个合适的具有跨国协调效力的竞争政策应运而生。1996 年，WTO 成立了一个工作组来调查贸易与竞争政策的关系，并协调由此可能引发的问题。④

从不同领域视角对竞争政策的释义也有所不同，经济学领域的研究以竞争理论为依托，试图为政府提供一种有效的市场规制方法，指"一整套旨在确保市场竞争不以有害于社会的方式受到限制的法律和政策"；⑤ 而法学领域的竞争政策研究更多的是定位于规制市场竞争行为的相关法律，与其他

---

① Krakowski M.. Competition Policy Works, The Effects of Competition Policy on the Intensity of Competition – An International Cross – Country Comparison, HWWA Discussion Paper, 2005.

②③④ Hoekman B., Holmes P.. Competition Policy, Developing Countries, and the World Trade Organization, World Bank, 1999.

⑤ Motta M.. Competition Policy：Theory and Practice［M］. Cambridge：Cambridge University Press, 2004.

经济政策或社会政策相比，竞争政策可以说是通过法律来实施的经济政策，其主要特点就是以具体的法律为基础，或这些法律本身就是竞争政策的构成部分。

概括而言，在国外，无论学术界还是各级推行竞争政策的机构或政府，对竞争政策的理解均能达成一些共识：竞争法（反托拉斯法或反垄断法）只是竞争政策的组成部分，竞争政策相较于竞争法具有更为丰富的内涵，包括政府用于决定支配市场竞争条件的一系列政策措施和工具;[1] 世界贸易组织认为，竞争政策包括竞争法和其他旨在促进竞争在国家经济中的作用的相关措施和政策；联合国贸易和发展会议（1999）对竞争政策的定义更为广泛，认为竞争政策应包括与市场竞争相关的所有政策和措施，和政府所采用的所有针对反竞争行为的各种政策。[2]

国内学界对竞争政策也有不同的理解，学者们认为竞争政策的内涵有广义和狭义之分。从最广义的概念来讲，凡是与市场竞争有关的或者能够影响一国国内或与其他国家的竞争调和或竞争环境的所有政策都属于竞争政策范畴。广义的竞争政策指一切有利于竞争的政策，包括反垄断政策、政府对国有企业的私有化政策、放松规制、政府削减对企业的补贴以及减少不利于外国产品和外国生产者的政策等。[3] 早期研究竞争政策的学者如陈秀山（1997）、[4] 王晓晔（1998）、[5] 王先林（2005）[6] 等基本认同广义的竞争政策定义，他们认为，竞争政策是所有为保护和促进市场经济中的竞争而采取的行动措施、法律法规和实施机构的总和。王先林和丁国峰（2010）认为，如做适当扩大解释，竞争政策还包括国家促进市场主体充分发挥自由竞争的各种政策工具。[7] 中国社会科学院"竞争政策比较研究"课题组（1994）认为，竞争政策是覆盖社会经济生活方方面面、无处不加以考虑和体现的基本

---

① Hoekman B., Holmes P.. Competition Policy, Developing Countries, and the World Trade Organization ［R］. World Bank, 1999.

② UNCTAD. Experiences Gained so far on International Cooperation on Competition Policy Issues and the Mechanisms Used ［EB/OL］. http：//unctad. org/en/Docs/c2clp99d11. pdf, 2016 – 11 – 23.

③ 李向阳. 国际经济规则与企业竞争方式的变化——兼评全球竞争政策和竞争方式的发展方向 ［J］. 国际经济评论, 2000（Z6）：5 – 9.

④ 陈秀山. 现代竞争理论与竞争政策 ［M］. 北京：商务印书馆, 1997：133.

⑤ 王晓晔. 有效竞争——我国竞争政策和反垄断法的目标模式 ［J］. 法学家, 1998（2）：37 – 45.

⑥ 王先林. WTO 竞争政策与中国反垄断法 ［M］. 北京：北京大学出版社, 2005：18.

⑦ 王先林, 丁国峰. 反垄断法实施中对竞争政策与产业政策的协调 ［J］. 法学, 2010（9）：28 – 35.

国策和指导原则，需要借助一系列法律法规和政府行为来体现。^① 徐士英（2013）认为，竞争政策是政府使用、决定市场竞争机制运行条件的一系列方法和制度工具，也指出这些方法和工具可能促进竞争，也有可能限制竞争。^②

在狭义的竞争政策理解方面，学者们也有不同的见解。刘劲松和舒玲敏（2006）认为，狭义的竞争政策仅指鼓励竞争、限制垄断的反垄断政策或法律，主要作为对竞争结果的"事后调节"措施，通常以法律形式出现，主要表现为反不正当竞争法、反垄断法等形式;^③ 谷克鉴（2000）认为，狭义的竞争政策就等同于竞争法，主要是反垄断法，也可被视为一组针对限制性商业惯例的法律或法规。竞争政策与产业政策的关系基本上就是反垄断法与产业政策或者产业政策法的关系。^④

理解竞争政策，须摆正竞争法和竞争政策的位置。竞争法是指一国政府针对企业之间，旨在限制竞争的协议或滥用市场支配地位以及试图通过企业并购建立市场支配地位等行为所建立和维护的一套规则和法律，主要包括《反限制竞争法》《反不正当竞争法》和《反垄断法》等；竞争政策则具有比竞争法更为宽泛的含义，是政府为保护和促进市场竞争而采取的行动措施、制定的法规条例和设立的监察实施机构的总和。^⑤ 由此可见，竞争法只是竞争政策的组成部分，除了上述竞争法的任务领域之外，竞争政策还包括对国有企业的私有化、减少一些领域中的政府管制、削减对特定公司的补贴计划以及减少对外国产品或者生产者的歧视等。现代竞争法与竞争政策的目的主要是通过维护竞争实现有效的资源配置，以达到经济效率目标，并由此实现一国福利最大化，即社会福利目标。^⑥

竞争政策是市场经济国家为保护和促进市场竞争而实施的一项基本的经济政策，其核心目标是通过保护和促进市场竞争，确保竞争机制在相关市场发挥作用，从而提高生产效率和资源配置效率，增进消费者福利。^⑦ 在现代

① 联邦德国的竞争政策考察 [J]. 经济学家，1994 (4)：74 - 84.
② 徐士英. 竞争政策研究：国际比较与中国选择 [M]. 北京：法律出版社，2013：4 - 5.
③ 刘劲松，舒玲敏. 论产业政策与竞争政策的战略搭配——以日本为例 [J]. 当代财经，2006 (7)：74 - 78.
④ 谷克鉴. 中国对外贸易发展中的竞争政策选择 [J]. 中国社会科学，2000 (3)：39 - 49，204.
⑤ 吴汉洪，周炜，张晓雅. 中国竞争政策的过去、现在和未来 [J]. 财贸经济，2008 (11)：102 - 110，127.
⑥ 金碚. 工业经济学 [M]. 北京：经济管理出版社，2005.
⑦ 王先林，丁国峰. 反垄断法实施中对竞争政策与产业政策的协调 [J]. 法学，2010 (9)：28 - 35.

市场经济条件下，竞争政策通常被视为可对一国经济产生深刻影响的基本国策，在政府赖以调节经济运行的各项政策中，竞争政策占有头等重要的基础地位。[①] 与其他经济政策相比，竞争政策的一个重要特点就是以有关具体法律为基础，或者说这些法律本身就属于竞争政策或主要通过法律来实施的经济政策。[②]

陈秀山（1997）对现代竞争理论与竞争政策两个方面做了系统深入的综合研究，探讨了我国社会主义市场经济中如何建立有效竞争制度，为我国建立有效竞争制度提供了有益参考。他提出了对竞争理论和竞争政策若干问题的观点和看法，并提出了一些建立竞争制度和竞争政策设想和主张，指出我国竞争制度的目标模式为："在国家监控调解下的垄断、垄断性竞争与自由竞争并存，市场结构政策与市场行为政策并重和竞争过程与社会经济发展过程的相互协调"；[③] 认为在国家的各种经济政策中，竞争政策占有基础的、首要的地位，是市场经济中一项基本的、首要的制度政策。在市场经济中，尽管各种经济政策的目标不同，但都必须遵循一个基本原则——市场竞争原则，而有效的竞争需要竞争政策为市场竞争过程创造和确立市场行为主体的行为规范和竞争活动规则。[④]

（二）竞争政策的产生与历史沿革

现代竞争政策的起源可追溯至19世纪末，自由贸易逐渐被关税壁垒取代，正是借助于关税壁垒的这一层保护，卡特尔和托拉斯在世界各地迅速蔓延；随着19世纪末20世纪初垄断的形成、发展及所引发的一系列社会矛盾的凸显，竞争法和竞争政策的相继出台成为资本主义市场经济有序发展的内在要求。[⑤]

自亚当·斯密以来，人们广泛认识到自由竞争对提升经济福利的作用，[⑥] 因而竞争在很长一段时期内都是市场经济体制的核心机制，极大地促

① 联邦德国的竞争政策考察 [J]. 经济学家，1994（4）：74-84.
② 陈秀山. 现代竞争理论与竞争政策 [M]. 北京：商务印书馆，1997：134.
③ 陈秀山. 现代竞争理论与竞争政策 [M]. 北京：商务印书馆，1997：218.
④ 陈秀山. 现代竞争理论与竞争政策 [M]. 北京：商务印书馆，1997：133.
⑤ Neumann M.. Competition Policy: History, Theory and Practice [M]. Cheltenham: Edward Elgar Publishing, 2002.
⑥ 从自由竞争理论出发，斯密将自由竞争作为市场经济的最佳调节机制，主张国家应该实行放任自由的经济政策，取消政策或法律对私人经济活动的限制、监督，反对政府对经济活动的任何干预。

进了早期资本主义的发展，然而自由放任的竞争发展到顶峰之后，导致了较之以往更为严重的垄断、不正当竞争行为和限制竞争行为，反而阻碍了市场竞争。Neumann M.（2002）指出，从经济学角度看，对竞争政策运行方式的认识是一个漫长的过程：① 由竞争所产生的垄断与阻碍竞争的行为，是市场经济和竞争机制必须面对和解决的问题，仅仅依靠竞争机制的作用对失序的市场经济进行自我修复，其结果并不理想，还需借助一系列政策组合对竞争机制进行扬长避短，从而达到让以竞争为核心过程的市场机制充分发挥有效配置资源的作用目标。

由于厂商之间广泛存在反竞争行动，如串谋协议、反竞争合并和排斥行为等方式来创造或巩固垄断，从而造成社会福利减少，使竞争法和竞争政策在经济发展过程中不可或缺。② 尽管各国在限制垄断和保护竞争方面的诉求基本一致，但在一些具体问题上还存在误解和分歧（如对卡特尔作用的问题就曾是最为热烈的论题），以至于竞争政策的推进十分缓慢，在第二次世界大战前只有美国具有现代意义上的竞争政策，直到 20 世纪 50 年代（第二次世界大战后）欧洲才制定竞争政策，各国纷纷开始制定竞争政策。③ 在美国的督促和引导下，日本于 1947 年颁布了《禁止私人垄断和确保公正交易法》，成为亚洲第一个引入竞争政策的国家，德国于 1957 年颁布了《反对限制竞争法》，并于 1958 年成立联邦卡特尔局，作为"反对限制竞争法"的监督和执行机构。

20 世纪 80 年代后期以来，以反垄断为主要呈现形式的竞争政策成为世界各国经济政策的主要政策之一，且大多以立法的形式呈现，不仅发达的市场经济国家普遍注重反垄断立法，强化相关法律制度，发展中国家和经济体制转型国家也开始注重竞争政策和反垄断立法。

在各国的实践过程中，除一些特例外，美国对"卡特尔"是"一律禁止"的，美国法院多次以《谢尔曼法案》为依据进行判决和禁止卡特尔，认为卡特尔可能带来的任何有利都是微不足道的，美国最早的卡特尔判决是 1898 年的 Addyston 铸管案；对并购则采用"一事一议"的原则进行处理，

① Neumann M.. Competition Policy：History，Theory and Practice ［M］.Cheltenham：Edward Elgar Publishing，2002.

② Motta M.. Competition Policy：Theory and Practice ［M］. Cambridge：Cambridge University Press，2004.

③ Neumann M.. Competition Policy：History，Theory and Practice ［M］.Cheltenham：Edward Elgar Publishing，2002.

即使高度横向集中也不会被"一律禁止"，德国以及其他欧共体国家则在禁止卡特尔的同时允许一些特例存在。① Neumann M.（2002）认为，各国的竞争政策成效显著，提升了该国的国际竞争力。②

（三）竞争政策的地位、功能

竞争政策在经济政策和社会政策中具有举足轻重的作用：随着经济理论对社会经济发展的指导作用逐渐强化，经济效率问题更受重视；竞争政策对权力、财富和收入的分配一直都具有广泛和深入的影响。③

1. 竞争政策与经济增长

Rodriguez A. 和 Coate B. 以拉丁美洲国家为例，运用数学模型分析了市场经济体制对转型国家提升经济发展效率的影响，指出竞争政策有助于在国家经济体制转型初期确立竞争秩序。④ Serebrisky T.（2003）针对阿根廷在油气领域的竞争政策推进效果进行分析，指出对垂直整合的限制，以及对石油供应商与油气站之间合同持续时间的限制等新的竞争政策在阿根廷油气市场有助于消除进入壁垒和培育竞争。⑤ Roberts S.（2004）回顾了竞争政策在经济发展中的作用及其在发展中国家的经验，并对 1994 年以来竞争政策在南非所产生的影响进行了评估，指出竞争政策在南非已成为经济转型发展的重要因素。⑥

Bucci A.（2005）通过扩展产品水平创新的基本 Romerian 模型，重新考量产品市场竞争与经济增长的关系，发现市场竞争与经济发展两大变量之间存在倒"U"形的关系，⑦ 在此基础上，Bianco D.（2007）通过从中间产品在最终产出和专业化收益中的份额对市场势力参数进行分解，发现市场竞争与经济增长之间的倒"U"形关系不复存在，由于资源分配与熊彼特效应

①②③ Neumann M.. Competition Policy: History, Theory and Practice [M]. Cheltenham: Edward Elgar Publishing, 2002.

④ Rodriguez A., Coate B.. Competition Policy in Transition Economies: The Role of Competition Advocacy [EB/OL]. http://heinonline.org/HOL/Page? handle = hein. journals/bjil23&div = 23&g_ sent = 1&collection = journals#, 2016 - 11 -15.

⑤ Serebrisky T.. The Role of Advocacy in Competition Policy: The Case of the Argentine Gasoline Market [R]. World Bank Policy Research Working Paper, 2003.

⑥ Roberts S.. The Role for Competition Policy in Economic Development: The South African Experience [J]. Development Southern Africa, 2004, 21 (1): 227 -243.

⑦ Bucci A.. An Inverted - U Relationship between Product Market Competition and Growth in an Extended Romerian Model [J]. Rivista di Politica Economica, 2005 (95): 177 -205.

对经济增长的负面影响，使得竞争与增长之间的关系趋于弱化。① Buccirossi P. 等（2013）通过考察 12 个 OECD 国家 22 个产业在 10 年间（1995～2005）全要素生产率的增长情况，发现由新建指数考量的竞争政策对全要素生产率具有稳健的正相关和显著的影响，还发现执法机构效率和竞争政策之间具有互补性。②

2. 竞争政策与社会发展

WTO（1998）的研究认为，在发展中市场经济体推行竞争法和竞争政策能促进资源分配效率、保护消费者福利、预防或解决过度集中及由此引致的结构刚性、正确处理企业（包括跨国企业）的反竞争行为、增强吸引 FDI 的能力及最大化 FDI 的收益、加强私营化和增进监管改革/放松管制措施的好处并为倡导支持竞争政策改革做铺垫。③ Abbott P.（1998）指出竞争政策与农业稳定政策之间的紧张关系，并试图揭示农业贸易对下一轮关贸总协定（GATT）中竞争政策谈判的影响。④ Owen M.（2003）从竞争政策在支持市场改革进程中所扮演的角色，对竞争政策在拉丁美洲的最新进展进行分析，在过去的 20 年中，80 多个拉美国家制定了反垄断法（基于美国和欧洲模式），大部分拉美国家在促进竞争方面正发生明智的转向，主要表现在强调反对的掠夺性定价的广为人知的行动、开展竞争推进项目以及针对公共部门的限制竞争。⑤

Pedro L. 和 Richard S.（2003）通过研究排他性合同在远洋运输产业的竞争效应，发现排他性合同有助于提升这些企业的利润，且有助于提升净出口行业股票持有者的市场势力。⑥ Giacomo C. 和 Vincenzo D.（2013）通过排他性合同和市场份额折扣分析企业竞争，发现排他性合同强化了竞争，从而降低了价格和企业利润，并有效提升了消费者福利，市场份额折扣则限制

① Bianco D.. An Inverted – U Relationship between Product Market Competition and Growth in an Extended Romerian Model：A Comment ［J］. Rivista di Politica Economica, 2007（9）：245－258.

② Buccirossi P.，Ciari L.，Duso T.，et al. Competition Policy and Productivity Growth：An Empirical Assessment ［J］. The Review of Economics and Statistics, 2013, 95（4）：1324－1336.

③ WTO. Synthesis Paper on the Relationship of Trade and Competition Policy to Development and Economic Growth, 18 September, 1998.

④ Abbott P. Competition Policy and Agricultural Trade ［R］. OECD Workshop on Emerging Trade Issues in Agriculture, 1998.

⑤ Owen M. Competition Policy in Latin America ［R］. John M. Olin Program in Law and Economics Working Paper, 2003.

⑥ Pedro L.，Richard S. Exclusive Contracts and Market Power：Evidence from Ocean Shipping ［J］. The Journal of Industrial Economics, 2003, 51（2）：193－213.

竞争，并导致更高的价格和消费者福利损失，指出在规模经济不那么重要且不存在显著协调失灵的情况下，排他性合同应该得到提倡，而市场份额折扣却应受到限制和禁止。[①]

Kaplow L.（2013）对竞争政策与价格垄断进行深入分析，指出由于经济复杂性普遍存在，最优竞争政策具有高度的制度依赖，且在全球范围内（甚至在一定的区域内）制度的地区差异较大。[②] 澳大利亚小企业部长 Bruce Billson（2013）在澳大利亚的竞争政策综述中指出竞争政策大大促进了生产率和关键部门的价格变化。[③] Roberto P. 等（2015）针对更为广泛的市场表现指标，探讨新兴国家的竞争政策有效性，认为反垄断机构对发展中国家的竞争水平有显著的影响，指出在发展中国家，竞争机构的制度质量比竞争政策体制的存在与能力更为重要。[④]

3. 竞争政策与市场运行

竞争政策是为保护竞争和维护正常的竞争秩序而提供的政策规定和政策手段，具体表现为两个方面：一是消除竞争限制因素，保护竞争充分展开；二是消除无效竞争而保护有效竞争，即维护正常的竞争扶序，防止不正当竞争对生产的破坏。[⑤] 实施竞争政策，就是为市场经济的正常运行及国际贸易的自由化做铺垫。[⑥] 吴汉洪等（2008）认为，在社会主义市场经济条件下，制定和实施中国的竞争政策是一项前无古人的工作，其意义和挑战都同样重大。[⑦] 陈尧和梁家祥等（2002）认为，无论是发达国家还是发展中国家，只要是实行真正意义上的市场经济体制，就必然要推行竞争政策。[⑧] 冯晓琦和万军（2005）指出，为了维护开放、有序的市场竞争秩序，中国建立和完

①　Giacomo C. , Vincenzo D. . Competition with Exclusive Contracts and Market – Share Discounts ［J］. The American Economic Review, 2013, 103（6）: 2384 – 2411.

②　Kaplow L. Competition Policy and Price Fixing ［M］. Princeton: Princeton University Press, 2013.

③　Review of Competition Policy, http: //bfb. ministers. treasury. gov. au/media – release/014 – 2013/, 2016 – 11 – 16.

④　Roberto P. , Danilo S. . Is Competition Policy Useful for Emerging Countries? An Empirical Analysis ［J］. in Giuseppe B, Fabiano T. Law, Development and Innovation ［M］. Springer, 2015: 25 – 38.

⑤　魏杰. 竞争政策的系统分析 ［J］. 经济学家, 1989（6）: 67 – 74, 124.

⑥⑧　陈尧，梁家祥，朱洪波. 经济全球化背景下如何提升我国的经济竞争力——关于竞争政策和产业政策战略搭配的探讨 ［J］. 中央财经大学学报, 2002（1）: 22 – 25, 80.

⑦　吴汉洪，周炜，张晓雅. 中国竞争政策的过去、现在和未来 ［J］. 财贸经济, 2008（11）: 102 – 110, 127.

善竞争政策势在必行。① 王晓晔（2003）指出，市场经济作为竞争的经济，本身不具备维护公平竞争的机制，处于竞争压力之下的企业为摆脱竞争获取更高的利润，总是想通过联合或者外部扩张的手段谋取垄断地位，导致限制竞争的行为不断涌现。为建立一个开放的、竞争性的和全国统一的大市场，为给企业创造一个公平的竞争环境，为使社会主义市场经济能够有序健康地向前发展，国家需要制定一个合理的竞争政策和保护竞争的法律制度。②

竞争政策通过维护和促进竞争、鼓励创新和保护消费者利益，不仅对经济发展具有促进作用，而且还具有对经济政策的统领功能和对市场经济运行的"保护伞"功能。③ 因而竞争政策被认为是市场经济中的一项基本的、首要的、制度性的政策。从一般的意义上看，没有竞争政策对竞争的制度保证作用，没有对市场竞争过程中的不正当竞争行为和排除限制竞争行为的监察和制裁的竞争政策措施，就不可能展开真正有效和健康的竞争，市场经济的运行也就会偏离正常的轨道。④

对于处于体制变革过程中的经济体而言，促进和维护竞争不仅仅是反垄断问题，而是竞争机制的引入和治理不正当竞争行为问题，因而竞争政策所面临的任务，也就不仅仅是制定和执行反垄断法的问题，而是涉及政府职能转变、市场规制建立及企业制度改革等内容的更为广泛的制度变革过程。⑤

（四）竞争政策的目标演变

自竞争法律被推出以来（加拿大于 1989 年，美国于 1990 年）的一百多年中，竞争政策被赋予了许多不同的目标，却只有少部分的目标能够长期延续并被大多数国家所接受。英国于 1973 年颁布的《公平贸易法》（Fair Trading Act）将竞争政策目标分解为以下五个方面：维护和促进国内商品与劳务的有效竞争；促进消费者福利的增加；通过竞争促进厂商降低成本；维

---

① 冯晓琦，万军. 从产业政策到竞争政策：东亚地区政府干预方式的转型及对中国的启示 [J]. 南开经济研究，2005（5）：67-73.

② 王晓晔. 不可或缺的合作——竞争政策领域的国际协调 [J]. 国际贸易，2003（7）：34-37.

③ 徐士英. 竞争政策研究：国际比较与中国选择 [M]. 北京：法律出版社，2013：5-11.

④ 吴汉洪，周炜，张晓雅. 中国竞争政策的过去、现在和未来 [J]. 财贸经济，2008（11）：102-110，127.

⑤ 张军扩. 现阶段中国竞争政策面临的主要问题及对策思考 [J]. 中国发展评论（中文版），2006（2）：14-18.

护和促进产业结构均衡布局；维护和促进国外商品在英国市场的竞争。[①]

OECD（1998）认为，竞争政策的主要目标首先在于促进和保持有效竞争过程，以确保市场可以更为有效地运行；其次是促进和维护自由贸易，使贸易主体在市场交易中不受限制。[②] WTO（1999）从联合国的多边协议公平原则和管制限制性商业惯例规则入手，指出竞争政策目标应包括促进经济效率，提升消费者福利，促进经济发展以及一些其他的目标（如促进公平与正义、保障中小企业的发展机会），促进市场一体化、促进技术发展、本地化生产与就业以及对经济和政治多元化的保护。[③] Fullerton F.（2000）认为，竞争政策的主要目标是避免在市场上形成、保持或促进经济学家所称为的"市场势力"。[④]

欧盟（2000）颁布的《纵向约束指导原则》第 7 段规定："保护竞争是欧盟委员会竞争政策的主要目标，因为这能增加消费者福利，从而实现高效率的资源配置。"[⑤] Mohan R.（2000）通过对与竞争政策相关的三个问题进行讨论与分析：我们真的需要竞争政策吗？如果真的推行竞争政策，竞争政策和法律可能的覆盖范围是什么？竞争政策如何涉及更为广阔的经济目标？他指出竞争政策应重点关注串谋、滥用主导地位与合并这三个方面。[⑥] Jenny 和 Frederic（2000）认为，竞争政策的主要目标是促进和保持有效的竞争过程，使企业能够充分利用商业机会，并且确保通过这一过程使分散决策的市场实效能促进动态和静态的经济效率。[⑦]

Neumann M.（2002）认为，限制竞争对经济福利的影响一般都是负面的，因而竞争政策应以制止限制竞争为目标，其目标不在于实行价格管制，而在于维持竞争性的产业结构。由于无法确定竞争的最优状态，不能指望通

---

① Utton M. . Fifty Years of U. K. ［J］. Competition Policy, Review of Industrial Organization, 2000（16）：267 - 285.

② OECD, World bank. A Framework for the Design and Implementation of Competition Law and Policy ［M］. World Bank Publications, 1998：1 - 2.

③ WTO. The Fundamental Principles of Competition Policy, 7 June 1999.

④ Fullerton F. . Framework for Competition Policy, Paper for the International Trade Policy & Commercial Legal Reform Technical Assistance Program, 2000.

⑤ Commission Notice, Guidelines on Vertical Restraints, OJ 2000 291/1（the "Guidelines on Vertical Restraints"）, 19n54, 32n81, 32n84.

⑥ Mohan R. . Competition Policy Dilemmas ［J］. Economic and Political Weekly, 2000, 35（28/29）：2499 - 2502.

⑦ Jenny, Frederic. Globalization, Competition and Trade Policy ［R］. Paper for the Conference on Competition Policy in the Global Trading System, 2000.

过竞争政策来建立一种特定的经济结构，竞争政策的任务就是对限制竞争采取对立的态势；由于限制竞争的倾向普遍存在、举证合谋困难、提升效率的并购与实现垄断的并购难以区分，因而竞争政策的首要任务就是维护竞争自由。①

Motta M.（2004）认为，有很多目标会导致竞争政策的产生，指出竞争政策应该谋求适用于不同情况和不同管辖区的目标，包括经济福利、消费者福利、保护小企业、促进市场一体化、促进经济自由、反通货膨胀、维护公平和公正等，并指出有很多公共政策因素会影响竞争法和竞争政策的设计与实施，尤其要兼顾社会、政治和战略因素，如产业政策和国际贸易政策。② Motta M.（2004）同时还指出，市场势力会形成高于竞争状态的价格，以至于造成社会福利损失，因而竞争政策应该关注市场势力；由于对一定市场势力的期望是促使厂商或企业投资和创新的有效激励因素，消除市场势力不应是竞争政策制定机构追求的目标；保护竞争并不等于保护竞争者，竞争会淘汰低效率的竞争者。③

WTO（2003）对55个成员国（或观察国）的竞争法及其执法制度进行了梳理，指出在竞争法方面主要关注竞争法是否包含横向限制（卡特尔）、垂直市场限制、滥用主导地位或垄断以及并购，在执法制度方面关注法律的管理与负责机构、该机构是否参与竞争的宣传活动、是否会因此受到刑事处罚等。④

二、竞争政策的典型实践

从实践层面来看，发达国家多以广义的竞争政策为基点，首先确立阶段性的竞争政策目标，再逐渐聚焦到狭义竞争政策（即竞争法）的制定与实施，因而在发达国家对竞争政策的研究领域除了关注竞争法的制度与实施外，还广泛关注法律之外的其他制度和政策对竞争法实施过程的影响，以及政府在与竞争相关政策的制定和实施过程；⑤ 而广大的发展中国家和转型经济体则大

① Neumann M.. Competition Policy: History, Theory and Practice [M]. Cheltenham: Edward Elgar Publishing, 2002.
②③ Motta M.. Competition Policy: Theory and Practice [M]. Cambridge: Cambridge University Press, 2004.
④ WTO. Overview of WTO Members' National Competition Legislation, 27 November 2003.
⑤ Gugler P.. The Role of Competition Policy in Regulatory Reform [R]. OECD Reviews of Regulatory Reform, 2005.

多通过竞争法或反垄断法的实施，逐步实现广义竞争政策的全面推行。[①]

（一）美国竞争政策现状与趋势

美国是世界上最早制定竞争法律、实施竞争政策的国家，也是世界上拥有最严厉的反垄断法和执行政策的国家，[②] 其竞争政策与竞争法对欧洲各国（尤其是德国）的竞争法和竞争政策产生过重要影响。美国反托拉斯法是由于大"托拉斯"滥用其经济优势，政府迫于民众的政治压力，于1890年制定反托拉斯法——《谢尔曼法》，规定"限制贸易"和"垄断"行为违反联邦法，并对违法行为规定了处罚措施；由于《谢尔曼法》的内容比较抽象，主要禁止竞争对手的串谋等垄断行为，遗憾的是直至20世纪初，并未有效遏止托拉斯组织蔓延与发展，以至于 Bittlingmayer G. （1985）认为很有可能是《谢尔曼法》本身导致了美国合并案急剧增加。[③]

为切实阻止垄断的发展，防止经济权力过度集中和滥用，1914年美国国会通过《联邦贸易委员会法》（Federal Trade Commission Act）和《克莱顿法》（Clayton Act），对反垄断进行了具体规范，主要涉及价格歧视、企业合并、约束性协议、独家经营、不公平竞争以及欺诈等内容，这两部反托拉斯法与《谢尔曼法》共同构成美国反托拉斯法体系的主体从而将竞争法律在禁止垄断和竞争限制的措施聚焦在三个方面：禁止串谋和卡特尔协定；禁止滥用市场优势和市场权力；防止垄断、对企业并购进行监督与控制。[④]1890年的《谢尔曼法》、1914年的《克莱顿法》和《联邦贸易委员会法》、1962年的《反托拉斯民事诉讼法》、1974年的《反托拉斯诉讼程序和惩罚法》、1980年的《反托拉斯诉讼程序改进法》和《联邦贸易委员会改进法》等这几部法律确立了美国竞争法律的制度框架。

进入20世纪30年代中期以来，美国的反垄断思想不断受到多种流派反垄断思想的影响，伴随着主流经济思想的变迁，美国的竞争政策表现出不同

① Lande R. . Creating Competition Policy for Transition Economies ［J］. Brooklyn Journal of International Law，1997，23（2）.

② Mueller D. . Lessons from the United States' Antitrust History ［J］. International Journal of Industrial Organization，1996，14（4）：415–445.

③ Bittlingmayer G. . Did Antitrust Policy Cause the Great Merger Wave? ［J］. Journal of Law and Economics，1985（28）：77–118.

④ Phillip E. . Antitrust Law Analysis：Problems，Texts，and Cases，4th ed ［M］. Boston：Little Brown & Co.，1988.

程度的转向。在结构主义反垄断规制的影响下，美国开启了历史上最为严厉的反托拉斯执法历程，随着芝加哥学派将效率视为反托拉斯法的唯一目标，美国反托拉斯政策由最严厉转变为最低限度的干预，转向宽松的政策；随着后芝加哥学派思潮的兴起，美国反托拉斯政策从前一时期的过度宽松转向温和的干预。1992 年，美国司法部和联邦贸易委员会联合颁布《1992 年横向合并准则》，强调横向合并才是合并政策关注的核心，Carl Shapiro（2010）认为，在 1992~2010 年，美国对并购控制的最大变化在于执法部门对反竞争效果中的单边效应。①

美国反托拉斯政策主要由司法部和联邦贸易委员会负责实施，私人执法（诉讼）和州级执法活动作为补充，司法部反托拉斯局负责实施《谢尔曼法》和《克莱顿法》，可以对违反托拉斯法的行为进行调查、和解、提起刑事诉讼和民事诉讼。联邦贸易委员会负责《联邦贸易委员会法》和《克莱顿法》以及包括贸易等方面的法律，对于《谢尔曼法》和《克莱顿法》的执法具有相同的管辖权，其主要职责在于保护有效竞争、阻止限制竞争的合并和其他不正当竞争行为、保护消费者免受不正当竞争的侵害。② 美国对违反托拉斯法行为的处理主要有：罚款、分离、监禁、民事制裁、强制解散、赔偿等。20 世纪 70 年代以前，美国反垄断法严格禁止特定类别的反竞争行为，不考虑特定案例的特殊情况，实行"一律禁止"；③ 到 20 世纪 80 年代中期，受芝加哥学派不干预思想的影响，美国开始放宽对竞争法的严格解释，开始实行极为宽松的并购政策，个案分析被广泛采用。④

到 20 世纪 70 年代中期，由于受当时主流经济思想的影响，尽管这一时期美国的反托拉斯活动十分频繁，竞争政策主要针对大厂商进行限制，而不是重点关注提高经济效率。⑤ 进入 20 世纪 80 年代以来，由于受到芝加哥学派竞争理论的影响，博弈论工具和新实证产业组织经济学广泛应用于现实经济生活的分析，美国竞争政策开始实行极为宽松的并购政策，认为经济标准

① Shapiro C.. The 2010 Horizontal Merger Guidelines: From Hedgehog to Fox in Forty Years [J]. Antitrust Law Journal, 2010, 77 (1): 49 – 107.

② About the FTC, https://www.ftc.gov/about – ftc, 2016 – 11 – 15.

③ Neumann M.. Competition Policy: History, Theory and Practice [M]. Cheltenham: Edward Elgar Publishing, 2002.

④ Eleanor M., Pitofsky R.. Antitrust Division and Federal Trade Commission Antitrust Policy, in Mark Green, Changing America: Blueprints for the New Administration [M]. New York: Newmraket Press, 1992.

⑤ Mueller D.. Lessons from the United States' Antitrust History [J]. International Journal of Industrial Organization, 1996, 14 (4): 415 – 445.

应当成为大多数并购案的唯一决定因素。

美国竞争法的一个主要特征就是它的国际效力，只要限制竞争的行为在美国国内市场上产生了效果，则不论这种行为在什么地方发生，都可以适用美国的反托拉斯法。当然，美国竞争法（反托拉斯法）的域外适用效力问题一直是国际竞争政策中最具争议的。

（二）英国竞争政策现状与趋势

英国是第二次世界大战后第一个引入竞争法的西欧国家，其竞争政策始于1948年的《垄断及限制行为控制和询问法》（Monopolies and Restrictive Practices Enquiry and Control Act），第一次宣布对公共利益造成损失的垄断和限制性商业行为均为非法，并设立了垄断和限制性行为委员会（The Monopolies and Restrictive Practice Commission），视为英国推行竞争政策的开端。[1]

经过一段时间的初步探索，新成立的垄断和限制性行为委员会详细报告了一些卡特尔和单一公司的主导地位，为从司法和行政程序囊括限制竞争协议、单一公司垄断、集中寡头、反竞争行为和并购，以及公用事业私有化等方面，竞争政策在形式和范围上做出了较大的调整，其范围逐渐扩大，影响持续增强。[2] 第一次调整发生在1956年，以《限制性商业行为法》（Restrictive Trade Practice Act）的问世为标志，将限制性商业行为作为竞争政策的一个独立内容列出，设立了"限制行为法院"；第二次调整以1965年通过的《垄断与合并法案》（Monopolies and Mergers Act）为标志，对企业间的合并给出了详细规定；第三次调整以1973年通过的《公平贸易法》（Fair Trading Act）为标志，对竞争政策的目标进行了明确规定。经过三次大调整，英国的竞争政策框架基本确立，竞争政策实施与监督的体系初步完善。自1948年以来，除了1976年和1977年的基本法典编纂性法令外，英国已有八个主要的竞争政策法案[3]，并且成立了四个核心针对竞争政策的

---

① Utton M. . Fifty Years of U. K. Competition Policy [J]. Review of Industrial Organization, 2000 (16): 267-285.

② Rowley, C. . The British Monopolies Commission [M]. London: Allen and Unwin, 1966.

③ Monopolies and Restrictive Practices (Inquiry and Control) Act (1948); Restrictive Trade Practices Act (1956); Resale Prices Act (1964); Monopolies and Mergers Act (1965); Restrictive Trade Practices Act (1968); Fair Trading Act (1973); Competition Act (1980); Competition Act (1998). The three codifying Acts were the Resale Prices Act (1976) and the Restrictive Trade Practices Acts (1976) and (1977). In addition, four largely procedural changes were included in the Deregulation Act (1994). Monopolies and Mergers Commission, the Office of Fair Trading, the Restrictive Practices Court and the Department of Trade and Industry.

部门。①

直到1998年对竞争法进行大幅修改之前，英国竞争政策的执行一直表现出零星的、偶然的且有时还相互矛盾的特点，②《1998年竞争法》将垄断和限制性行为合并为统一的政策，明确禁止一切卡特尔和市场势力的滥用，重新确立了英国竞争政策新的架构，成功将英国的竞争政策"欧盟化"。③

Bretz O.（2016）指出，英国曾经是欧盟现代竞争政策在对卡特尔刑事化、对复杂经济分析的应用以及对反垄断损害的索赔等方面的先行者，英国脱欧不仅会影响英国的竞争政策，也将对欧盟的竞争政策产生重要的影响，如果英国顶住压力放松竞争政策以缓冲可能的经济衰退，那么英国可以在欧盟苛刻的规制之外实行一套更有效的反垄断体制。④

（三）德国竞争政策现状与趋势

德国竞争政策的制定和实施主要是通过经济立法来实现的，德国的竞争立法和不断修订，几乎是全部竞争政策及其演变的集中体现，其在竞争政策和竞争法的制定与施行过程中，深受美国的影响。德国的竞争政策在反对限制竞争行为的总原则下，对企业达成协议的行为做出了合法与非法的明确界定，只要不涉及限制竞争，企业之间的某些协议是允许的。

德国竞争政策的一个突出特点就是高度重视中小企业的市场地位和经济利益，强调限制竞争危害的广泛性和社会性，为确保竞争秩序，突出强调对卡特尔和大企业实行法律监管和社会监督。德国在竞争政策推行的过程中，也遇到了不少困难，如国有企业对竞争政策和经济政策的干扰，国家调节与竞争政策的矛盾，以及东西德统一对竞争政策提出新的挑战等。

第一次世界大战后，针对卡特尔肆意泛滥的现实情况，德国于1923年颁布了《卡特尔法》，然而卡特尔数量仍在继续增加；⑤ 直到1957年，德国

---

① Utton M.. Fifty Years of U. K. Competition Policy, Review of Industrial Organization, 2000, 16：267 – 285.

② Wilks S.. The Prolonged Reform of United Kingdom Competition Policy ［M］//G. B. Doern and S. Wilks, eds., Comparative Competition Policy. Oxford：Clarendon Press.

③ Hay D., Vickers J. The Reform of UK Competition Policy, National Institute Economic Review, 2012, 8（3）：56 – 68.

④ Bretz O.. UK Competition Policy and Brexit – Time for a Reset, Competition Policy International ［EB/OL］. https：//www. competitionpolicyinternational. com/uk – competition – policy – and – brexit – time – for – a – reset/, 2016 – 11 – 15.

⑤ Kuhn K.. Germany ［M］//E. M. Grahan, J. Richardson. eds. Global Competition Policy. Washington, D. C.：Institute for International Economics, 1997.

终于通过一部严厉的竞争法——《反对限制竞争法》，① 并于 1958 年成立联邦卡特尔局，作为《反对限制竞争法》的监督和执行机构。

（四） 欧盟竞争政策现状与趋势

欧盟的竞争政策以保护和促进市场有效竞争为目标。1957 年由德国、法国等 6 个欧洲国家在罗马签订的《欧洲经济共同体条约》（也称《罗马条约》）是世界上第一部跨国竞争政策，在法律效力上，高于其成员国的竞争法，成员国竞争法不得与欧盟竞争法相抵触；在管辖范围上，只有当反竞争行为影响成员国之间的贸易时，才适用于欧盟竞争法。

欧盟竞争法的实体规范最集中地体现在《欧盟条约》基础上修改的《建立欧洲共同体条约》，主要是禁止联合限制竞争的行为（串谋行为）、滥用市场支配地位的行为，限制与共同市场相抵触的企业集中行为等。为保证欧盟竞争法的实施，欧盟建立了包括欧盟委员会和欧洲两级法院（欧洲初审法院和欧洲法院）在内的一整套复杂的实施机制。

欧盟在制定统一的竞争政策方面开创了历史的先河，旨在消除成员国之间的壁垒，保护欧盟市场的完整统一与良好运转，保证企业间充分、有效竞争，维护自由、公平交易，努力建成一体化的欧洲内部大市场。在提到为什么需要一个欧洲竞争政策时，欧盟委员会认为，竞争政策有助于实现低价、优质、更多的选择、创新以及企业在全球市场更强的竞争力。随着内部市场与全球化的深入发展，违反竞争规则的行为，如跨国卡特尔等，常常涉及欧盟的多个国家，甚至有可能会超越欧盟的管辖范围，而单个国家的竞争当局却无力有效处理跨越多国的反竞争行为。② 因而，欧盟竞争政策的中心思想在于实现市场一体化，为适用经济一体化的需要，欧盟竞争政策的作用与影响日渐扩大，对竞争政策国际化起到了重要的示范作用。

竞争政策在欧洲是内部市场的重要组成部分，其目标是为每一个欧洲人都以较低的价格提供优质的商品和服务。欧盟竞争政策是应用规则以确保企业之间相互公平竞争，从而激励企业提高生产效率，为消费者提供一个更为广泛的选择空间，并有助于降低价格和提高质量。正因如此，欧盟坚持与反

---

① Amato G.. Antitrust and the Bounds of Power: The Dilemma of Liberal Democracy in the History of the Market [M]. Oxford: Hart, 1997.

② Overview: Making Markets Work Better [EB/OL]. http://ec. europa. eu/competition/general/overview _ en. html.

竞争行为做斗争，并监管并购和国家补贴，同时还鼓励自由化。

欧盟的竞争政策范围相当广泛，包含了不同的主体，从私人企业到公共企业，从本地企业到跨国公司；涉及的范围较为广泛，如补贴、进出口限制、国有垄断企业及其规制之类的公共政策等；被禁止行为的范围也较广泛，并且在欧盟的相关条款中都进行了明确规定。[①]

此外，欧盟规制体制提供了一个由竞争政策和贸易政策规制共同组成的竞争制度，以确保在欧盟内部建立和维护自由贸易及竞争政策目标的实现。欧盟同加拿大、美国、日本等国签署了竞争政策合作的双边协议，欧盟还积极主张将其竞争政策纳入 WTO 的框架体系中，以期将欧盟竞争政策模式转变为多边贸易规则的一部分。

（五）日本竞争政策现状与趋势

日本是亚洲第一个引入竞争政策的国家，第二次世界大战结束后，在美国的督促和引导下，日本在 1947 年颁布了《禁止私人垄断和确保公正交易法》。

从日本禁止垄断法所规制的对象来看，包括以下行为或状态：私人垄断、不当交易限制、垄断状态、不公正交易方法、特定国际性协定或合同、事业者团体的一定行为、股份持有量、公司干部的兼任、公司合并、相当于公司合并的一定行为、价格的协调性提高。

三、竞争政策新规则："竞争中立"

（一）"竞争中立"概念的提出

"竞争中立"是指"政府的商业活动不得因其公共部门所有权地位而

---

① Jatar J.. Competition Policy in the European Economic Community: Lessons for Latin America ［M］//Naim M, Tulchin S. Competition Policy, Deregulation, and Modernization in Latin America, ed. Boulder London: Lynne Rienner Publishers, 1999.

享受私营部门竞争者所不能享有的竞争优势",① 其概念最早由澳大利亚明确提出并执行,② "竞争中立" 政策是澳大利亚于 1995 年发起的 "全国竞争政策"(National Competition Policy) 的一部分。③ 实施 "竞争中立" 政策的目的在于消除因公有制性质所造成的资源配置扭曲,提高竞争效益,当经济市场中任何实体均不存在不正当竞争优势或劣势时,就实现了 "竞争中立" 状态。1994 年 2 月,澳大利亚政府一致同意必须加快和扩大实施微观经济改革的进展。这一承诺部分在 1995 年 4 月于澳大利亚政府理事会会议上通过的《竞争原则协定》(Competition Principles Agreement)得到表达,明确指出保持政府和私人商业活动间的 "竞争中立",是其竞争政策改革的一个重要目标。为了提高市场经济的配置效率,1996 年,澳大利亚政府在《联邦竞争中立政策声明》(Commonwealth Competitive Neutrality Policy Statement) 中进一步明确了 "竞争中立" 的概念;1999 年,澳大利亚政府推出《联邦建竞争中立管理者指南》(Commonwealth Competitive Neutrality – Guidelines for Managers),就 "竞争中立" 原则对政府行为做出具体安排。④

在美国大力倡导和推动下,OECD 成为最早推动 "竞争中立" 研究的国际性组织,并于 2009 年起开始着手研究 "竞争中立",当年 10 月,OECD 竞争委员会就国有企业的竞争规则和竞争中立原则进行了深入细致的讨论,⑤ 指出 "竞争中立" 意味着国有企业和私营企业公平竞争。⑥ 2011 年,OECD 就 20 世纪 90 年代进行深刻竞争改革后的澳大利亚 "竞争中立" 框架进行了较为全面的概述,认为澳大利亚的竞争中立框架可以被视为非常成功的整体。⑦ 随后的几年里,OECD 一直致力于竞争中立的应用与推广,先后推出《竞争中立:经合组织建议、指引与最佳实践纲要》

---

① Commonwealth Competitive Neutrality Policy Statement [EB/OL]. http：//archive. treasury. gov. au/documents/275/PDF/cnps. pdf, 1996：4.

② 唐宜红,姚曦. 竞争中立国际市场新规则 [J]. 国际贸易,2013 (3)：54 – 59.

③ 应品广. 竞争中立中国的实践与展望 [J]. WTO 经济导刊,2014 (6)：89 – 92.

④ Commonwealth Competitive Neutrality – Guidelines for Managers [EB/OL]. http：//archive. treasury. gov. au/documents/274/PDF/cnguide. pdf, 1999.

⑤ State Owned Enterprises and the Principle of Competitive Neutrality [EB/OL]. http：//www. oecd. org/daf/ca/corporategovernanceofstate – ownedenterprises/50251005. pdf, 2009.

⑥ Achieving competitive neutrality [EB/OL]. http：//www. oecd. org/daf/ca/achievingcompetitiveneutrality. htm.

⑦ Competitive Neutrality and State – Owned Enterprises in Australia [EB/OL]. OECD Corporate Governance Working Papers, http：//www. oecd. org/daf/ca/corporategovernanceofstate – ownedenterprises/50251005. pdf, 2011.

《竞争中立：各国实践》《竞争中立：维持国有企业与私有企业公平竞争的环境》《国有企业的贸易效应与政策含义》《国有企业作为全球竞争对手：挑战还是机遇？》等一系列围绕竞争中立的报告，国有企业的竞争政策成为 OECD 关注的焦点，指出 22% 的世界上最大的公司已处于国家控制之下，国有企业作为全球竞争对手的热潮引起了人们对其竞争态势的关注。①

然而，OECD 并没有给出政府商业活动适用范围的统一标准，并将其探讨的范围扩大到与政府相关的私有企业；霍马茨的"政府支持的商业活动"，使只要与政府有联系的市场商业活动都被纳入"竞争中立"的适用范围内。② 扩大化、模糊化的适用范围，为利用"竞争中立"规则达成贸易投资保护目的预留了政策空间。③

同样推行"竞争中立"，不同利益诉求主体对国有企业持有不同的看法：OECD 承认国有企业对发展中国家经济发展的重要性，其本身并不排斥国有企业的存在，只是引导不同国家积极构建"从事商业活动的国有企业"（不包括公益性国有企业）与私营企业之间的公平竞争机制；美国提出的竞争中立则明显对国有企业存在歧视，认为所有国有企业和国家授权垄断的企业都天然具有不公平的竞争优势，其实施竞争中立的最终目标是消除国有企业，不仅是针对美国国内的国有企业（美国本土的国有企业很少），更多的是针对发展中国家的国有企业。④

（二）"竞争中立"的关键因素

追求"竞争中立"的主要经济理念是"竞争中立"能够提高整个经济的资源配置效率。⑤ 实现或维持"竞争中立"，均需要政府做出极大的努力，需要考虑采用何种经营模式进行商业活动，以最大限度地营造公平竞争的环境，如对商业活动的信息进行充分的披露等。OECD（2012）认

① State – Owned Enterprises as Global Competitors：A challenge or an opportunity？［EB/OL］. OECD Corporate Governance Working Papers，http：//www. oecd. org/corporate/state – owned – enterprises – as – global – competitors – 9789264262096 – en. htm，2016.

② Ensuring a Sound Basis for Global Competition：Competitive Neutrality［EB/OL］. http：//trove. nla. gov. au/work/151323729？ q&versionId = 164964992，2011.

③ 唐宜红，姚曦. 竞争中立国际市场新规则［J］. 国际贸易，2013（3）：54 – 59.

④ 应品广. 竞争中立多元形式与中国应对［J］. 国际商务研究，2015，36（6）：62 – 69.

⑤ 经济合作与发展组织. 竞争中立：维持国有企业与私有企业公平竞争的环境［M］. 谢晖译. 北京：经济科学出版社，2015：13.

为，实现"竞争中立"的关键因素包括以下 8 个部分：①

（1）合理化政府商业活动的经营模式。国有企业的运作实践和法律形式会对"竞争中立"造成潜在的影响。报告认为，企业与政府的关系越疏远，越有利于保持市场的"竞争中立"，因此，要求推进政府商业活动的公司化、私有化改革进程。同时指出，并不是要消除所有政府商业活动，而是采取更为规范的商业模式，避免个别企业因政府背景而带来过度的竞争优势。

（2）识别任何特定功能的直接成本。如果商业活动由非公司实体进行，则主要的挑战是这些实体与其他政府部门共享资产，尤其是成本共享。为了避免国有企业的非商业活动对其商业活动进行交叉补贴，提高企业透明度和会计要求，确定合理的成本分配机制是确保竞争中立的关键。

（3）实现商业回报率。"竞争中立"意味着政府与企业的商业活动均能保持一致的商业回报率；如果缺少商业回报率的要求，国有企业有可能通过交差补贴或降低利润率的方式来获得额外的竞争优势。

（4）合理考量公共服务义务。"竞争中立"的一个最具挑战性的问题是，在竞争环境中运作的国有企业需要进行公益性的非商业活动。该企业应获得合理透明的财政补偿，以避免市场扭曲。如果国有企业所获得的补偿低于或超过其所承担义务的成本，市场环境将会被扭曲。

（5）税收中立。税收中立意味着政府企业与私营部门的竞争对手承担同样的负担。

（6）监管中立。为了保持"竞争中立"，政府企业应尽可能在与私营企业相同的监管环境下最大限度地运作。

（7）债务中立和直接补贴。债务中立意味着国有企业和其他政府企业在相似的商业环境下，应支付与私营企业所承担债务同样的利率。同时，还要确保国有企业和政府的商业活动不会从直接补贴中获得资金成本优势。

（8）公共采购。支持"竞争中立"的公共采购做法的基本准则是，它们具有竞争性和非歧视性，参与投标过程的所有公共实体都应按照"竞争中立"的标准运作。

---

① Compendium of OECD recommendations, guidelines and best practices bearing on competitive neutrality［EB/OL］. OECD Corporate Governance Working Papers, http：//www. oecd. org/daf/ca/50250955. pdf, 2012.

（三）"竞争中立"的各国实践

随着经济全球化的深入发展，国际贸易和跨国投资活动将各国市场融为一个统一的大市场。如何保证世界市场范围内各经济主体的竞争行为公平有效，成为各国政府面临的重要议题。在美欧等国推动下，"竞争中立"不仅被欧美等国家视作保证世界市场公平竞争的良方，还正逐渐演变为西方国家遏制新兴经济体经济挑战的一种工具。[①]

从"竞争中立"政策在欧美发达国家的实践来看，"竞争中立"政策其实是一个竞争法范畴下的概念。引入"竞争中立"政策的最佳路径是在各国的竞争法中加以体现的，在竞争法中明确规定什么是"反竞争"的政府商业行为，属于本国国内立法的范畴。[②]

作为积极推动"竞争中立"的国际性组织，OECD 持续发布关于"竞争中立"的研究报告。2011 年，OECD 发布《竞争中立与国有企业：挑战和政策选择》（Competitive Neutrality and State – Owned Enterprises：Challenges and Policy Options）与《竞争中立与澳大利亚国有企业：实践与其他各国的相关评论》（Competitive Neutrality and State – Owned Enterprises in Australia：Review of Practices and their Relevance for Other Countries）；2012 年，OECD 发布《竞争中立：维持国有企业与私有企业公平竞争的环境》（Competitive Neutrality：Maintaining a Level Playing Field between Public and Private Business）《竞争中立：各国实践》（National Practices Concerning Competitive Neutrality）与《竞争中立：经合组织建议、指引与最佳实践纲要》（Compendium of OECD Recommendations，Guidelines and Best Practices Bearing on Competitive Neutrality）；2013 年，OECD 发布《国有企业的贸易效应与政策含义》（State – Owned Enterprises – Trade Effects and Policy Implications）；2016 年，OECD 发布《国有企业作为国际竞争主体的研究》（OECD Workshop on SOEs as Global Competitors）与《国有企业作为全球竞争对手：挑战还是机遇？》（State – Owned Enterprises as Global Competitors：A Challenge or An Opportunity？）。

除 OECD 之外，联合国贸易和发展会议（UNCTAD）在 2010 年成立

---

① 李晓玉. "竞争中立"规则的新发展及对中国的影响［J］. 国际问题研究，2014（2）：129 – 137.
② 汤婧. "竞争中立"规则国有企业的新挑战［J］. 国际经济合作，2014（3）：46 – 51.

了研究伙伴关系平台（Research Partnership Platform），邀请各国专家学者就"竞争中立"情况开展研究。联合国贸易和发展会议侧重于从发展中国家的视角对"竞争中立"开展研究，并发布了多篇研究报告：《竞争中立研讨会》（Seminar on Competitive Neutrality – Presented by Deborah Healey）、《印度的竞争中立实践》（Competitive Neutrality in India）①、《贸发会议竞争中立项目》（UNCTAD Competitive Neutrality Project – Updated Project Brief as at January 2012）②、《实施竞争中立于政府企业》（Implementing Competitive Neutrality to Government Businesses）③、《竞争中立与发展》（Competitive Neutrality and Development）④、《竞争中立在发展中国家的应用选择》（Competitive Neutrality and Its Application in Selected Developing Countries）⑤ 等。

在"竞争中立"的各国实践方面，OECD通过将问卷分发给其成员国代表和其他经济体的国有企业及其所有权代表或相关部门，对各国在"竞争中立"方面的实践做了翔实的研究。欧盟法律中的条款规定，无论其所有制性质，"竞争中立"适用于所有机构，包括国有企业、承担公共义务的私营企业以及享受特殊权益的公司等。在多数国家中，"竞争中立"主要还是通过竞争法规及相关政策来解决因公有制而引发的"竞争中立"问题，只有在少数的国家中，"竞争中立"已纳入国家政策，且有些国家建立了较为全面的"竞争中立"框架（如澳大利亚、西班牙），也有些国家在公共部门参与竞争的领域制定了有针对性的政策以寻求实现"竞争中立"（如丹麦、芬兰、瑞典、英国）。⑥ 具体如下：

澳大利亚：《竞争原则协定（1995）》明确指出，联邦内所有政府商业活动不得因其所有制而获得额外的竞争优势；《澳大利亚竞争中立政策声明（2004）》对"竞争中立"在联邦中的应用进行了具体细化。联邦及各级政

① Competitive Neutrality in India ［EB/OL］. http：//unctad. org/meetings/es/Presentation/ciclp2012＿ RPP＿ SGaur＿ en. pdf, 2012.

② UNCTAD Competitive Neutrality Project – Updated Project Brief as at January 2012 ［EB/OL］. http：//unctad. org/Sections/ditc＿ ccpb/docs/ditc＿ ccpb0046＿ CompetitiveNeutrality＿ en. pdf, 2012.

③ Implementing Competitive Neutrality to Government Businesses ［EB/OL］. http：//unctad. org/meetings/es/Presentation/ciclp2012＿ RPP＿ Healey＿ en. pdf, 2012.

④ Competitive Neutrality and Development ［EB/OL］. http：//unctad. org/meetings/es/Contribution/CCPB＿ Ad-Hoc2014＿ Cont＿ OECDJD1＿ en. pdf, 2014.

⑤ Competitive neutrality and its application in selected developing countries ［EB/OL］. http：//unctad. org/en/PublicationsLibrary/ditcclpmisc2014d1＿ en. pdf, 2014.

⑥ 经济合作与发展组织. 竞争中立：各国实践 ［M］. 赵立新，蒋星辉，高琳译. 北京：经济科学出版社，2015：15.

府均出台相应的实施准则以协助管理者执行"竞争中立"的管理框架，澳大利亚还设置专门的"竞争中立"投诉办公室。① 澳大利亚"竞争中立"政策的宗旨是在已有的和潜在的市场竞争领域，消除政府企业（Government Businesses）因国家所有权（Public Ownership）享有的比私有企业更多的竞争优势。其"竞争中立"政策不仅适用于各级政府的企业及分支机构，也适用于政府所开展的各种营利性活动，还适用于几乎所有的产业部门。②

丹麦：《丹麦竞争法》的一个主要目的在于实现"竞争中立"，且适用于所有形式的商业活动以及拨付给公共或私营商业活动的公共基金。政府控制的企业及政府当局的商业活动均需遵守法规所确立的禁令。

芬兰：政府高度重视"竞争中立"，通过竞争政策以及《芬兰竞争法》规定公共及私营企业平等的竞争条件，力图实现"竞争中立"。

美国：美国是"竞争中立"最积极的推动者。③ 2011 年，美国国务院负责经济、能源和农业事务的副国务卿霍马茨（Robert Hormats）提出要将"竞争中立"（Competitive Neutrality）作为一个重要概念拓展至竞争法之外的其他领域。④ 2012 年 4 月，美国和欧盟联合发布了《关于国际投资共同原则的声明》，宣称该共同原则包括了一系列的共同核心价值，具体内容包括以下几个方面：开放和非歧视的投资环境；公平的竞争环境；对投资者及其投资环境的有效保护；公平且有约束力的争端解决；健全的透明度和公众参与规则；负责任的商业行为；对国家安全条款适用的严格审查。⑤ 此外，美国积极推动将"竞争中立"概念纳入谈判中，明确以"竞争中立"规则规范和约束国有企业竞争行为。美国在国际上推行"竞争中立"政策更多地具有主导国际经贸规则治理和变相实施"贸易保护主义"的诉求，而不是为了针对自身问题。⑥

美欧在国际贸易与投资领域力推"竞争中立"，其体现在多边、双边贸易谈判以及区域合作规则的建立与调整上：在双边和多边贸易及投资协定中

---

① 经济合作与发展组织. 竞争中立：各国实践 [M]. 赵立新，蒋星辉，高琳译. 北京：经济科学出版社，2015：23.

② 樊富强. 澳大利亚关于国有企业竞争中立政策的实施与评析 [J]. 对外经贸实务，2016（10）：10 - 13.

③ 王婷. 竞争中立国际贸易与投资规则的新焦点 [J]. 国际经济合作，2012（9）：75 - 78.

④ 黄志瑾. 国际造法过程中的竞争中立规则——兼论中国的对策 [J]. 国际商务研究，2013，34（3）：54 - 63.

⑤ 李晓玉. "竞争中立"规则的新发展及对中国的影响 [J]. 国际问题研究，2014（2）：129 - 137.

王婷. 竞争中立国际贸易与投资规则的新焦点 [J]. 国际经济合作，2012（9）：75 - 78.

⑥ 应品广. 竞争中立中国的实践与展望 [J]. WTO 经济导刊，2014（6）：89 - 92.

极力倡导"竞争中立";在国际合作组织中力推"竞争中立",引发国际社会关注。[①]

　　欧盟:《透明度指令》规定关于公共机构与公共商业活动之间财务关系的特殊透明度要求,要求享受独家或特殊权力的公司、享受公共服务津贴的公司将不同活动的账目公开。[②]《欧洲联盟运行条约》(TFEU)明确规定:"由某一成员国提供或通过国家资源给予的任何资助,不论方式如何,凡优待某类企业或者某类产品的生产,以致破坏竞争或者对竞争产生威胁,从而对成员国之间的贸易产生不利影响时,应被视为与共同体市场相抵触。"[③]《欧盟法》赋予欧盟委员会另一项权力——"透明度审查",该项权利也是竞争中立能够顺利实施的重要保证,并被广泛地适用于欧盟的各个领域,如能源、交通、邮政等。[④]

　　根据OECD(2012)的调查,为数不少的国家明确承诺解决国有企业存在的"竞争中立"方面的问题,但并没有形成明确的规定或法律法规,一般都隐含在公平竞争法或其他适用于政府拥有或控制的企业以及一般政府活动的法律法规中。因此,一般来说,公平竞争法是规定国有企业及其他公共单位与私营企业竞争地位的主要法律框架,只有极少数的国家(巴西、智利、墨西哥、匈牙利和俄罗斯)通过宪法规定国有企业的竞争地位。[⑤]

(四)"竞争中立"对中国的影响与应对

1. "竞争中立"对中国的影响

　　随着经济全球化的发展,"竞争中立"从单纯的国内法概念迅速走向国际法领域。为遏制新兴经济体在市场竞争中的优势,美欧在双多边场合宣扬"竞争中立"概念,并将其纳入谈判当中,以限制公有制企业的迅猛发展。我国是国有企业占比最多的国家,国有企业对我国经济的发展影响巨大,"竞争中立"规则的发展与推广使中国国有企业"走出去"面临更多障碍。[⑥]也有学者(白明、史晓丽,2015)认为"竞争中立"的一些理念和制度安

　　①④　汤婧."竞争中立"规则国有企业的新挑战[J].国际经济合作,2014(3):46-51.
　　②　经济合作与发展组织.竞争中立:各国实践[M].赵立新,蒋星辉,高琳译.北京:经济科学出版社,2015:59.
　　③　白明,史晓丽.论竞争中立政策及其对我国的影响[J].国际贸易,2015(2):22-24.
　　⑤　经济合作与发展组织.竞争中立:各国实践[M].赵立新,蒋星辉,高琳译.北京:经济科学出版社,2015:23-25.
　　⑥　李晓玉."竞争中立"规则的新发展及对中国的影响[J].国际问题研究,2014(2):129-137.

排，如约束政府直接干预经济的行为，推行规则中立，加强公司治理，提高国有企业透明度等，对我国国有企业改革和产业政策调整具有促进意义。①

"竞争中立"规则直接关系中国国有企业下一步的改革走向，关系到实施"走出去"战略开展对外投资合作的广度和深度。② 李晓玉（2014）认为，如果"竞争中立"规则在全球得以实施，中国自然首当其冲，主要体现在以下几个方面："竞争中立"规则将对中国国有企业"走出去"设置障碍；"竞争中立"规则对中国参与区域贸易自由化增加难度；"竞争中立"规则将对中国参与全球经济治理提出更多挑战。③ 同时，也有学者（应品广，2015）指出，"竞争中立"是"超WTO"的机制设计，如果其成为事实上的国际标准，中国将面临"二次入世"的风险，陷入十分被动的局面，对于中国经济的影响将是全面且深远的。尽管中国的国企改革还未最终达到"竞争中立"的程度，但是进一步的国有企业改革无疑是在中国构建"竞争中立"制度的必要条件。④

汤婧（2014）指出，对中国国有企业来说，当前正处于"走出去"战略下开拓国际市场的有利时机，而"竞争中立"规则的国际化使中国在海外市场的中坚力量受到遏制，意味着经贸关系的发展空间面临被严重挤压的风险，但同时，"竞争中立"也给国企改革提供了一种新的思路，将发挥良性的"倒逼"作用，促使中国持续推进国有企业改革，尊重市场运行规律，让国企作为一个平等独立的主体参与市场竞争，提高其可持续发展的能力。⑤

2. "竞争中立"的中国应对

"竞争中立"规则本身符合市场经济的发展规律，有利于增强市场活力，是国际市场的大势所趋，是中国参与国际竞争不可回避的国际市场新规则。⑥ 应品广（2015）指出，"竞争中立"制度的设计首先应该是一个国内改革措施，而不适合在国际或区域层面"一刀切"地适用同样的规则。中国"竞争中立"理念的普及和"竞争中立"体系的建立，还有待于进一步的国企改革。⑦

王婷（2012）在分析美国积极推动"竞争中立"政策的真实意图之后，

---

① 白明，史晓丽. 论竞争中立政策及其对我国的影响 [J]. 国际贸易，2015（2）：22-24.
②⑤ 汤婧. "竞争中立"规则国有企业的新挑战 [J]. 国际经济合作，2014（3）：46-51.
③ 李晓玉. "竞争中立"规则的新发展及对中国的影响 [J]. 国际问题研究，2014（2）：129-137.
④⑦ 应品广. 竞争中立多元形式与中国应对 [J]. 国际商务研究，2015，36（6）：62-69.
⑥ 唐宜红，姚曦. 竞争中立国际市场新规则 [J]. 国际贸易，2013（3）：54-59.

提出中国应对"竞争中立"的对策：首先要认清美国力推"竞争中立"的真实意图；其次要警惕"竞争中立"内涵的扩大化，将外企和民企贴上"政府经营活动"的标签，纳入"非竞争中立"的范畴；再次要建立健全与竞争及政府采购相关的立法；最后要充分发挥行业组织的作用，进一步廓清政府和企业间的关系。①

应品广（2014）指出，"竞争中立"与中国体制改革的目标具有协同性。"竞争中立"有助于进一步深化体制改革，为市场公平竞争提供有力的政策支撑。②为构建中国"竞争中立"基本框架，第一，要确定中国"竞争中立"的基本立场，应以社会公共利益为基本出发点；第二，要确定"竞争中立"的适用范围，应仅适用于从事"商业活动"的国有企业，而不适用履行公共职能或从事公益性活动的国有企业；第三，建立"竞争中立"的投诉机制，受到不平等待遇的企业可以有渠道对享有不合理竞争优势的企业提出违反"竞争中立"政策的指控；第四，确定"竞争中立"的实施机构；第五，构建"竞争中立"的配套机制。③

汤婧（2014）通过分析新加坡、新西兰执行"竞争中立"政策的经验，指出中国首先应结合自身经济发展特点逐步、适当引入"竞争中立"规则的经验，从国际和国内两方面找到实施"竞争中立"规则的依据和路径；其次要全面系统评估新标准、新规则，提高对 TPP、TTIP 等自贸协定判断的准确度；最后要建立健全与竞争有关的规制制度，保障规则实施的有效性和持续性，以制度化和立法的力量来维护公平竞争环境。④

白明和史晓丽（2015）指出，针对美欧推出的"竞争中立"政策和实践做法，我国应该做好以下工作：首先，着手与欧美在多双边领域就"竞争中立"政策进行对话；其次，加强对"竞争中立"理论和国有企业参与国际贸易和投资方面的研究；再次，积极运用 WTO 规则，限制和压缩美欧在双边领域滥用现有规则的空间；最后，利用外部压力，继续推动国有企业和产业补贴政策改革。借鉴规则中立的理念，加快推进政企分开、政资分开、减少政府对微观经济运行的干预。⑤

---

① 王婷. 竞争中立国际贸易与投资规则的新焦点［J］. 国际经济合作, 2012（9）: 75 - 78.
②③ 应品广. 竞争中立中国的实践与展望［J］. WTO 经济导刊, 2014（6）: 89 - 92.
④ 汤婧. "竞争中立"规则国有企业的新挑战［J］. 国际经济合作, 2014（3）: 46 - 51.
⑤ 白明, 史晓丽. 论竞争中立政策及其对我国的影响［J］. 国际贸易, 2015（2）: 22 - 24.

（五）竞争中立的发展趋势

经过 20 多年的发展和演变，"竞争中立"已经从单纯的国内改革措施演变为西方发达经济体（主要是美国）诘难发展中经济体（特别是中国）利用国有资本参与国际竞争从而享受不公平竞争优势的基本理论立足点，试图通过在国际层面建立一套具有约束力的"竞争中立"规则，对抗被他们称为"国家资本主义"的政府支持的竞争模式。①

近年来，"竞争中立"政策的实践有范围扩大的趋势，通过双边及多边规则来影响多双边以及区域贸易谈判，进而影响贸易或投资对象国的市场竞争制度规则和环境。② OECD 认为"竞争中立"对于有效利用经济中的资源和实现增长与发展是至关重要的，虽然"竞争中立"原则在世界范围内得到广泛支持，但在实践中获得它却是一个更加困难的问题。③

李晓玉（2014）指出，国有企业的政治性和国家发展的差异性使"竞争中立"的实施在部分国家障碍重重，部分国家政府缺乏采取行动推行"竞争中立"的动力；"竞争中立"规则强调国有企业的市场监管与企业管理应当分开、国有企业的政策驱动行为与商业驱动行为分开，但在实际操作中极难厘清，且各国政府补贴国有企业的新政层出不穷，技术上无法全面涵盖和界定；维持"竞争中立"主要通过竞争机构游说、竞争法立法等国内立法协调方式，缺乏外部监督与内在激励机制。④

四、互联网垄断及管制

（一）互联网垄断的产生背景

由信息产品的资源特点和技术竞争所决定，信息经济领域出现了新的

① 应品广. 竞争中立多元形式与中国应对 [J]. 国际商务研究，2015，36（6）：62 – 69.

② 汤婧."竞争中立"规则国有企业的新挑战 [J]. 国际经济合作，2014（3）：46 – 51.

③ Achieving Competitive Neutrality [EB/OL]. http：//www.oecd.org/daf/ca/achievingcompetitiveneutrality.htm.

④ 李晓玉."竞争中立"规则的新发展及对中国的影响 [J]. 国际问题研究，2014（2）：129 – 137.

"竞争性垄断"的市场结构。[①] 可以说，互联网行业具有较强的垄断倾向。[②] 由于缺乏一套行之有效的竞争规则，互联网产业中的市场垄断诉讼案可谓是接连不断、层出不穷：微软垄断案、谷歌垄断案、美国在线案、Comcast 垄断案、苹果安卓系统法务纠纷等。[③]

中国互联网经过 20 多年的快速发展，其细分市场已经形成了具有较强市场支配地位的经营者，如百度、阿里巴巴、腾讯等，这些互联网巨型企业有可能在利益的驱使下滥用其优势地位，以各种方式排除或限制竞争，从而挤压中小企业的生存空间，进而危及中国互联网的健康发展。[④]据中国国家互联网实验室的 2010～2012 年《中国互联网行业垄断情况调查与对策研究报告》显示，百度、阿里巴巴、腾讯（BAT）分别在搜索引擎、电子商务、即时通信三个互联网市场占据垄断地位。[⑤]也有学者（刘茂红，2011）认为，互联网产业呈现出寡头垄断市场结构，并没有妨碍到市场创新和提升用户的满意度，中国互联网产业总体发展是良性的。[⑥]

近年来，国内互联网行业频繁上演行业并购案例，土豆与优酷、[⑦] 滴滴与快的、[⑧] 58 同城与赶集、[⑨] 美团与大众点评、[⑩] 携程与去哪儿[⑪]等知名互联网企业先后宣布合并。随着这一系列互联网合并案的发生，预示着互联网行业正进入新的发展阶段，催生出一批巨大体量的行业龙头企业，但这些互联网巨额并购也带来业界对行业垄断的质疑和担忧。例如，在 2015 年初滴滴

---

① 曲振涛，尹妍. 新经济条件下竞争性垄断市场结构的出现 [J]. 商业研究，2005（6）：1-5.

②④ 吴宏伟，胡润田. 互联网反垄断与"双边市场"理论研究 [J]. 首都师范大学学报（社会科学版），2014（1）：41-47.

③⑤ 孔令夷. 互联网市场力边间传递效应及反垄断研究评述——基于双边市场视角 [J]. 电子测试，2015（18）：90-93.

⑥ 刘茂红. 基于市场绩效的中国互联网产业良性发展实证研究 [J]. 科技创业月刊，2011（14）：32-34，37.

⑦ 2012 年 3 月，占据市场份额第一位、第二位的优酷网和土豆网意外宣布合并。两大视频网站的整合被看作在行业普遍亏损、版权成本高企背景下的"抱团取暖"。该合并也成为当时国内网络视频行业规模最大的一次整合。

⑧ 2015 年 2 月 14 日，国内最大的两家打车软件公司——快的和滴滴在经历了一年多的"烧钱"市场份额之争后，正式宣布合并。按当时市值估算，合并后成立的新公司估值约 60 亿美元，成为中国互联网历史上最大的未上市公司合并案。

⑨ 2015 年 4 月，生活服务平台 58 同城宣布与分类信息网站赶集网合并。58 同城董事长兼 CEO 姚劲波表示，合并后新公司市值将超过 100 亿美元，正式迈入百亿美元俱乐部，并在海外上市的中国互联网企业中市值排名第五。

⑩ 2015 年 10 月上旬，大众点评网与美团网达成战略合作，双方共同成立一家新公司。

⑪ 2015 年 10 月 26 日，携程宣布与百度达成一项股权置换交易，交易完成后，携程变身去哪儿最大机构股东。

和快的宣布合并后，易到用车公开宣布向中国商务部反垄断局、国家发改委举报滴滴和快的的合并行为未按要求向有关部门申报，严重违反《中华人民共和国反垄断法》（以下简称《反垄断法》），请求立案调查并禁止两家公司合并；而滴滴和快的方面当时回应称，由于两边企业均未达到有关经营者集中的申报门槛，因此不需要进行经营者集中申报。

作为新经济的代表，中国互联网产业在经历 20 多年的"野蛮生长"及近几年的加速洗牌后，造就了一批行业巨头，这些行业巨头已在市场上占据绝对优势，明显已处于市场垄断地位，而这种垄断很有可能成为影响中国互联网产业发展的重大障碍。为此，有专家奔走呼吁，中国的互联网巨头已形成互联网垄断，严重损害了互联网行业公平竞争的秩序。[①] 因此，互联网企业的经营需要《反垄断法》的保障，以维持互联网的有序竞争，促进中国互联网行业的创新和发展，然而，我国《反垄断法》关于滥用行为的立法规定过于原则，针对互联网企业滥用行为的反垄断法配套规定尚属空白。[②]

（二）互联网"相关市场"的界定

由于相关市场的界定通常是对竞争行为进行分析的起点，因此，界定"相关市场"对于反垄断执法有着重要的意义。《反垄断法》规定，相关市场是指经营者在一定时期内就特定商品或者服务进行竞争的商品范围和地域范围。[③] 孟雁北（2013）指出，互联网行业作为新兴产业，与传统的产品经济不同，具有自己的个性特征，而这些个性特征的存在会使互联网行业相关市场界定变得更加复杂。互联网行业提供的产品或服务常常具有双边甚至多边市场的特征，且消费群体之间存在着关联性。[④]

张小强和卓光俊（2009）认为，在技术创新速度极快的网络经济中，更应该将技术作为界定相关市场的一个重要因素。[⑤] 李慧颖等（2012）认为，互联网信息服务产业中相关产品市场的界定只需在《反垄断法》一般

① 互联网垄断格局初现引担忧，http：//news. xinhuanet. com/fortune/2016 – 04/18/c_ 1118654500. htm.
② 尚芹. 互联网企业滥用市场支配地位的反垄断法规制研究 [D].辽宁大学博士学位论文，2014.
③ 吴宏伟，胡润田. 互联网反垄断与"双边市场"理论研究 [J]. 首都师范大学学报（社会科学版），2014（1）：41 –47.
④ 陈玉峰. 国外互联网反垄断的借鉴意义 [J]. 法人，2013（9）：27 –29.
⑤ 张小强，卓光俊. 论网络经济中相关市场及市场支配地位的界定——评《中华人民共和国反垄断法》相关规定 [J]. 重庆大学学报，2009（5）：91 –97.

原则的基础上予以具体化即可。① 蒋岩波（2012）指出，双边市场理论为《反垄断法》实施带来了全新的分析视角，也为破解互联网产业相关市场界定的困境指明了出路。②

尚芹（2014）指出，由于互联网企业具有双边性、动态性和创新性等特点，基于单边市场的静态需求替代分析将使互联网企业相关市场的界定过窄，因而在界定互联网企业的相关市场时，根据市场双边的交叉网络效应确定互联网企业相关市场的界定方法，有助于提高互联网行业界定相关市场的科学性。③ 为了实现"获得消费者的注意力"的竞争目的，互联网行业的经营者普遍采用"免费＋收费"的定价策略。互联网平台企业向平台一边的市场主体（如网民）提供免费的基础服务和收费的增值服务，向平台另一边的市场主体（如广告商）出售网民的注意力，收取费用，因而使得互联网行业具有典型的双边市场格局。④

（三）互联网反垄断典型案例

1. 微软垄断案

1998 年 5 月 18 日，美国司法部联合个州控告微软垄断案，认为该软件巨头利用市场影响力压制竞争对手，并开始实施长期反垄断监管。美国联邦地区法院裁决从事实上认定，微软公司为垄断企业，且从事了垄断行为，法院作判决将微软分解为两个独立的公司。微软公司不服判决，随后向哥伦比亚特区联邦上诉法院提起上诉。

2. 3Q 大战

2013 年 3 月 20 日，广东省高级人民法院对奇虎公司诉腾讯公司滥用市场支配地位案作出一审判决。奇虎公司诉称：第一，被告在即时通信软件及服务相关市场具有市场支配地位；第二，被告滥用市场支配地位，排除、妨碍竞争，违反了《反垄断法》的规定。2010 年 11 月 3 日被告发布《致广大QQ 用户的一封信》，明示禁止其用户使用原告的 360 软件，否则停止 QQ 软件服务；拒绝向安装有 360 软件的用户提供相关的软件服务，强制用户删除

---

① 李慧颖，董笃笃，卢鼎亮. 互联网信息服务产业中相关产品市场的界定 [J]. 电子知识产权, 2012 (4)：42-46.

② 蒋岩波. 互联网产业中相关市场界定的司法困境与出路——基于双边市场条件 [J]. 法学家, 2012 (6)：63-66.

③ 尚芹. 互联网企业滥用市场支配地位的反垄断法规制研究 [D]. 辽宁大学博士学位论文, 2014.

④ 盛媛. 互联网行业垄断规制中相关市场界定 [J]. 现代经济信息, 2016 (5)：317-318.

360 软件；采取技术手段，阻止安装了 360 浏览器的用户访问 QQ 空间，在此期间大量用户删除了原告相关软件。广东高院驳回原告的诉讼请求，理由是：本案相关市场范围远大于原告界定的"即时通信软件及服务市场"。原告对本案相关地域市场的界定错误，本案的相关地域市场应为全球市场，被告在即时通信服务市场内不具有市场支配地位，被告在相关市场内不具有控制商品价格、数量或其他交易条件的能力，也未滥用市场支配地位。[1] 原告不服一审判决上诉至最高人民法院，2014 年 10 月 16 日最高人民法院对该案以"全媒体直播"的形式公开宣判。[2] 本案作为最高人民法院审理并判决的首个互联网企业滥用市场支配地位纠纷案，在我国反垄断审判发展史中具有划时代的里程碑意义，开启了《反垄断法》在现代数字时代的新发展。[3]

五、竞争政策发展趋势

随着经济全球化和区域经济一体化进程加快，全球生产与销售的网络范围持续扩大，作为经济全球化的结果，出口卡特尔、国际卡特尔、串谋、市场支配地位滥用、并购等，竞争政策和法律由最初的国内经济政策，逐渐演变为国际竞争政策，开启竞争政策的全球化进程。在国际贸易冲突日益多元化的时代背景下，竞争政策国际合作的重要性日益凸显。

（一）各国竞争政策明显趋同

Neumann M.（2002）认为，从国际层面看，第二次世界大战后全球经济一体化和产业组织理论的深入发展，促成了竞争政策原则和实践的趋同之势。尽管各国具有不同的经济传统，且出台竞争政策的时代背景和时期都不尽相同，但美国和德国、英国、法国等欧共体的竞争政策表现出了明显的趋同趋势，并逐步形成了统一的判断标准和指导原则。在竞争政策方面，尽管

---

① （2011）粤高法民三初字第 2 号民事判决书 [EB/OL]. http：//www. antimonopolylaw. org/article/de-fault. asp? id = 4163，2017.

② 北京奇虎科技有限公司与腾讯科技（深圳）有限公司、深圳市腾讯计算机系统有限公司滥用市场支配地位纠纷案二审宣判 [EB/OL]. http：//www. court. gov. cn/xwzx/xwfbh/twzb/tszb20141016/，2014.

③ 尚芹. 互联网企业滥用市场支配地位的反垄断法规制研究 [D]. 辽宁大学博士学位论文，2014.

美国和欧洲存在传统上的差异，但各国对并购的判断标准将出现趋同态势，且欧共体法律和美国的反托拉斯法之间表现出了显著的相互趋同性。[①]

（二）竞争政策多边协调日益凸显

尽管在政策和学术界，关于竞争法是否应纳入多边贸易体制的观点不同，且尚未达成关于是否需要以及如何在 WTO 框架下解决竞争问题的共识，但竞争政策的许多方面已经参与到 WTO 议程，如贸易政策、补贴、知识产权保护、服务市场准入等。[②] 随着国际贸易不断深化和世界经济一体化进程持续加速，竞争政策的国际协调受到越来越广泛的关注，并成为 WTO 的一个重要议题。1996 年新加坡 WTO 部长会议之后，WTO 贸易与竞争政策相互关系工作组（WGTCP）成立，竞争政策议题成为该工作组需要解决的主要任务。

如今，多元主义已成为竞争政策目标选择的主流发展方向，主要表现在美国与加拿大之间、美国与欧盟之间、发达国家与发展中国家之间的利益诉求呈现多元化。尽管很多对于竞争政策国际冲突与协调的理论研究，旨在解决发达国家间竞争政策冲突，而对发展中国家与发达国家间竞争政策冲突、对发展中国家之间竞争政策的协调及其对发展中国家整体竞争力影响问题的研究都还较少。

在竞争政策的国际协调机构中，联合国、欧盟与世界贸易组织、经合组织以及美国与国际竞争网络等国家或组织，并未形成一致的政策主张，发达国家间的利益分歧，发展中国家希望制定全球统一的竞争规则来治理跨国公司行为，使竞争政策的多边协调日益凸显其重要性。

然而，在一些具体的诉求方面，各国的分歧呈现进一步扩大趋势，在日益复杂的国际贸易环境下，发展中国家在竞争政策的多边协调过程中基本处于被动地位，随着越来越多的发展中国家根据自己国家的国情和政策目标制定和实施了适应本国国情的竞争政策或竞争法，从而也使发展中国家与发达国家在竞争政策的某些具体条款或政策目标方面难免发生冲突。

---

① Neumann M. . Competition Policy: History, Theory and Practice [M]. Cheltenham: Edward Elgar Publishing, 2002.

② Hoekman B. , Holmes P. . Competition Policy, Developing Countries, and the World Trade Organization [R]. World Bank, 1999.

（三）国际竞争政策在分歧与互动中前进

随着经济全球化趋势日益明显，竞争行为跨越国界演变为竞争全球化。随之而来的是，国家层面的竞争政策不得不顾及国外竞争对国内市场的影响，在各自国家利益的驱动下，竞争政策的国际冲突在各国间合作不断深化的同时也日益凸显，甚至有些冲突已成为引发国际争端的导火索。由此也促进了竞争政策的国际协调组织相继成立。

2001年10月，澳大利亚、加拿大、欧盟、法国、德国、以色列、意大利、日本、韩国、墨西哥、南非、英国、美国与赞比亚14个国家（地区）共同发起成立了"国际竞争网络"（International Competition Network，ICN），并先后组建了竞争推进工作小组（Advocacy Working Group）、并购工作小组（Merger Working Group）、卡特尔工作小组（Kartel Working Group）、机构有效性工作小组（Agency Effectiveness Working Group）和单方行为工作小组（Unilateral Conduct Working Group），旨在世界范围内推进竞争政策的高标准，通过制定程序性的和实质性的提案，以寻求行之有效的国际合作，从而有益于世界范围内的成员机构、消费者和经济行为体。①

由此，联合国、欧盟与世界贸易组织、经合组织等组织积极推进竞争政策的国际合作与协作，并积极协调区域内的各种贸易和竞争冲突。

2015年10月，美国和日本等12个缔约国签订了《跨太平洋贸易与投资伙伴协议》（以下简称TPP），其中专门规定了竞争政策的使用：缔约方在依靠若干规则以确保区域内有一个公平竞争的框架上达成共识。要求各方维护公平法律秩序，以禁止阻碍竞争以及损害消费者的欺诈活动。

六、我国竞争政策存在问题与发展思路

（一）存在的主要问题

尽管中国的决策者没有从竞争政策的理论出发追求竞争政策的系统性和

---

① International Competition Network，http：//www. internationalcompetitionnetwork. org/，2016 – 11 – 10.

完备性，但却始终从中国面临的制约竞争机制的最突出问题出发提出和制定政策，且不同时期各项政策的制定，都始终围绕"促进和维护竞争、提高经济效率、增进社会福利"这一核心目标。当然，与建立完善的社会主义市场经济体制的要求相比，我国竞争政策还存在很大的差距。[①]

1. 反垄断法方面存在的问题

我国目前的反垄断执法体制主要存在以下几个方面的问题：一是多头执法，不同执法机构之间权责不明，也使部分执法机构执法权限不足，尤其是面对行政垄断、大型国有企业实施的排除、限制竞争行为时难以执法；二是调查取证难度大，尤其是企业的保密措施使得执法人员往往无从下手；三是配套法规不完善，对于"相关市场"和"市场集中度"等概念没有明确一致的量化标准。[②]

针对上述问题，有学者认为我国应借鉴国外的先进经验，创设专门的执法机构，在组织和机构上独立出来；也有学者建议国务院反垄断委员会尽快出台相应的具体文件，如《反垄断指南》《涉及知识产权执法指南》《协调竞争政策与产业政策指南》等，以提高反垄断执法的针对性和威慑力。部分学者认为我国对垄断行业中存在的种种不当行为法律规制，需要实施有效的竞争管制，以及包括价格、服务标准、成本控制、收入分配、资源配置和行业限制等措施在内的产业管制。[③] 王晓晔（1998）指出，制定反垄断法，首先要确定我国竞争政策和反垄断法的目标模式，鉴于我国经济体制改革的目标和现实的市场条件，我国竞争政策和反垄断法的目标模式应当是"有效竞争"，[④] 而不是美国芝加哥学派提出的"自由竞争"。[⑤]

2. 竞争政策方面存在的问题

虽然中国在建立和完善竞争政策过程中，就已经积极参加竞争政策的多边和双边国际合作。但在国际竞争政策的舞台上，中国的主张和观点并没有太多的空间和地位，这与中国这样一个发展中大国的地位应该说很不相称。所以，在竞争政策的国际领域树立起中国的威望，无疑也是中国政府的一项

① 张军扩. 现阶段中国竞争政策面临的主要问题及对策思考 [J]. 中国发展评论（中文版），2006 (2)：14 - 18.
② 中国世界贸易组织研究会竞争政策与法律专业委员会. 中国竞争法律与政策研究报告 [M].北京：法律出版社，2016；151 - 154.
③ 孟雁北. 我国《反垄断法》之于垄断行业适用范围问题研究 [J]. 法学家，2012 (6)：44 - 57, 175.
④ 陈秀山. 我国竞争制度与竞争政策目标模式的选择 [J]. 中国社会科学，1995 (3)：25 - 35.
⑤ 王晓晔. 有效竞争——我国竞争政策和反垄断法的目标模式 [J]. 法学家，1998 (2)：37 - 45.

任重而道远的任务。[1]

（二）发展思路

学者们针对我国竞争政策的发展现状，提出来一些发展思路：

竞争政策的执行必须以相关的分析研究为基础，还需要在产业政策、社会公共政策以及国家利益等各种政策目标之间进行平衡，最终使消费者利益和社会利益最大化。[2] 于立等（2006）阐述了国际竞争政策演进中的四种基本主张（联合国、欧盟与世界贸易组织、经合组织、美国与国际竞争网络）背后复杂的利益网络，分析了发展中国家在这张国际利益网络中的位置，认为发展中国家对建立统一的国际竞争规则心存疑虑，指出发展中国家在积极参与国际竞争规则形成的过程中，须密切注意以下几方面问题：竞争政策与产业政策、贸易政策等其他经济发展政策的协调；竞争政策与国有企业改革与发展；竞争政策与企业、产业乃至国家竞争力的因果关系；竞争政策与规制改革的顺序与协调；竞争政策的政治和社会影响，包括与竞争相伴随的破产、失业、经济周期性波动等社会动荡因素；竞争执法机构能力与资源的约束等。[3] 刘劲松和舒玲敏（2006）以日本为例，分析了产业政策与竞争政策的战略搭配，指出目前中国的产业政策与竞争政策搭配方式应是逐步弱化产业政策的功能，并逐步强化竞争政策和大力进行竞争执法，以防止市场失灵给产业发展带来的不利影响，仍需有针对性地制定一些产业政策，而不是全面实行竞争政策优先的经济发展政策。[4]

徐士英（2013）遵循"竞争和竞争政策是什么——为什么这个需要竞争政策——中国竞争政策的实施面临什么问题——如何解决这些问题"的基本思路，结合中国经济体制改革的历史阶段性和国情本土性，对竞争政策的一般原理和我国如何选择竞争政策、构建具有中国特色的竞争政策体系进行了探索性研究，就竞争政策制定和实施所面临的问题展开了分析和论证，认为竞争政策的重要性在于建立和维护市场竞争机制，使整个竞争过程免受来自个体行为和国家机构行为的阻碍和扭曲。[5]

---

[1][2]　吴汉洪，周炜，张晓雅. 中国竞争政策的过去、现在和未来 [J]. 财贸经济，2008（11）：102 – 110，127.

[3]　于立，吴绪亮. 国际竞争政策的分歧、互动与展望 [J]. 世界经济研究，2006（9）：4 – 10.

[4]　刘劲松，舒玲敏. 论产业政策与竞争政策的战略搭配——以日本为例 [J]. 当代财经，2006（7）：74 – 78.

[5]　徐士英. 竞争政策研究：国际比较与中国选择 [M]. 北京：法律出版社，2013：1 – 4，260 – 261.

吴敬琏（2016）指出，"建立和实施公平竞争审查制度、防止和纠正妨碍竞争的体制和政策设定，是我国当前一项十分重要和紧迫的任务"，但我国确立竞争政策基础性地位还存在一些急需妥善解决的主要矛盾，如有效约束政府行为、明确政府权力边界、解决政府干预过多、滥用"政策倾斜"等问题。[1]

七、结论与展望

综观各国在竞争政策方面的研究与实践，尽管由于国家传统与发展阶段存在差异，在某些具体领域还没有达成一致的共识，但也在很多方面达成了共识：如竞争政策的起源与发展，竞争政策的主要目标，积极推进竞争政策的国际协调等。

鉴于各国所处的发展阶段和社会经济发展环境迥异，且各国对竞争政策的基本诉求不尽一致，尽管竞争政策已作为基本经济政策在各国付诸实践，但竞争政策在各国经济发展过程中所扮演的角色相差甚大。尽管各国竞争政策在形式和诉求方面表现出明显的趋同趋势，但并未在全球范围内形成一套适用于各国发展实践的竞争政策。

随着像联合国、WTO、欧盟等国际组织在推进国际竞争政策合作方面的努力不断深入，可以预见，竞争政策的多边协调机制将逐渐完善，并能有效协调各国的竞争政策诉求，从而促进各国竞争政策的目标与效果趋近。当然，竞争政策趋同只是一种趋势，在未来较长一段时间内，各国依然需要推行有差别的适合国情的竞争政策。因而竞争政策和法律所面临的问题是，为实现福利最大化目标，需在多大程度上制定关于竞争的政策与措施，如何在促进国内市场竞争的同时协调好国际竞争冲突。由于缺少有效的理论作为指导，竞争政策尽管在整体上呈现趋同趋势，但实质却是百花齐放，在制定和实施竞争政策的过程中，没有一个国家可以撇开本国国情而不予考虑，这使各国竞争政策在国际化进程中不得不受制于其本土化的利益诉求。

在可以预见的将来，将有越来越多的发展中国家在发展实践中逐步完善

---

[1] 吴敬琏. 确立竞争政策基础性地位的关键一步［N］. 人民日报，2016 – 06 – 22.

其竞争政策的设计与实施过程，并将通过竞争政策在国内建立有效的竞争机制，促进国内市场经济的繁荣发展，同时积极融入各类国际竞争政策协调组织，深入与发达国家的竞争政策合作，从而提升本国企业的国内国外竞争力；不同国家的竞争政策一方面表现出趋同态势，另一方面分歧多元化趋势加剧，使国际竞争政策的双面性在短时期内难以融合，但竞争政策在全球范围内对竞争的促进作用将更加显著。

可以预见，中国竞争政策在为进一步深化经济体制改革，营造公平、合理、有序的市场竞争环境，保持我国经济活力，促进经济高效、健康和可持续发展等方面将发挥基础的保障作用。①

（胡伟、刘戒骄）

---

① 吴汉洪，周炜，张晓雅．中国竞争政策的过去、现在和未来［J］．财贸经济，2008（11）：102－110，127.

第三章 传统产业转型升级研究

随着人口红利的逐渐消失，资源供给的日益紧张，以及环境污染的日趋严重，我国传统产业以廉价劳动力为基础，以大量资源能源消耗为代价的粗放型增长模式难以为继。在后发国家工业化和发达国家再工业化的双重挤压下，我国传统产业转型升级迫在眉睫。我国虽然已经进入了工业化的中后期，但传统产业仍然是占国民经济比重最高、创造税收最多、吸纳就业最广泛的产业部门。传统产业企业数占整个企业数的 2/3，国内生产总值的 87% 和国家财政收入的 70% 来自传统产业。在规模和实力上，传统产业无疑对我国完成工业化进程仍起着举足轻重的作用。在这里，通过对传统产业、产业转型升级理论的文献梳理，对传统产业转型升级进行了新的判定和衡量；基于文献研究，挖掘了传统企业转型升级与战略性新兴产业和高科技产业发展三者间的正向互动促进作用。

一、传统产业转型升级的判定和衡量

（一）传统产业和产业转型升级的概念及相关理论

传统产业是一个相对的概念，不同学者根据研究视角的不同对其有不同的定义。刘宁宁等（2013）认为，传统产业是指发展时间较长，生产技术基本成熟，经济高速增长后发展速度降低，对国民经济的影响逐渐下降，资源利用率和环保水平较低的产业。熊勇清（2013）认为，传统产业是以运用传统技术为主体，并以生产传统产品为主的产业，且这一概念具有动态性和相对性，在经济发展的不同阶段内涵有所不同。朱方明等（2014）认为，传统产业大多属于第二产业中的原材料加工工业、加工工业的轻工业，以及重型加工工业等。任保平（2015）认为，传统产业在工业化的不同阶段对国民经济发展起重大支持作用，如纺织、资源采掘、冶金、化工、汽车、船舶等产业。从我国当前情况来看，传统产业主要是指在工业化的初级阶段和重化工业阶段发展起来的一系列产业群，在统计分类上大多属于第二产业中的原材料工业以及加工工业中的轻加工工业，具有消费驱动性、产业跨越性、技术稳定性、较快下降性和产业有形性等特点（王文俊，2016），这一概念得到业界的普遍认同。

在产业转型升级的概念界定上，蒋兴明（2014）认为，产业转型升级是由产业链转型升级、价值链转型升级、创新链转型升级、生产要素组合转型升级所形成的有机整体。王柏玲和李慧（2015）认为，产业升级是一个以节约资源和生态保护为导向，在长期内适应外部市场环境不断开发和创造需求，根据要素禀赋动态变化调整要素投入，融合最新科技革命并通过持续进行技术创新来逐步培养竞争力的过程。从全球的价值链来看，产业升级主要是指劳动密集型产业向资本密集型或技术密集型产业升级转变的过程，主要包含四个层次：流程升级、产品升级、功能升级、跨产业升级（Humphrey，2004）。

产业的转型升级必然离不开产业结构的重新洗牌和升级发展，现阶段对于产业结构的升级理论，主要有日本经济学家赤松要提出的雁行模式，就日本的产业发展历程提出产业升级的关键在于产业转移；格·门施（Grid Mensch）和冯·丹因（Von Dan）认为，技术进步推动产业升级而提出技术周期理论；现阶段一些区域经济学家引申工业生产周期理论提出的产业梯度转移理论。这些理论都为传统产业转型升级的"何去何从"提供了有力的理论支持。

（二）传统产业转型升级的判定与衡量

产业转型升级是一个系统性的工程，自上而下涉及产业的结构调整。对于传统产业来说，其转型升级必须充分结合传统企业的自身特点。

1. 技术成熟性

传统产业的生产技术一般以稳定成熟的传统技术为主，通常具有劳动密集型特征，资本密集型与技术密集型占比较低，主要以外延式扩大再生产。传统产业生产的产品往往需求弹性小，附加值较低，在生产中获得一般利润。为克服传统产业生产特征所带来的局限性，可以充分利用新兴产业的特性和协整性来促进传统产业转型升级。

2. 成长趋缓性

传统产业相对于战略性新兴产业而言是一种成长性趋缓的产业，从长期来看，其占国内生产总值比重、对经济增长贡献率等指标将趋于下降。对于一个拥有十几亿人口的我国来说，传统产业在国民经济中仍占主体地位，其提供的产品仍有着巨大而持久的市场需求。因此，基于这一现实国情，我国必须将发展战略性新兴产业与传统产业改造升级有机结合起来，促进两类产业协调发展。

3. 概念动态性

传统产业是个相对概念，这一时期是新兴产业，过一段时间也许就会变成传统产业。例如，在工业化初级阶段的纺织工业是新兴产业，而进入工业化中期阶段后纺织工业就被列为传统产业。此外，有些传统产业在吸收了新兴技术后，产生出新的分支属于新兴产业的范畴，如吸收了生物技术的传统种植业升级成生物农业等。因此，传统产业经过吸收新兴技术得到改造提升后，能够在现代产业体系中焕发新生，继续发挥重要作用。

4. 地域相对性

同一产业在不同的地域，可能有着不同的功能地位。一些在欧美等发达国家的传统产业在我国则有可能是新兴产业。因此，以梯度转移理论为指导思想，在地域因素的条件因素下，来考虑我国传统产业的转型升级是极具意义的。

二、传统产业转型升级和战略性新兴产业以及高技术产业的关系

在"再工业化"背景下我国传统产业升级面临着困境与挑战，要实现传统产业升级应从构建现代产业体系、发展战略性新兴产业、高新技术引领等途径着手（詹懿，2012）。

国内战略性新兴产业与传统产业的相关文献主要产生在战略性新兴产业上升为国家战略以后。在战略性新兴产业与传统产业的相互关系方面，黎春秋和熊勇清（2011）认为，培育战略性新兴产业能够对传统产业产生溢出效应、置换效应和联动效应，从而推动传统产业的优化升级；孙军和高彦彦（2012）认为，传统产业升级和新兴产业的培育是一种螺旋式的发展关系，而这种螺旋上升发展的关键在于发挥不同阶段的比较优势。董树功（2013）基于产业升级的角度，认为我国产业升级过程是战略性新兴产业与传统产业协同发展的过程，而不是残酷的淘汰和替代，二者可以通过资源转移和市场共享来实现良性互动和共同发展。从战略性新兴产业培育和发展的途径来看，在传统产业基础上"嫁接"或"裂变"，或是两种方法的融合（张银银、邓玲，2013），都能促进二者的共同发展。传统优势产业通过创新驱动、市场拉动、投资拉动、政策和制度保证四个维度对战略性新兴产业产生影响（王维、柳琳琳、乔朋华，2016）。目前，我国战略性新兴产业与传统产业处于正向非对称互惠共生状态，如果能对二者共生关系中存在的共生单元不稳定、共生关系不对称、共生界面不完善和共生环境不健全问题进行有效的解决，则能加快传统产业和战略性新兴产业协同发展（李少林，2015；马荣华，2015）。熊勇清和郭杏（2014）以国有企业及规模以上非国有企业2007年与2011年面板数据为样本数据，运用两部门模型研究了战略性新兴产业对传统产业的溢出效应，发现战略性新兴产业对传统产业的溢出效应明显，但存在一定的滞后期。

构建知识密集型高新技术产业是我国传统产业转型的重要方向之一。Michael Porter（2002）认为，传统产业是发展高新技术产业的关键所在。Sandro Mendonca（2009）分析了高科技产业和传统产业的技术差异。Osaka（2002）认为，新兴产业和传统产业可以相互交融、共同发展。Lexingtong（2002）认为，在发展新兴产业时，不应忽视传统产业在解决就业中的作用。封凯栋（2013）认为，传统产业转型关键在于完善并提高创新系统的效率，为此应避免片面强调高新技术产业，应加强高新技术产业与传统产业的关联。程强和武笛（2015）分析了科技创新促进传统产业转型升级的机理，并提出了创新驱动下传统产业转型升级发展的路径。目前，关于传统产业高新技术改造的研究主要集中在高新技术向传统产业扩散方面，具体而言，主要集中在高新技术的特性、高新技术渗透传统产业的有效路径、高新技术产业与传统产业的要素配置效应、高新技术产业的高效益性和关联带动

作用、高新技术运用的案例剖析和经验总结等方面（王文俊，2016）。

三、传统产业转型升级的动力

产业转型升级的过程是要素禀赋动态变化和选择的过程（王柏玲、李慧，2015），在过程中受到多种因素的影响。成功的转型升级必定需要来自外部拉力的提携与自身内部动力的催动。从现实角度来看，传统产业转型升级的外在拉力主要来自经济增长的需要和产业政策的引导，内在动力来自产业效率的驱动、科技创新的推动。

（一）政府与产业政策的指引

政府以及产业政策在传统产业发展过程中，通过对特定产业的扶持，肃清壁垒，减少障碍，建立流通通道，可以有效地促进产业融合，特别是传统产业与战略性新兴产业的融合。同时，政府以及相关产业的政策所营造的市场化水平也是促进传统产业转型升级的重要动力。

刘志彪（2013）在一般均衡模型框架下研究了政府不同的补贴政策对战略性新兴产业和传统产业发展的影响。刘玉忠（2011）认为，发展战略性新兴产业要统筹处理好国家与地方、政府调控与市场调节、产业规划与科技规划、战略性新兴产业与传统产业之间的关系。陆立军、于斌斌（2012）运用博弈论分析了政府行为在传统产业和战略性新兴产业发展中的具体作用。同时，传统产业转型升级需要综合考虑"国家需要"（符合国家产业结构的调整）、"区域需要"（符合区域经济社会发展的需要）、"现实基础"（符合区域现有产业基础和能力并在操作上可行），在这三方面谋求平衡，寻找最佳结合点（熊永清、曾丹，2011）。霍影和霍金刚（2015）针对现阶段我国多个地区存在发展战略性新兴产业趋同和传统产业让位的情况，提出了基于外部效应的"技术引进—要素升级"和"产业转移—模式创新"两类传统产业升级改造路径。

（二）产业效率的驱动

传统产业自身发展所带来的运营效率提升，是促进其转型的重要动力之一。孙文远（2006）和张辉（2006）基于地方产业集聚特征和企业发展阶段，提出基于产品价值链分工的产业升级方式和战略。Druckerand Feser（2012）根据企业层面数据分析认为，产业集聚能够有效促进产业结构调整。同时，产业运营流程的效率提升，也是产业转型升级的动力。Frankerl和 Romer（1999）、洪银兴（2001）通过分析发现，贸易结构升级对产业结构升级的推动作用。制度学派强调有效的制度设计，认为制度升级是产业升级的重要途径（王柏玲、李慧，2015）。

（三）科技创新的推动

刘慧等（2003）从理论上阐释了信息化推动传统产业转型升级的机制及实现途径，并提出信息化推动传统产业转型升级可分为产品信息化、企业信息化和产业信息化三个层次进行。程淑佳等（2007）提出了传统产业高新技术化的动力机制包括市场需求拉力、市场竞争压力、技术创新和技术中介的推动力、政府行为支撑力，各动力相互关联、相互促进。张银银和邓玲（2013）认为，战略性新兴产业是传统产业转型升级的重要方向，而突破这一难题的途径就是创新驱动。创新驱动过程分为前端、中端和后端三种驱动方式，共同作用于传统产业转型升级的每个环节，以此为依据，提出了创新驱动传统产业向战略性新兴产业转型升级的实现路径。王磊和安同良（2013）选取江苏阳光集团、江苏沙钢集团、金陵船厂对中国传统产业自主创新模式进行了案例研究，发现中国传统产业自主创新存在供应商主导模式、过程创新模式和协同创新模式三类创新模式。除此之外，技术进步、市场化水平、产业集聚、对外开放程度、环境管理能力等是企业转型升级的重要动力因素（祁明德，2015）。

四、传统产业转型升级的路径

我国传统产业面临着产能过剩和节能减排的双重压力，转型升级是一个艰难的过程，各地应根据自身传统产业的特点、动力因素等选择合适的转型升级路径（王文俊，2016）。厉无畏和王慧敏（2002）指出，把握国际产业的发展趋势，我国产业战略调整中通过集群化进一步提高我国产业的国际竞争力；通过融合化实现产业创新和培育新的增长点；通过生态化促进我国经济的可持续发展。

（一）以集群化为导向的传统产业转型升级路径

Michael Porter 提出，产业集群主要就是指集中于一定区域内特定产业的众多具有分工合作关系的、不同规模等级的企业，这些企业拥有共同的市场利润及其发展空间，基于共赢机制及其产权保护而建立的一种组织行为主体。

随着全球化产业结构的调整，促进产业集群发展成为推动传统产业转型升级、快速发展的重要方法之一（刘宁宁、沈大伟、宋言东，2013），产业集群的升级方式包括产品升级、功能升级、工艺升级和价值链升级（Humphrey、Schmitz，2002；桑俊、易善策，2008；王海杰、吴颖，2014）。夏若江和胡振红（2008）研究发现，市场治理模式和准科层治理模式是传统产业嵌入全球价值链的主要模式，该模式有利于产业集群从多方面集聚资源，提升价值创造力，这样只要具备了足够的学习能力和创新能力，即使处于落后地位的传统产业也容易实现产业集群价值链升级。在选择集群方向上，也有学者做了相关研究。黄永春等（2014）通过对昆山传统制造业和战略性新兴产业企业创新特征数据的统计和计量研究了新旧两类产业企业的创新方式，发现战略性新兴产业企业倾向于借助国内价值链的创新资源；传统产业则主要依赖全球价值链的"链主"。

（二）以融合化为导向的传统产业转型升级路径

由于技术的进步、管制的放松以及管理的创新，使同一产业内部或不同产业之间出现了传统边界模糊、消失，甚至产生一个新的产业的经济现象。产业融合不仅改变了传统的产业定义与产业演化路径，也改变了传统产业的竞争规则与产业界限，导致产业边界重新划分。

运用高新技术改造传统产业（许树辉、谷人旭，2013）、运用产业之间协调发展促进产业升级（唐晓云，2012），都是促进融合并充分发挥融合优势的路径之一。赖红波、丁伟和程建新（2013）突破以往对产业转型升级聚焦"企业端"而忽略"客户需求端"的现状，从"客户需求端"对产业转型升级进行分析，为企业转型升级提供了新的研究视角。他认为，国内高端市场大多被跨国企业所占据，本土传统企业的转型升级不能产生最优解决方案，基于"帕累托改进"的原理，从弱关系和"结构洞"理论出发，他提出通过信息产业与传统产业的融合，利用网络升级推进企业转型升级。

在实证方面的研究上，张倩男（2013）运用耦合协调模型对2005年和2011年广东省电子信息产业与纺织产业的耦合情况进行了实证研究，发现信息产业与传统纺织业的融合，极大地促进了纺织业的转型和升级。熊勇清（2010）借助物理学中"容量耦合"模型构建了战略性新兴产业与传统产业的耦合评价模型，并以环保产业和橡胶产业为例进行了实证研究。菅青和吴骏（2014）以合肥市家电产业为例研究了战略性新兴产业与优势传统产业融合发展形成主导产业的选择方法。李晓华（2016）认为，"互联网＋"能提升传统产业竞争力和实现传统产业的环境友好发展，提出了"互联网＋"改造传统产业应遵循的五个原则。

（三）以生态化为导向的传统产业转型升级路径

生态化是从产业生态系统的角度评估和降低产业活动的环境影响的科学。绿色发展、循环发展、低碳发展、可持续发展是其主要的发展理念。

在生产要素和劳动力成本优势逐渐失去和环境管治趋紧的情境下，须通过不同于一般创新的方式谋求可持续竞争优势，兼顾经济、社会、环境效益与效率的绿色创新是必然选择（李玉米、周霞，2014）。绿色经济作为一种新的经济形式，是传统产业转型升级的一种重要方向（朱彬、唐庆蝉、宋跃群，2015），针对不同产业的效益特征，可通过鼓励扶持、改造提升、延伸产业链等路径来推动传统产业的绿色转型升级。资源密集型产业仍将是拉动中国经济增长的支柱，展望绿色产业发展，重点应放在传统产业的绿色化上，而不是抛开传统产业（张其仔，2010）。

五、传统产业转型升级的国际经验

随着一国经济水平的发展，都会遇到传统产业发展的"瓶颈"，为寻求突破式的发展，发达国家都通过各种手段不同程度地实现了传统产业进行转型和升级，以为国民经济的发展提供支持。其经验对于推动我国传统产业转型升级和产业结构优化，提升我国传统产业的国际竞争力，具有重要的借鉴意义。

发达国家通过技术创新与设备更新、生产方式和组织管理模式创新、清洁生产与再制造、产业组织调整与产业集群创新、产业融合发展、全球价值链和产业链升级等途径，实现了传统产业的转型升级（杜朝晖，2017）。

意大利采用传统产业集群内的高技术扩散模式（MacLachlan，1998），法国采用信息技术升级传统产业模式（Coats，1976）。

美国采用从"工业立国"到"再工业化"。美国采取新兴产业和传统产业并举的发展路径（Razita，1991），美国历来重视工业在经济发展中的基础性地位，在不同发展阶段均采取以工业为先导、以新兴产业推动传统产业来促进经济增长的战略。美国独立初期经济基础薄弱，工业制造设备匮乏，技术水平落后，为此，美国采取"工业立国"赶超战略，一举超越英国成为世界第一工业强国。

英国采用从引领早期工业技术创新到重振先进制造业优势。在工业革命前夕，英国把发展重心从欧洲大陆转到海外市场，为经济发展寻找原料基地和销售市场。同时，英国采取了"重商主义"的海外贸易保护政策，限制商品进口和保护本国产品出口，推动了早期工业技术创新活动，采用传统产业和新技术嫁接模式（王启明、张芝年，2007），促使英国成为当时世界最强盛的工业大国。

德国采用从"产业合理化运动""道威斯计划"到"工业4.0"。德国通过改善投资环境促进所有制多元化（安筱鹏、陈凌虎，2002），高度重视产品标准化和技术创新。第一次世界大战中，德国工业遭到严重破坏。1923年起，德国积极推行"产业合理化运动"和"道威斯计划"，重点推行生产和产品标准化，提高投入—产出率。20世纪中后期，德国开始调整经济结构，向创新型经济转型，推动行业技术创新，重视新技术的开发和利用，通过强势稳定的制造业来避免经济发展的"空洞化"。

日本采用从"贸易立国、技术立国"到"科技创新立国"。日本的制造业科技创新经历了引进、吸收、再创新的过程（赵隽欣，2014）。20世纪50年代，日本为加速恢复经济，扭转经济衰败颓势，实施"贸易立国"战略，振兴出口贸易，同时实施引进、消化吸收的科技战略，追赶世界先进技术潮流。20世纪80年代初期，日本转变科技发展思路，实施更强调自主研发的"技术立国"战略。20世纪90年代中期，日本由技术创新转向更为重视科学基础研究的科技创新，实施"科技创新立国"战略。

六、简要评述

战略性新兴产业和高技术产业代表了当今国际产业的发展方向，我国需要通过发展战略性新兴产业、高技术产业为经济发展开辟新的空间，构建未来产业竞争优势，提升我国在国际分工和价值链中的地位；传统产业在我国仍占主导地位，在满足人民群众的基本生活、提供就业岗位，保证工业体系完整、保障经济增长速度等方面仍起着举足轻重的作用，今后相当长时期仍然是我国经济发展的主体力量。从国际经验看，发达国家在进行产业升级时也不会完全淘汰传统产业，而是利用高新技术对其进行改造，促使其转型升级。我国作为一个工业化进程尚未结束的发展中大国，区域发展水平差异大，中部、西部一些经济不发达地区对传统产业的发展仍有巨大的需求。综合发达国家经验和我国现阶段的特殊国情可以得出，我国经济要实现可持续增长和良性循环，就必须拥有完整、协调的产业链体系和丰富的产业结构层次。

传统产业自身在现行生产条件和经济环境的特点（技术成熟性、成长趋缓性、概念动态性、地域相对性），是其施行转型升级的根本前提。充分利用新兴产业的特性和协整性来促进传统产业转型升级是对技术成熟性的延伸化发展；成长趋缓性可以通过战略性新兴产业和高新技术产业来开辟新的成长空间；概念的动态性使传统产业可以通过吸收新兴技术得到改造提升后，能够在现代产业体系中焕发新生，继续发挥重要作用；地理因素以梯度转移理论为指导思想，来重新思考传统产业的地域相对性。

为更好、更快地实施和推进传统企业转型升级，第一，充分发挥政府和产业政策的指引作用。完善环境要素的价格形成机制，推动环境税的征收，迫使企业合理有效地使用环境要素，避免环境污染；完善结构性税负制度，落实"营改增"，推动产业由劳动密集型向知识或技术密集型转变，或推动产业的区域转移；完善土地空间集约节约利用的政策引导，发挥市场在资源配置中的基础作用，让市场决定土地价值和发展项目，推动"产业集聚升级、控量提质减排"。第二，发挥产业效率和科技创新的推动作用。注重科技创新和成果转化，发达国家均将科技创新和成果转化作为支撑制造业发展的重要条件，制定专门的措施促进科技创新和成果转化；把基础设施建设作为制造业发展的重点，基础设施是一国工业发展的前提和保障，基础设施建设对工业产品的需求又反过来刺激了工业扩大投资和生产，带动了工业增长；注重支持中小企业发展，中小企业是市场经济中最为活跃的元素，也是支撑各国工业化的重要力量；注重开拓海外市场，开拓海外市场是欧美国家推进工业化的重要手段。第三，以集群化、融合化、生态化为导向来科学地实施传统产业的转型升级。产业集聚是各种生产要素在一定地域的大量和有效集中，体现了生产力在空间布局上的优化，产业集群是指以产业领域相互关联的企业及其支撑体系在一定地域内发展并形成有竞争优势的经济群落，它有利于企业成长、降低外部成本、节约用地、节能减排。不同产业间的融合，能够促进产业之间的合作，降低交易成本、物流成本以及充分发挥分享经济和平台经济的效用。"互联网＋"成为产业转型升级新的引擎，要把"互联网＋"产生的新思维和新方法融入区域产业的发展中，各区域要把握机遇、创造环境，为"互联网＋"产业发展提供机遇。绿色发展、循环发展、低碳发展、可持续发展为理念的产业生态化，不仅是传统产业所追求的理想转型升级的目标，更是我国在新时期建设美丽社会、现代化强国的根本途径。

参 考 文 献

[1] 安筱鹏，陈凌虎. 国外企业信息化的进程及启示 [J]. 中国科技论坛，2002（3）：57 - 63.

[2] 程强，武笛. 科技创新驱动传统产业转型升级发展研究 [J]. 科学管理研究，2015（4）：58 - 61.

[3] 程淑佳，高洁. 利用高新技术改造传统产业的运行机制 [J]. 吉林省经济管理干部学院学报，2007，21（5）：19 - 21.

[4] 董树功. 协同与融合：战略性新兴产业与传统产业互动发展的有效路径 [J]. 现代经济探讨，2013（2）：71 - 75.

[5] 杜朝晖. 发达国家传统产业转型升级的经验及启示 [J]. 宏观经济管理，2017（6）：87 - 92.

---

［6］封凯栋．传统产业与高新技术结合应是国家创新体系的核心［J］．宏观经济研究，2013（2）：3－9．

［7］胡俊文．"雁行模式"理论与日本产业结构优化升级——对"雁行模式"走向衰落的再思考［J］．亚太经济，2003（4）：23－26．

［8］黄永春，郑江淮，张二震．依托于NVC的新兴产业开放互补式技术突破路径——来自昆山新兴产业与传统产业的比较分析［J］．科学学研究，2014，32（4）：519－530．

［9］霍影，霍金刚．地方产业经济发展策略选择：传统产业是否应让位于战略性新兴产业——协同发展视阈下战略性新兴产业布局与传统产业升级路径［J］．科技进步与对策，2015，32（10）：28－31．

［10］菅青，吴骏．战略性新兴产业与优势传统产业融合发展形成主导产业选择方法研究［J］．中国科技论坛，2014（5）：39－44．

［11］蒋兴明．产业转型升级内涵路径研究［J］．经济问题探索，2014（12）：43－49．

［12］赖红波，丁伟，程建新．基于"帕累托改进"视角的本土企业转型突破与网络关系升级研究——以江苏宝应传统产业升级为例［J］．科技进步与对策，2013，30（22）：105－109．

［13］黎春秋，熊勇清．传统产业优化升级模式研究：基于战略性新兴产业培育外部效应的分析［J］．中国科技论坛，2011（5）：32－37．

［14］李少林．战略性新兴产业与传统产业的协同发展——基于省际空间计量模型的经验分析［J］．财经问题研究，2015（2）：25－32．

［15］李晓华．"互联网＋"改造传统产业的理论基础［J］．经济纵横，2016（3）：57－63．

［16］李玉米，周霞．传统产业绿色竞争优势生成路径分析——基于"钻石理论"分析的绿色创新视角［J］．广西社会科学，2014（2）：68－73．

［17］厉无畏，王慧敏．产业发展的趋势研判与理性思考［J］．中国工业经济，2002（4）：5－11．

［18］刘宁宁，沈大伟，宋言东．我国传统产业转型升级国内研究综述［J］．商业时代，2013（34）：109－111．

［19］刘玉忠．后危机时代中国战略性新兴产业发展战略的选择［J］．中国科技论坛，2011（2）：45－49．

［20］陆立军，于斌斌．传统产业与战略性新兴产业的融合演化及政府行为：

理论与实证 [J]. 中国软科学, 2012 (5): 28 - 39.

[21] 马荣华. 战略性新兴产业与传统产业互惠共生研究——基于共生经济视角 [J]. 科技进步与对策, 2015 (19): 61 - 65.

[22] 迈克尔·波特. 竞争论 [M]. 北京: 中信出版社, 2003: 210.

[23] 祁明德. 珠三角产业转型升级绩效研究 [J]. 社会科学家, 2015 (12): 68 - 71.

[24] 任保平, 周志龙. 新常态下以工业化逻辑开发中国经济增长的潜力 [J]. 社会科学研究, 2015 (2): 35 - 41.

[25] 桑俊, 易善策. 我国传统产业集群升级的创新实现机制 [J]. 科技进步与对策, 2008, 25 (6): 74 - 78.

[26] 孙军, 高彦彦. 产业结构演变的逻辑及其比较优势——基于传统产业升级与战略性新兴产业互动的视角 [J]. 经济学动态, 2012 (7): 70 - 76.

[27] 孙文远. 产品内价值链分工视角下的产业升级 [J]. 管理世界, 2006 (10): 156 - 157.

[28] 唐晓云. 产业升级研究综述 [J]. 科技进步与对策, 2012, 29 (4): 156 - 160.

[29] 王柏玲, 李慧. 关于区域产业升级内涵及发展路径的思考 [J]. 辽宁大学学报 (哲学社会科学版), 2015, 43 (3): 73 - 80.

[30] 王海杰, 吴颖. 基于区域价值链的欠发达地区产业升级路径研究 [J]. 经济体制改革, 2014 (4): 38 - 42.

[31] 王磊, 安同良. 中国传统产业自主创新模式研究 [J]. 现代经济探讨, 2013, 375 (3): 34 - 38.

[32] 王启明, 张芝年. 英国: 采用高新技术更新传统产业 [N]. 经济日报, 2007 - 01 - 27.

[33] 王维, 柳琳琳, 乔朋华. 战略性新兴产业驱动要素测量工具开发——传统产业关联作用视角 [J]. 科技进步与对策, 2016, 33 (14): 75 - 80.

[34] 王文俊. 传统产业转型升级研究综述 [J]. 财经理论研究, 2016 (5): 19 - 24.

[35] 王宇, 刘志彪. 补贴方式与均衡发展: 战略性新兴产业成长与传统产业调整 [J]. 中国工业经济, 2013 (8): 57 - 69.

[36] 夏若江，胡振红. 基于价值链治理模式的传统产业集群升级路径的研究 [J]. 管理观察，2008（Z1）：289 – 290.

[37] 熊勇清，郭杏. 战略性新兴产业对传统产业溢出效应的实证检验——基于两部门模型的多维视角分析 [J]. 软科学，2014，28（10）：1 – 5.

[38] 熊勇清，李世才. 战略性新兴产业与传统产业耦合发展的过程及作用机制探讨 [J]. 科学学与科学技术管理，2010，31（11）：84 – 87.

[39] 熊勇清，曾丹. 区域传统产业转型的决策方法探讨 [J]. 统计与决策，2011（17）：42 – 45.

[40] 熊勇清，曾丹. 战略性新兴产业的培育与发展：基于传统产业的视角 [J]. 重庆社会科学，2011（4）：49 – 54.

[41] 熊勇清. 战略性新兴产业与传统产业互动耦合发展研究 [M]. 北京：经济科学出版社，2013.

[42] 许树辉，谷人旭. 欠发达地区技术创新的产业升级效应研究——以韶关制造业为例 [J]. 世界地理研究，2013（2）：61 – 68.

[43] 詹懿. 再工业化背景下的西部传统产业升级研究 [J]. 现代经济探讨，2012（2）：51 – 55.

[44] 张辉. 全球价值链动力机制与产业发展策略 [J]. 中国工业经济，2006（1）：40 – 48.

[45] 张其仔. 绿色增长的重点：传统产业绿色化 [J]. 绿叶，2010（3）：34 – 37.

[46] 张倩男. 战略性新兴产业与传统产业耦合发展研究——基于广东省电子信息产业与纺织业的实证分析 [J]. 科技进步与对策，2013（12）：63 – 66.

[47] 张银银，邓玲. 创新驱动传统产业向战略性新兴产业转型升级：机理与路径 [J]. 经济体制改革，2013（5）：97 – 101.

[48] 赵隽欣. 日本再制造业发展的成功之道 [J]. 资源再生，2014（6）：50 – 51.

[49] 朱彬，唐庆蝉，宋跃群. 传统产业绿色转型升级路径选择研究 [J]. 环境科学与管理，2015，40（12）.

[50] 朱方明，陈中伟，贺立龙. 提高传统优势企业竞争力的思路与对策 [J]. 经济纵横，2014（1）：13 – 16.

[51] Aguilar A. G.. Maquiladora Myths: Locational and Structural Change in

Mexico's Export Manufacturing Industry [J]. Professional Geographer, 1998, 50 (3): 315 – 331.

[52] Coates J. F.. The Role of Formal Models in Technology Assessment [J]. Technological Forecasting & Social Change, 1976, 9 (1): 139 – 190.

[53] Drucker J., Feser E.. Regional Industrial Structure and Agglomeration Economies: An Analysis of Productivity in Three Manufacturing Industries [J]. Regional Science & Urban Economics, 2012, 42 (1 – 2): 1 – 14.

[54] Humphrey J. Schmitz H. . Governance and Upgrading : Linking Industrial Cluster and Global Value Chains Research [R] . IDS Working Paper, Institute of Development Studies, University of Sussex, 2004 (12): 124 – 126.

[55] Lexington. Technology Management and Competitiveness: Is There Any relationship [C]//The Third International Conference on Management of Innovation and Technology(ICMIT 2002) [C]. Hangzhou, 2002: 206 – 209.

[56] Mendonca S.. Brave Old World: Accounting for 'High – Tech' Knowledge in 'Low – Tech' Industries [J]. Research Policy, 2009, 38 (3): 470 – 482.

[57] Osaka T.. Regional Economic Development: Comparative Case Studies in the US and Finland [A]. 2002 IEEE International Engineering Management Conference (IEMC – 2002) [C]. Cambridge UK, 2002: 635 – 642.

[58] Porter M.. Conditions of the Formation of High – Tech Industries Clusters [C]//The Third International Conference on Management of Innovation and Technology(ICMIT 2002) [C]. Hangzhou, 2002: 127 – 131.

[59] Vernon R.. International Investment and International Trade in the Product Cycle [J]. International Executive, 1966, 8 (4): 307 – 324.

（刘勇）

第四章　矿产资源消费与产业结构演进的交互影响：文献综述

　　矿产资源的消费贯穿于一国工业化的始终。在工业化的不同阶段，随着产业结构演进，资源消费结构呈现出鲜明的阶段性特征。当前，世界范围内新科技革命和新工业革命蓬勃兴起，全球新一轮产业升级开始提速。新工业革命对矿产资源消费需求总量和结构将会产生重大影响。一方面，3D 打印等"工业4.0"下的增材制造方式及其应用将改变工业原材料利用的方式；另一方面，国际金融危机发生后，发达国家实施"再工业化战略"，推动制造业加快智能化、绿色化、服务化转型。现阶段，发达国家基础金属消费总量普遍达到或接近达峰，开始由增量开发逐步转向存量利用，而以稀土、铟、锗、铂族金属为代表的稀有、稀散、稀贵"三稀"金属，其战略性不断凸显，这些新型战略性矿产在全球矿产资源消费结构中的地位逐渐上升。同时，新工业革命下，后起国家大量消耗资源且不计环境成本的赶超式战略受到抑制，其转变发展方式和自主创新所带来的产业结构变化，使矿产资源消费结构呈现出新的特点。

　　矿产资源消费与产业结构演进是资源经济学和产业经济学这两个领域持续关注的重要问题。从时间维度上看，这两个领域最早研究的时间相差无几。其中，对矿产资源消费的研究最早始自霍特林（1931）发表的《可耗尽资源的经济学》，这篇文章可以视为资源经济学产生的标志；产业结构演进的思想来源则可追溯至威廉·配第（1928）在其《政治算术》中对三大产业收入的比较研究。本章基于相关领域国内外的研究进展，尝试从矿产资源消费对产业结构演进的影响、产业结构演进对矿产资源消费的影响两个方面厘清矿产资源消费与产业结构演进之间的关系，为经济新常态下产业转型升级的资源安全战略提供支撑。

一、产业结构演进对矿产资源消费的影响

国外学者对矿产资源消费的研究始于矿产资源的可持续优化利用理论。霍特林（1931）在《可耗尽资源的经济学》中探讨了有限矿产资源的未来持续性消费问题，这一成果被视为资源经济学产生的标志。希尔和哈森（1979）发展了霍特林的结论，其研究重点放在了矿产资源的有效配置和利用。继这些开创性的研究，学者们更加关注影响一国矿产资源需求的因素以及经济增长中的自然资源效应。国内学者采用不同的研究方法对影响我国矿产资源消费的主要因素做出了识别和判断。从表4-1中可以看出，影响我国矿产资源消费的因素依次为经济增长、工业化与城市化、产业结构、技术、人口、能源消费结构、环境政策、价格、全球经济周期和资源禀赋等。其中，作为主要影响因素之一，产业结构分别作用于矿产资源消费总量和结构的变化。

表4-1　矿产资源消费的影响因素：国内相关研究

文献作者	研究方法	矿产资源消费影响因素
史丹（1999）、刘东霖和张俊瑞（2010）	弹性系数法：时变回归分析	经济规模、产业结构、能源价格、总人口、能源消费结构
林伯强（2003）、王少平和杨继生（2006）	时间序列；协整分析与误差修正模型	经济总量、产业结构、能源结构、总人口、城市化水平、居民消费水平
邓光君（2009）	供给—需求分析	（1）矿产资源需求增长因素：经济增长 （2）矿产资源需求结构的变化趋势因素：产业结构、技术对资源的替代率、国家宏观政策导向、矿产资源消费观念
芮夕捷和白华（2010）	灰色系统预测模型	经济增长及其速度、产业结构及其调整、产业政策、社会的工业化程度以及进程、经济增长集约化程度、技术进步及技术经济政策、人口数量增长以及城市化发展

文献作者	研究方法	矿产资源消费影响因素
成金华等（2012）		（1）宏观层面包括经济增长、人口增长、工业化与城市化以及科学技术进步等因素 （2）微观层面：矿产资源本身的价格、消费者收入水平及社会收入分配状况、替代品和互补品的价格，消费者的心理因素、矿产新研究成果及矿产资源方面的政策和法律法规
徐铭辰（2012）	工业化指标体系	工业化、资源禀赋、国家矿产品贸易、全球经济周期、本国的资源环境政策、科学技术以及环境保护
张传平和周倩倩（2013）	协整模型和误差修正模型	GDP、产业结构、技术水平和城市化水平
袁鹏（2014）	二次型影子成本模型	经济规模扩张、技术效率、技术变化、劳动力、资本
曾胜和李仁清（2014）	灰色关联分析	能源价格、产业结构、城市化、科技水平、碳排放强度、市场化率、GDP
秦鹏和代霞（2015）		经济规模增速、产业结构构成、能源消费结构、城镇化
李新慧和张璞等（2017）	DEMATEL 方法	资源因素、经济因素、社会因素、环境保护因素

资料来源：笔者在参考文献基础上整理而得。

（一）工业化进程对矿产资源消费总量的影响

国外对产业结构与矿产资源消费关系的研究，可以追溯到 20 世纪初的美国，但受当时统计资料和技术手段的限制，相关研究工作进展十分缓慢。直到 20 世纪 60 年代，矿产资源消费的研究取得较大突破。Harvey 和 Lowdon（1961）提出了资源开发与工业化发展的阶段性理论。该理论认为，随着工业化的发展，资源投入或社会消费需求结构会发生明显变化，因而在工业化发展的不同阶段，各类资源的作用存在差别。Hubbert（1962）开创了峰值问题的研究并成功预测了美国的能源峰值。Malenbaum（1975，1978）创立了矿产资源消费强度理论和矿产资源需求生命周期的时间效应理论。通过分析世界 80 多个国家矿产资源消费总量增长的长期变化过程发现，处于不同发展阶段的国家或地区其矿产资源消费需求和消费特征表现出一定的差异性，即矿产资源消费随着人均收入提高呈现出倒"U"形规律，变化过程由初始、增长、成熟和衰落四个阶段构成（见图 4 - 1）。

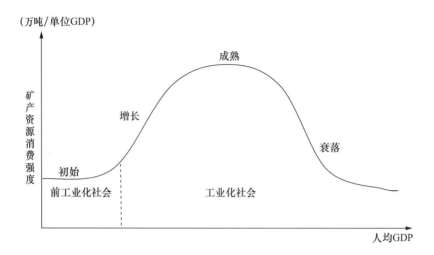

图 4 - 1　矿产资源消费需求生命周期变化

　　20 世纪 80 年代，国内学者开始运用国内矿产资源消费数据验证矿产资源生命周期理论、矿产资源需求强度理论的合理性，继而探讨我国与发达国家矿产资源消费规律的差别，分析改革开放以来我国经济高速增长与矿产资源消费之间关系的特殊性。张雷（1997，2004）比较早地根据矿产资源消费周期理论研究中国大规模工业化以来能源消费变化及其时间和空间效应，指出中国能源消费强度呈现明显的倒"U"形关系。

　　总体来看，中国工业化进程中矿产资源消费总量的基本特征表现为：在时间效应的维度，与先行工业化国家相似，随着大规模技术、资金的引进以及管理体制的优化，我国矿产资源消费强度明显呈倒"U"形；而在空间效应的维度，快速工业化导致国内矿产资源的自给率趋于下降，矿产品对外依存度提高（陈建宏等，2009）。应该看到，撇开"压缩式"工业化道路所释放出的矿产资源需求，中国矿产资源高消耗是粗放型增长方式的必然结果，且矿产资源大规模消耗与工业化进程、大国崛起这两个因素紧密相连（成金华，2010）。我国矿产资源消费总量在未来较长时期内仍将处于倒"U"形曲线左侧的"爬坡"阶段（成金华、汪小英，2011）。另外，还有研究认为，我国工业化中单种主要金属矿产消费与人均 GDP 之间呈现出倒"U"形曲线上升阶段的"S"形规律（见图 4 - 2），"S"形规律的三个重要转变点分别为资源消费的起点（矿产资源需求开始进入高增长期）、转折点（矿产资源需求增速减缓）和零增长点（矿产资源需求到达顶点）（王安建、王高尚，2002；王安建，2010）。

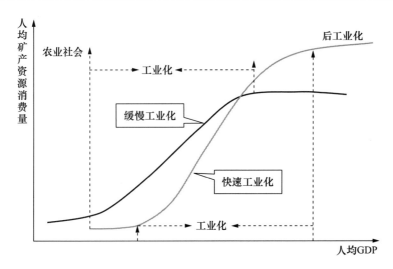

图 4-2　人均矿产资源消费与人均 GDP 的 "S" 形规律

与此同时，一些学者从全球范围与历史维度关注矿业发展周期以及矿产资源消费与人均 GDP 的关系。全球矿业经历了英法等国工业化起步至第一次世界大战的快速成长期、两次世界大战期间的波动期、第二次世界大战后至 20 世纪 80 年代初的回升期以及 20 世纪 80 年代以后的新一轮增长繁荣期（孟雨，2008；陆昀，2008；李坤、张晨，2009）。全球矿产资源配置格局演进展现出大国转移规律的特点，即西方国家陆续完成工业化，主要矿产品消费量下降或趋于稳定，而发展中国家尚未进入大规模工业化所引发的矿产资源高消耗阶段。

（二）产业结构演进对矿产资源消费结构的影响

20 世纪 90 年代，Clark 和 Jeon（1990）提出，矿产资源消费结构的分类理论，为进一步完善矿产资源消费强度理论，将矿产资源的消费结构分为传统类型、现代类型及新兴类型三种（见表 4-2）。Jacobsen（2000）进而提出矿产资源消费的时间过程理论，初步确定现代工业过程中矿产资源需求结构的基本类型和特征（见图 4-3）。

表 4-2　矿产资源消费结构的分类理论及资源类型划分

具体类型划分	代表金属与能源矿种
传统类型	煤、铁、铜、铅、锌、锡等
现代类型	石油、天然气、铝、铬、锰、镍、钒等
新兴类型	铀、钴、锗、铂、稀土元素、钛等

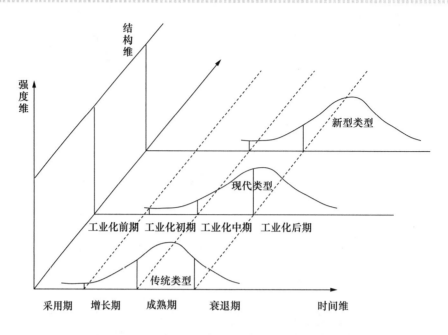

图 4-3　矿产资源系统的更替演进关系

目前，关于产业结构演进对矿产资源消费结构的影响，以研究能源消费结构的文献居多，能源需求与产业结构变动存在很强的联系。陈其慎（2011）指出，不同经济发展阶段（农业时代、工业化时代和后工业化时代）矿产资源需求的驱动因素。工业化国家主要金属矿产资源的消费投入具有阶段性差异，早期工业化以机械化为主，钢铁等传统资源投入量最先达到高峰之后，机械化基础上叠加电气化，带动铜、铝等其他主要金属相继在不同时间段达到峰值。因此，不同种类的主要金属矿产单位 GDP 消耗在不同时间出现波浪式峰值的特征，大宗矿产资源人均资源消费的起飞点均集中于人均 GDP 2500~3000 美元，而其转折点则为人均矿产资源消费增速由大到小的转折点，由于不同资源的性质及用途不同，转折点的位置也不同，分别对应于经济结构的重大转型期。其中，钢、水泥同属结构性材料，其转折点大致发生在人均 GDP 6000~7000 美元的时段，零增长点即"S"形曲线上人均资源消费的顶点，钢、水泥人均消费的零增长点集中于人均 GDP 10000~12000 美元。

近年来，全球稀有矿产资源开发利用的新趋势以及产业升级与战略性新兴矿产资源消费之间的关系等重大问题引起了学者们的关注。李鹏飞和杨丹辉等（2014）指出，随着工业化中后期产业升级对新材料需求的不断增加，全球稀有矿产资源消费量呈现出与经济增长同方向变动的趋势，与大宗矿产资源的需求变化特征明显不同。在大宗矿产消费量达到峰值之后震荡下行的同时，稀有金属消费量则持续增长。陈其慎等（2013）通过分析美国54个矿种111年来的消费历史，建立了美国矿产资源消费图谱，得出有46个矿种遵循人均矿产资源需求的"S"形规律，并且相同性质、用途的矿产资源人均消费峰值到来的时间相近，其达峰时间与拉动该矿产消费的相关产业增加值占制造业比重的高位时点基本同步。

陈其慎和于汶加等（2015）提出，矿产资源消费与产业结构之间遵循"资源—产业雁行式演进规律"，即在理想状态下，对于走过传统工业化道路的国家和地区，其产业结构基本按照由建筑、冶金、家电到机械制造、化工与汽车、电力、计算机、电子再到航空军工及其他新兴产业等的"雁行"范式演进，而支撑上述产业跃迁的矿产资源消费峰值期也呈现出相应的雁行式序列。美国和日本建筑业在1970年前后达到峰值，铁、锰、钒等矿产资源的消费量也相应达峰，而电力及机械制造业与铜、铝、锌等资源需求的达峰时间基本一致。由此可见，美国、日本等发达国家的产业升级和资源消费结构变动很好地验证了"资源—产业雁行式演进规律"。该研究还绘制出中国矿产资源消费图谱，确定了主要矿产资源需求峰值到来时间及峰值水平。

"资源—产业雁行式演进规律"在我国产业演进趋势和与之对应的资源需求种类变化之间建立了理论关联，为应对产业转型升级下矿产资源消费结构变化提供了战略方向，但仍存在不足之处。首先，这一理论范式未能就产业结构变化以及工业化进程的不同情景下各类金属消费峰值给出判断。其次，该规律在理想状态下提出，要求一国经历相对完整的工业化历程，且矿产资源的消费领域主要集中于一个或少数几个行业中。实际情况是，随着技术进步和产品复杂程度提高，不同类型的矿产资源会同时应用于多个产业部门，单一产品生产所需的原材料也日趋多样化，因此，矿产资源消费结构及其峰值要受多个产业部门的影响。最后，由于不同国家和地区资源禀赋、技术水平存在差异，同一个矿种所应用的产业也有所不同，势必导致矿产资源的消费结构不断发生变化。

二、矿产资源消费对产业结构演进的影响

国内外学者对产业结构影响因素的研究，已经形成了较为完整的理论体系，先后推出了霍夫曼定律，柯林·克拉克的相对国民收入影响说，钱纳里的"需求说""贸易说"和"技术说"，刘易斯的二元经济理论模型，罗斯托的主导部门论及新兴古典经济学的分工演进模型等一批有影响的理论学说（Fei、Ranis，1964）。在封闭经济中，分析产业结构演进影响因素主要从需求维度和供给维度展开，包括收入水平、资源禀赋、人口规模、政府政策（张抗私，2013）。扩展到开放条件下，国际贸易与要素的全球化配置均是引起产业结构变动的影响因素。

资源因素虽是最早被霍夫曼列入影响产业结构变动的因素之一，但在后续的研究中，学者们并未将其作为重要因素加以考察。有关资源因素对产业结构演进的影响研究，国内外学者主要围绕矿产资源禀赋与产业结构演进的关系展开，现有的文献鲜有对两者之间直接关系的研究，主要原因在于主流经济学一度忽视了资源与经济增长的关系，反映在从古典到新古典经济学，从哈罗德—多马模型到索洛的经济增长理论，乃至新经济增长理论中，资源投入并未作为经济增长的决定因素（Solow，1957；Jorgenson、Griliches，1967；Denison，1967）。主流增长理论及其模型或者没有考虑自然资源投入，或者将其隐含到资本投入中（罗浩，2007）。将自然资源演绎为单纯的生产成本问题，几乎是所有经济增长理论模型的前提（张景华，2014）。随着可持续发展理念不断深入，直到内生经济增长理论被提出，资源与环境约束下的内生增长理论模型得以建立，资源因素的角色才实现了回归，经济学重新将其纳入增长理论的框架。时至今日，由于两者之间内在逻辑的复杂性以及不同国家地区样本数据差异，关于矿产资源开发利用对产业结构的影响，是促进还是阻碍？是福音还是"诅咒"？理论界尚未达成共识。

在经济学家的争论中，其中一类观点认为，丰裕的自然资源会推动工业尤其是制造业的发展。自然资源是经济增长的基础和动力，丰富的自然资源具有创造经济持续发展能力的比较优势（Watkins，1963）。自然资源丰裕国家出口资源初级产品，通过吸引外资将收入转化为投资，推动工业发展，促

进经济增长（Rosenstein，1943；Mitchener、Mclean，2003）。Davis（1995）将22个矿产资源型经济体和57个非矿产资源型经济体分别作为整体来对比经济绩效，提出不存在"资源诅咒"现象，并且认为自然资源的丰裕创造了美国19世纪的经济繁荣。

另一类观点则认为，自然资源使产业结构单一化且具有黏滞性。自然资源丰裕的国家和地区一般难以摆脱"资源诅咒"（Gelb，1988）。资源相对丰富的荷兰曾饱受经济崩溃、通胀等"荷兰病"之困，而20世纪60年代以来，石油资源丰裕的尼日利亚、沙特阿拉伯、委内瑞拉、墨西哥及伊朗等国家经济增长缓慢。进入21世纪，中东和北非的阿富汗、突尼斯、利比亚等资源丰富地区几乎都经历了严重的政治动荡。自然资源仿佛魔咒，不仅无法推动经济发展，反而成为经济长期增长的障碍，其中，最为严重的后果之一是导致资源集聚区产业结构和要素配置单一化，进而对资源型产业发展产生难以摆脱的路径依赖。Auty最早提出"资源诅咒"的概念（Auty，1994；2004）。在此基础上，Sachs和Warner（1995）开创性地建立了动态"荷兰病"内生增长模型，模型包含可贸易的制造业部门、不可贸易的部门和自然资源部门，自然资源越丰裕，对不可贸易品的需求越大，进入制造业部门的资本和劳动则随之下降，在制造业部门具有"干中学"的假设条件下，"荷兰病"导致产业结构畸形，妨碍经济增长。"资源诅咒"在国家层面得到验证，大量的实证研究支持了"资源诅咒"命题的成立，继而引发经济学界对其传导机制的研究（Gylfason，2001；Papyrakis、Gerlagh，2004）。多数学者认为，自然资源本身并不产生资源诅咒，而是通过特定的传导机制阻碍经济增长（Barro、Xavier，1992；Papyrakis、Gerlagh，2007）。资源产业的"飞地属性""中心—外围"论、贸易条件波动或恶化、"荷兰病"效应、挤出效应、制度弱化效应等理论和实证结果共同验证了这一传导机制的存在。

需要强调的是，"资源诅咒"命题能否成立在学术界和产业界尚存争议，而且基于跨国和国内经验数据所得出的支持"资源诅咒"命题的结论，大多数文献将资源对经济增长、结构优化的掣肘归在了资源生产或资源禀赋的层面，因而，"资源诅咒"是"资源生产诅咒"，资源消费却往往成为"资源消费福音"，通常会对经济增长具有显著的正向影响（李强、徐康宁，2013）。

三、国内外研究述评

本章基于国内外相关研究进展，对矿产资源消费总量和结构变化与产业演进之间的交互影响进行了梳理和分析。

首先，有关产业结构演进影响因素的理论研究成果非常丰富，但仍留有广阔的后续研究空间。通过文献研究可以发现，由于样本数据较早，对最近10多年来产业结构演进的深化，较早期样本的解释力明显不足。再者，资源因素虽最早被霍夫曼列入产业结构变动的因素，但在相当长的时期内主流经济学并未将其作为重要因素加以考察，且较为强调矿产资源禀赋与产业结构演进的关系，对矿产资源消费对产业结构演进的影响研究偏少。

其次，关于产业结构演进对矿产资源消费总量的影响，针对能源、铁矿石等大宗矿产资源的研究已经比较成熟，从理论模型到经验研究不断丰富，并提出了矿产资源与经济发展的"S"形规律、矿产资源生命周期理论、矿产资源需求强度理论等重要理论观点。进入工业化中后期，有色金属消费增长较快，后工业化时期稀有金属需求逐步扩大，成为现代制造业特别是战略性新兴产业和国防工业的关键原材料，但是与之相关的研究较少，可以作为解析产业结构演进与矿产资源消费关系的下一个主要研究方向。同时，值得注意的是，矿产资源消费的"S"形规律虽然有较高的应用价值，但这一理论更适用于对与宏观经济密切相关的大宗矿产资源解析消费预测，而多数矿产资源品种主要受产业部门的影响。如何把握保障新能源、新材料等战略性新兴产业的原材料供求趋势，探索工业化中后期之后稀有矿产资源的消费规律，具有现实紧迫性。

再次，已有的西方主流增长理论很少将矿产资源和结构变动问题结合起来研究。然而，在第四次工业革命方兴未艾的大背景下，新一轮产业升级将对矿产资源消费总量和结构产生不可忽视的影响，主要工业大国之间围绕战略性矿产的竞争加剧。再从国内的情况来看，一方面，我国对铜、镍、铅等资源的需求将伴随着汽车、机械、电子等制造业的进一步扩张而缓慢增加，并逐步达到峰值；另一方面，《中国制造2025》的实施将推动新能源、智能电子、高端制造、军工及航空航天等新兴行业进入快速发展期，与之对应的锂、铍、铌、钽、铟、锗、镓等矿产资源的需求将会不断上升，因此，全面、深入地研判我国矿产资源消费与产业结构变动之间的关系，厘清大国崛起对全球矿产资源开发利用格局的影响具有重要的战略意义。

最后，随着中国工业化进程的推进，中国经济发展步入新常态，但产业转型升级加快与资源环境约束下的新型工业化道路之间的矛盾和压力犹存。总体来看，当前中国工业化的资源路线仍处于倒"U"形曲线的爬坡阶段，工业化和城镇化提速、相对偏低的生产要素利用率和产出效率、高昂的资源与环境代价并存的局面促使我们重新审视矿产资源高消耗与粗放型增长方式带来的影响和后果，进而反思矿产资源消费与产业结构演进之间的关系。应该看到，未来中国的工业化道路，一方面，产业结构日趋高级化，新工业革命兴起及绿色化、智能化发展，技术密集型产业和战略性新兴产业发展迅速；另一方面，中国政府做出的到2030年碳排放总量达峰的国际承诺，以及不断深化供给侧结构性改革对国内钢铁、有色、建材、石化等高排放部门的技术进步和"去产能"形成了强有力的"倒逼效应"。面临国内外发展环境的重大变化，矿产资源消费无论从总量、结构还是消费方式都将经历深刻变革，在很多领域无法照搬发达国家工业化的经验。因此，今后，应立足中国进入工业化中后期乃至后工业化时期产业演进的实践，更加全面、系统地揭示后起国家矿产资源消费与产业结构演进之间关系的阶段性变化，为大国崛起的资源路径和新型工业化道路提供理论支撑。

参 考 文 献

[1] 陈建宏，永学艳，刘浪，周智勇. 国家工业化与矿产资源消费强度的相关性研究 [J]. 中国矿业，2009 (10)：48-63.
[2] 陈其慎，王安建，王高尚，杜学明，邢万里. 美国矿产资源消费图谱初探 [J]. 中国矿业，2013 (5)：8-14.
[3] 陈其慎，王安建，王高尚，李建武，彭颖. 矿产资源需求驱动因素及全球矿业走势分析 [J]. 中国矿业，2011 (1)：6-9.
[4] 陈其慎，于汶加，张艳飞，谭化川. 资源—产业"雁行式"演进规律 [J]. 资源科学，2015 (5)：871-882.

［5］　成金华，汪小英．工业化与矿产资源消耗：国际经验与中国政策调整
　　　　［J］．中国地质大学学报（社会科学版），2011（3）：23－27．

［6］　成金华，吴巧生，陈军．矿产经济学［M］．武汉：中国地质大学出版
　　　　社，2012．

［7］　成金华．中国工业化进程中矿产资源消耗现状与反思［J］．中国地质大
　　　　学学报（社会科学版），2010（07）：45－48．

［8］　邓光君．国家矿产资源经济安全的经济学思考［J］．中国国土资源经
　　　　济，2009（1）：26－28．

［9］　姜巍，张雷．矿产资源消费周期理论与中国能源消费的时空效应分析
　　　　［J］．矿业研究与开发，2004（6）：1－5．

［10］李坤，张晨．全球仍处于第四个矿业周期中［N］．中国黄金报，2009－
　　　　07－28．

［11］李鹏飞，杨丹辉，渠慎宁，张艳芳．稀有矿产资源的全球供应风险分
　　　　析——基于战略性新兴产业发展的视角［J］．世界经济研究，2015
　　　　（2）：96－104．

［12］李强，徐康宁．资源禀赋、资源消费与经济增长［J］．产业经济研究，
　　　　2013（4）：81－90．

［13］李新慧，张璞，李文龙．稀土产业可持续发展影响因素的实证研究：
　　　　基于DEMATEL法［J］．硅酸盐通报，2017（2）：712－717．

［14］林伯强．电力消费与中国经济增长：基于生产函数的研究［J］．管理
　　　　世界，2003（12）：18－27．

［15］刘东霖，张俊瑞．我国能源消费需求的时变弹性分析［J］．中国人口·
　　　　资源与环境，2010（2）：92－97．

［16］陆昀．新一轮矿业衰退期到来［N］．中华工商时报，2008－10－22．

［17］罗浩．自然资源与经济增长：资源瓶颈及其解决途径［J］．经济研究，
　　　　2007（6）：142－153．

［18］孟雨．矿业新一轮衰退期已到来［N］．中国黄金报，2008－10－28．

［19］秦鹏，代霞．中国能源消费总量：时序演变、影响因素与管控路径
　　　　［J］．求索，2015（1）：111－115．

［20］芮夕捷，白华．矿产资源规划中供需形势分析的方法论［J］．长安大
　　　　学学报（社会科学版），2010（4）：117－122．

［21］史丹，张京隆．产业结构变动对能源消费的影响［J］．经济理论与经

济管理，2003（8）：30 – 32.

[22] 王安建，王高尚. 矿产资源与国家经济发展［M］. 北京：地质出版社，2002.

[23] 王安建. 世界资源格局与展望［J］. 地球学报，2010（5）：621 – 627.

[24] 王少平，杨继生. 中国工业能源调整的长期战略与短期措施——基于12 个主要工业行业能源需求的综列协整分析［J］. 中国社会科学，2006（7）：88 – 96.

[25] 吴尚昆. 矿产资源经济学基本理论的发展与展望［J］. 吉林大学学报（地球科学版），2004（4）：211 – 215.

[26] 徐铭辰. 典型国家矿业发展历程及矿业产业周期分析［D］. 中国地质大学博士学位论文，2012.5.

[27] 袁鹏. 中国能源需求增长的因素分解［J］. 数量经济技术研究，2014（11）：70 – 85.

[28] 曾胜，李仁清. 能源消费结构的影响因素研究［J］. 世界科技研究与发展，2014（1）：10 – 14.

[29] 张传平，周倩倩. 我国能源消费影响因素研究——基于长期均衡和短期波动的协整分析［J］. 中国能源，2013（12）：35 – 38.

[30] 张景华. 经济增长中的自然资源效应研究［M］. 北京：中国社会科学出版社，2014.

[31] 张抗私，于晗. 产业结构变动影响因素的测度与评价——基于31 省市的因子分析［J］. 产业组织评论，2013（3）：75 – 87.

[32] 张雷. 现代区域开发的矿产资源需求生命周期研究及意义［J］. 地理学报，1997，52（6）：500 – 506.

[33] Auty R. M. . Industrial Policy Reform in Six Large Newly Industrializing Countries：the Resource Curse thesis［J］. World Development，1994，22（1）：11 – 26.

[34] Auty R. M. . Narual Resources & Civil Strife：A Two – stage Process［J］. Geopolitics，2004，9（1）：29 – 49.

[35] Barro R. J. ，Xavier Sala – i – Martin. Convergence［J］. Journal of Political Economy，1992，100（2）：223 – 251.

[36] Clark A. L. ，Jeon G. J. . Metal Consumption Trends in Asia – Pacific Region：1960 – 2015［R］. Manila：Pacific Economic Cooperation Confer-

ence，1990.

［37］ Dasgupta P. S. ，Heal G M. . Economic Theory and Exhaustible Resources
［M］. London：Cambridge University Press，1979.

［38］ Davis G A. . Learning to Love the Dutch Diseade：Evidence from the Min-
eral Economies ［J］. World Development，1995，23（10）：1765 –
1779.

［39］ Denison E. F. . Why Growth Rates Differ ［M］. The Brookings Institution，
1967.

［40］ Gelb A. . Oil Windfalls：Blessing or Curse? ［M］. New York：Oxford Uni-
versity Press，1988.

［41］ Gylfason T. . Natural Resources，Education，and Economic Development
［J］. European Economic Revies，2001（45）：847 – 859.

［42］ Harvey S. P. ，W. Jr. Lowdon. Natural Resources Endowment and Regional
Economic Growth ［M］// J. J. Spengler（ed. ），Natural Resources and E-
conomic Growth. Resources for the Future Inc. ，1961.

［43］ Henrik K. Jacobsen. Energy Demand，Structural Change and Trade：A De-
composition on Analysis of the Danish Manufacturing Industry ［J］ . Eco-
nomic Systems Research，2000，12（3）：319 – 344.

［44］ Hotelling R. . The Economics of Exhaustible Resouece ［J］. Journal of Polit-
ical Economy，1931（39）：139 – 175.

［45］ John C. H. Fei and Ranis. Development of the Labor Surplus Economy：
Theory and Policy，Irwin Homewood in 1964.

［46］ Jorgenson D. W. ，Griliches Z. . The Explanation of Productivity Change
［J］. Review of Economic Studies，1967（34）：249 – 280.

［47］ Malenbaum W. . Laws of Demand for Minerals ［C］. New York：Proceeding
for the Council of Economics，1975.

［48］ Malenbaum W. . World Demand for Raw Materials in 1985 and 2000 ［M］.
New York：McGraw – Hill，1978.

［49］ Mitchener K. J. ，Mclean I. W. . The Productivity of US States Since 1880
［J］. Journal of Economic Growth，2003（8）：73 – 114.

［50］ Papyrakis E. ，Gerlagh R. . Resource – Abundance & Economic Growth in
the United States ［J］. European Economic Review，2007（51）：1011 –

1039.

［51］ Papyrakis E. , Gerlagh R. . The Resource Curse Hypothesis and Its Trans-
mission Channels ［J］ . Journal of Comparative Economics, 2004, 32
（1）: 181 – 193.

［52］ Rosenstein R. P. . Problems of Industrialization of Eastern & South Eastern
Europe ［J］. The Economic Journal, 1943, 53 （210/211）: 201 – 211.

［53］ Sachs J. D. , Warner A. M. . Natural Resources Abundance and Economic
Growth ［R］. Cambridgy: National Bureau of Economic Research, 1995.

［54］ Solow R. M. . Technical Change and the Aggregate Production Function ［J］.
Review of Economics and Statistics, 1957 （39）: 312 – 320.

［55］ Watkins Melville H. . A Staple Theory of Economic Growth ［J］. Canadian
Journal of Economics & Political Science, 1963, 29: 141 – 158.

（梁姗姗、杨丹辉、张艳芳）

第五章 生物质能利用技术与政策进展综述

2016 年，全球一次能源消费继 2014 年增长 1% 与 2015 年增长 0.9% 后，以 1% 的速率保持低速增长，能源消费转向更低碳能源。作为更低碳能源的典型代表，可再生能源（包括生物燃料）再一次成为增速最快的能源。以生物燃料为例，2005～2015 年，世界生物燃料年增长率为 14.1%，2016 年世界生物燃料产量为 82306 千吨油当量。[1] 在欧洲，生物质能已经占能源消费总量的 10%，占可再生能源的 2/3（Fortum，2016）。美国也在 2003 年出台了《生物质技术路线图》，计划 2020 年生物质能源达到能源总消费量的 25%。在发展中国家，生物质能占了一次能源消费的 35%，是可再生能源的有机石油替代品。总体看来，在世界经济格局变化和能源转型发展的背景下，生物质能发展迎来了重要机遇期。

一、生物质资源规模及利用状况

（一）生物质与生物质能

生物质目前的分类方法，一般存在生态学上的分类、根据植物生物学分类、根据来源分类和根据含水率分类四种方法。日本《促进新能源利用相关特别处置法施行令》将生物质定义为：来源于动植物的、可作为能源利

---

[1] 资料来源：参考 2017 年版《BP 世界能源统计年鉴》报告。

用的物质（原油、石油气、可燃性天然气和煤以及由这些物质制造的产品除外），主要包括有机废弃物和能源作物（日本能源学会，2006）。欧盟指令（2009/28/EC）将生物质定义为：来源于农业（包括植物和动物）、林业和包括渔业和水产养殖等相关行业的产品、废弃物和残余中可降解的部分，以及工业和城市废弃物中可降解的部分；生物质能则是太阳能以化学能形式储存在生物质中的能量形式，即以生物质为载体的能量。它直接或间接来源于绿色植物的光合作用，属于可再生能源。生物质能通常包括用于热能和电力的生物质液体和生物质气体，用于交通的生物质燃料（Fortum，2016）。

国内的研究主要根据生物质的化学性质和来源进行分类，即生物质能资源按原料的化学性质分，主要为糖类、淀粉和木质纤维素类。按原料来源分，则主要包括以下几类：①农业生产废弃物，主要为作物秸秆；②薪柴、枝桠柴和柴草；③农林加工废弃物，木屑、谷壳和果壳；④人畜粪便和生活有机垃圾等；⑤工业有机废弃物，有机废水和废渣等；⑥能源植物，包括所有可作为能源用途的农作物、林木和水生植物资源等。根据我国的《生物质发展"十二五"规划》，我国的生物质资源主要有农作物秸秆及农产品加工剩余物、林木采伐及森林抚育剩余物、木材加工剩余物、畜禽养殖剩余物、城市生活垃圾和生活污水、工业有机废弃物和高浓度有机废水等。目前可供利用开发的资源主要为生物质废弃物，包括农作物秸秆、禽畜粪便、工业有机废弃物和城市固体有机垃圾、林业生物质、能源作物等。关于林业生物质，我国国家林业局的《全国林业生物质能发展规划（2010～2020）》表明，用于能源利用的林木资源主要包括木本油料、木质资源和淀粉植物，其中，薪炭林、城市绿化修剪枝杈等和经济林，木竹生产的剩余物、森林抚育间伐产生的枝条、小径材、灌木林平茬等是主要的木质资源。总体看来，以农业作物及副产品（除了水生物）为原料的生物质能源，被称为第一代生物质能源或传统生物质能源，如生物乙醇和生物柴油，主要通过液体或固体发酵，已在一些国家形成产业化生产；以木质纤维素为原料的生物质能源被称为第二代生物质能源，目前仍处于技术创新阶段，未形成产业化生产（张平等，2014；Ruamsook、Thomchick，2014）。

（二）生物质能资源

全球的生物质能资源的规模很难获得一个准确的数据。一般是根据废弃物规模、农业种植面积和林业面积，采用废弃物产生率、能量转换效率、谷草比、可收集率等技术参数估算出来的。由于存在收集困难、运输成本高、利用前的处理烦琐等因素影响，生物质能资源规模存在理论资源量和可利用资源量两个数据。据估计，全球陆地地面以上总的生物质量约为 1.8 兆吨，海洋中约 40 亿吨，土壤中约 1.8 兆吨。年净生产量陆地地面以上约为 1150 亿吨，海洋约为 550 亿吨（日本能源学会，2006）。欧盟的林业生物质资源规模是很大的，大约 45% 的土地都是森林，芬兰和瑞典的这一比例甚至已经达到了 75% 以上，每年能够为木材供应的森林增长大约为 78 万立方米，这使森林生物质大约占了欧洲可再生能源消费的一半（Fortum，2016）。作为一些发展较落后的地区，传统的生物质利用仍然是能源供应的主要方式，如位于非洲东北部的埃塞俄比亚，生物质能源供给约为 9900 亿吨，其中，木材生物质占了总供给的 95%，动物粪便和作物残余分别占了 3% 和 2%（Guta，2012）。我国可作为能源利用的农作物秸秆及农产品加工剩余物、林业剩余物和能源作物、生活垃圾与有机废弃物等生物质资源总量每年约 4.6 亿吨标准煤。目前已利用量约 2200 万吨标准煤，还有约 4.4 亿吨可作为能源利用。

有学者对我国的生物能资源开发潜力进行了估算，如吕指臣（2016）对我国主要农作物生物能开发潜力进行了估算，他的测算表明，2020 年我国主要农作物总产量将达到 74779.15 万吨，农作物生物能的开发潜力与作物还田比及资源密度等参数有关。于丹（2016）的研究表明，2014 年我国薪炭林资源主要分布在贵州、重庆和山西，薪炭林面积共 31867 公顷，约占全国薪炭林总面积的 85%。林业生物能资源规模是根据林木资源规模、使用折算系数参数估算出来的。随着我国经济社会发展、生态文明建设和农林业的进一步发展，生物质能源利用潜力将进一步增大。

（三）生物质能利用状况

人类每年使用 60 亿公吨生物质，其中，食物消费占 62%（约 37 亿公吨），而用于能源、纸张、家具和建筑的木材消费占 33%（约 20 亿公吨），剩下的 5%（3 亿公吨）是非食物目的的消费，包括能源（除去木材）、化学品、服装、塑料和其他人造纤维（Shen et al.，2009）。由于世界各国的资源禀赋和能源消费需求不同，因而对生物质能资源的利用情况也不相同。

例如，日本国内的生物质资源几乎全部作为废弃物进行处理，以利用副产物得到能源为辅（日本能源学会，2006）。欧洲由于森林生物质资源丰富，主要发展生物质成型燃料、生物质发电和生物质沼气。在美国，利用生物质资源的市场数量正在增加，主要的使用者包括传统热能生物质使用、出口（主要给欧洲）、生物质塑料和生物质产品、生物质燃料、生物质电力。与其他发达国家相比，美国用于生产热能的生物质比生产电力的生物质少得多。2003 年，美国消费了 727 千吨油当量的生物质来生产有用的热能，消费了 6078 千吨的生物质用来生产电力。欧洲消费了 6978 千吨的生物质（包括城市固体废物）来生产有用的热能，消费了 5663 千吨生物质用于电力。在欧洲（特别是瑞典和其他北欧国家），用于热能的生物质使用量更高，68% 的生物质用于居民热能，12% 的生物质用于加热过程（Emily et al.，2012）。

我国主要的生物质能资源是秸秆等农林剩余物和畜禽粪便。秸秆生物质具有多种用途，2014 年，国家发展与改革委员会和农业部编制并发布的《秸秆综合利用技术目录》提出了秸秆"五料化"利用途径，即秸秆资源肥料化、饲料化、原料化、基料化和燃料化。目前存在的利用方式主要有三个方面：一是种植（养殖）业综合利用秸秆，秸秆快速腐熟还田、过腹还田和机械化直接还田、生产优质饲料和食用菌。二是秸秆能源化利用，秸秆生物气化（沼气）、热解气化、固化成型、炭化、纤维素制燃料乙醇。三是以秸秆为原料的加工业，生产非木纸浆、人造板材、包装材料、餐具等产品，以及秸秆饲料加工业和秸秆编织业（刘飞等，2015）。例如，玉米秸秆可以用作饲料、肥料、建房、养蓄积肥，轻工、纺织、建筑等工业用料，发电、燃料气化等（崔佳鹏等，2015）。林业生物质资源可以用于木头产品、建设产业、纸浆和纸业、生化产业、制药产业、纤维产业。畜禽粪便可用于乙醇化利用、热解化利用、沼气化利用、肥料化利用、饲料化利用和栽培食用菌（秦翠兰等，2015）。在能源化利用方面，我国生物质资源主要用于生物质发电、生物质成型燃料、生物质沼气和生物质液体燃料，目前已经初步实现产业化。

二、生物质能利用的主要技术路径及其应用进展

世界上技术较为成熟、实现规模化开发利用的生物质能利用方式主要包括生物质发电、生物液体燃料、沼气和生物质成型燃料等。生物质能利用的转化技术主要包括直接燃烧技术、致密成型技术、气化技术、裂解、植物油酯化技术、城市垃圾填埋气发电和供热、生物质发酵乙醇技术、炭化技术、沼气发电技术等（周艳茹等，2011）。按照生物质能产品划分，生物质能源技术研究主要集中在固体生物燃料（生物质成型燃料、生物质直接发电/供热）、气体生物燃料（沼气与车用甲烷、生物制氢）、液体生物燃料（燃料乙醇、生物柴油、BTL）以及替代石油基产品生物基乙烯及乙醇衍生物等。已经市场化的产品主要是生物质发电/供热、沼气和车用甲烷、燃料乙醇及乙醇下游产品、生物柴油及相关化工产品等。目前，欧盟国家已经形成了从原料收集、储藏、预处理到燃料生产、配送和应用的整个产业链的成熟技术体系和产业模式，发达国家的技术体系也日趋完善，欠发达国家仍需在关键领域进行技术攻坚。

（一）固体燃料技术

在固体生物燃料方面，我国开发了常温生物质成型技术。从 2011 年开始，国家启动了绿色能源示范县建设工作，成型燃料成为这个标志性项目的主要技术。2010 年，我国农业部颁布实施了生物质成型燃料行业标准，成为我国首个固体燃料技术标准（邢献军等，2015）。固体燃料技术主要包括生物质成型燃料技术和生物炭技术，其中，生物质成型燃料技术主要包括生物质颗粒、生物质块及成型设备的制造技术，影响生物质固化成型的因素主要有原料种类、颗粒物形状、含水率、温度等，它们是决定生物质成型燃料技术发展的主要影响因素。生物炭是指生物质在完全或部分缺氧的情况下经高温裂解而产生的一类高度芳香化难熔性富碳物质，主要包括灰分、固定碳和挥发分三种成分。按照炭化方式，生物质炭化技术一般分为水解炭化、热解炭化和闪蒸炭化技术等（吕豪豪等，2015）。目前，欧洲国家在生物质固体燃料方面发展最快，因而总体上在固体燃料技术上的发展最成熟。日本的

致密成型技术已领先世界。我国还需在生物质固体成型燃料关键技术上进行攻坚，才能实现规模化发展。

（二）液体燃料技术

在液体生物燃料方面，存在生物柴油和燃料乙醇两种技术，其中，生物柴油有常规碱（酸）催化技术、高压醇解技术、酶催化技术、超临界（或亚临界）技术。燃料乙醇主要包括木薯乙醇、甜高粱乙醇和纤维素乙醇。总体而言，淀粉（包括糖）、木质纤维素和油脂是三类主要适合用于制备液体燃料的生物质资源，其中，淀粉和糖主要使用发酵法制备燃料乙醇，油脂主要通过热裂解、酯交换或催化加氢等制备生物质基柴油或汽油，木质纤维素主要通过发酵、气体—费托合成、液化—精炼、平台化合物中间体的选择性合成来制备液体燃料（张家仁等，2013）。在美国，很大的研究兴趣被导向生物质乙醇生产的第一代原材料和第二代原材料（分别是淀粉生物质和木头纤维生物质），在目前的技术水平下，美国以及全球的乙醇规模生产大多是来自前者。纤维素原材料，如农业和林业残余、四季不断的草场、木质的植物和固定废弃物，都是具有优势的，因为其没有必要直接与食品、饲料和纤维生产竞争，且与玉米和其他商品性作物相比，需要更少的投入（如水、营养和土地）。但目前因为技术的不成熟，生产成本仍较高，还不适合大规模的产业化生产。目前，欧洲各国、美国及我国在以粮食为原料的液体燃料技术上，都已基本发展成熟。在以纤维素为原料的液体燃料技术上，美国、欧洲已取得了很大进展，我国也取得了一定成绩，但仍与美国和欧洲有一定距离。目前，我国北部18个省份可种生产乙醇的甜高粱，而纤维素乙醇技术面临三大技术"瓶颈"：高效的秸秆类植物生物质预处理技术；纤维素降解为葡萄糖的酶成本高；缺乏高转化率利用戊糖、己糖产乙醇的微生物菌种。在生物柴油方面，目前主要以草本油为原料的技术已发展成熟，正在转向以木本油为原料的燃料技术发展。

（三）气体燃料技术

现有的生物质气体燃料技术主要包括生物发酵法、高温热解法、等离子体热解法、熔融金属气化法、超临界水气化法等，装置主要有固定床、流化床和气流床，分单床和双床两种（王雨生等，2015；李季等，2016）。其中，无气化剂的气化反应称为热解气化，有气化剂的气化可分为氧气气化、水蒸气气化、空气气化和复合气气化（汤颖等，2017）。研究表明，1 吨干秸秆热裂解碳化可以得到 700 立方米以上的可燃气、300 千克生物质炭和 200～250 千克木醋液（潘根兴等，2015）。生物质气化技术还可以运用到集中供气、热电联产、合成天然气、合成液体燃料和制氢方面（王忠华，2016；李季等，2016）。制约生物质气化发展的主要问题包括焦油含量、二次污染、产气热值和经济效益等（李季等，2016）。影响生物质气化产物的因素主要包括生物质的物料特性（水分、灰分、颗粒大小、料层结构）、反应器的类型、生物质的预处理（干燥法、粉碎法、酸洗法、碱洗法、有机溶剂法、蒸汽爆破法、生物处理法、氨爆法、二氧化碳爆破法、高温液态水法等）、气化剂的类型（空气、氧气、水蒸气、氢气、复合气）、生物质的进料速率、反应器内的压力和温度等（汤颖等，2017）。生物质气体燃料技术还包括液化制取合成气技术，主要分为生物质直接液化成合成气和生物质快速裂解成生物油再气化成合成气（衣冠林等，2016）。生物质热化学气化制取合成天然气的流程包括生物质预处理、气化、净化与调整、甲烷化和气体提纯，其中，甲烷化是关键技术，主要涉及甲烷化反应器和催化剂两方面。用于合成气甲烷化的反应器主要有固定床和流化床两类，经常使用到的甲烷化催化剂是负载与氧化物载体上的过渡金属（董明等，2017）。在发酵技术中，生物气生产涉及需要为活的微生物给定一个特定的环境来发挥最优的功能，因此，会经常区分嗜常温和嗜高温生产、湿浆生产和干燥生产。其中，湿法技术是指原材料的干物质含量小于 8% 的液态有机物处理方法，干法技术是指原材料的干物质含量在 20%～40% 的固体生物质处理方法（罗志刚，2016）。在生产过程中，原材料会经历四个过程：水解作用、发酵产酸、乙酸化、甲烷生成。第一步是水解作用，细菌生产的酶类将原料分成更小的细片；第二步是发酵产酸，一旦原料被粉碎，细菌就会开始将单体打碎成短链脂肪酸；第三步是乙酸化，即脂肪酸被细菌的酶类消化而产生乙酸；第四步是甲烷生成，即在厌氧消化的最后阶段，乙酸和二氧化碳转化成甲烷。

生物气可以适用于能源生产的很多领域。其中一个很普遍的领域就是热能生产，生物气直接就在气体涡轮发动机中被消耗。生物气也可以用于热电联产，简称 CHP。热电联产一般使得 35% 的能源生产为电力，其他的变为热能。生物气也可以作为车辆燃料，对于改善环境存在巨大潜力。这需要生物气被升级，即除掉除了甲烷外的其他物质，如沼气提纯技术和生物质气化重整技术。沼气提纯净化的技术主要包括化学吸收法、膜分离法和变压吸附法。其中，化学吸收法是利用二氧化碳和吸收液之间的化学反应，常用热钾碱法、苯菲尔法和有机胺吸收法；膜分离法是利用膜的传递速率实现有效分离的方法；变压吸附法主要是利用活性炭、分子筛、硅胶等变压吸附剂（张际等，2017）。生物质气化重整技术是对生物质气化产生的燃气及焦油成分进行二次反应，使焦油成分减少、热值增加的过程。目前最常见的是催化气化重整法和高温介质气化法。使用催化气化重整法中的催化剂主要有镍基催化剂、天然矿石类催化剂和贵金属催化剂三类。其中，天然矿石类催化剂主要包括石灰石、橄榄石和白云石等。高温介质气化法又主要分为高温空气气化法、高温水蒸气气化法和混合高温气化法三种（王笑等，2017）。

目前的气体燃料技术主要以沼气技术为主，各国的技术基本已经发展成熟，我国也已开始运行一些大型沼气生产项目。最新的研究进展是藻类生物质气化制取甲烷，目前各国都陆续展开了技术研发，如我国研究蓝藻发酵生产甲烷、日本研究海藻发酵生产甲烷、西班牙研究藻类裂解制取甲烷等（孙书晶等，2017）。

（四）电力生产技术

目前，电力生产的三种主要的生物质使用方法是直接燃烧、共燃和气化。第一种方法——直接燃烧，把生物质作为电厂火炉中的唯一燃料。这些工厂的平均产业效率为25%。由于这些工厂主要依靠原材料，它们常常只有很小的生产量。第二种方法——共燃，是在已存在的电厂炉子中用生物质代替部分煤，替代比例通常是5%~30%。在比例合适的时候，共同燃烧工厂的效率水平可以与全煤燃烧匹敌，通常这个比例是35%左右。第三种技术——气化，即对生物质加热直到它生成可燃气体。这种生物质气可以被净化，可以在联合循环电力生成系统中使用，可以达到60%有效。在这三个当中，共燃预期是短期内在满足增长能源需求上最有经济潜力的过程。随着技术成本下降，气化会成为未来更有潜力的技术。另外，一个生物质电力的普遍应用是电热联产工厂，既提供热能，又提供电力（Emily等，2012）。目前，在这三种方法上的生产技术都已经基本发展成熟，各国都根据各自资源禀赋情况建设了一些生物质秸秆直接燃烧发电、生物质与煤共燃发电和沼气发电项目。如2007年，美国生物质能发电总装机容量已经超过10000兆瓦，已有350多座生物质发电站（卢旭东等，2009）。

（五）其他技术

其他技术主要包括生物质能原材料的预处理技术、生物质能设备制造技术等。其中，预处理技术主要包括汽爆法、臭氧分解法、溶剂法、氧化脱木质素法、碱处理、稀酸处理法等，取得共识的较佳预处理方法是稀酸法（李十中，2006）。在秸秆生物质的利用之中，预处理方法是促进生物质秸秆高效利用的技术之一，目前主要有物理法、化学法、物理化学联用法和微生物法。其中，物理法主要是指机械粉碎、高能辐射处理和微波处理技术等；化学法是指酸、碱、离子液体、有机溶剂、臭氧和湿氧化处理等；物理化学联用法主要包括二氧化硫、氨、二氧化碳联用汽爆法、汽爆法及高温热解法；微生物法则是利用褐腐菌、白腐菌和软腐菌等微生物来提高纤维素和半纤维素的酶解糖化率（王克勤等，2015）。欧美国家在生物质能设备制造方面已经实现了市场化，生物质成型设备和生物质锅炉技术已发展成熟，很多设备都出口到其他国家，如瑞典的生物质锅炉。总体来看，欧洲在生物质能原材料的预处理技术和设备制造技术上要领先其他国家，我国在这些方面仍是"短板"，还需进行技术攻坚。

三、主要国家促进生物质能发展的政策演变

近年来，经济增长与环境污染的关系成为社会各界关心的热点问题。能源生产和消费是这一问题的中心。为了减少环境污染、降低碳排放，实现可持续、绿色的发展，各国已相继促进能源转型，推进经济转型发展。而生物质能发展的相关政策，正是在这一大背景下，被大量出台。总体而言，生物质能相关的政策大多是位于新能源和可再生能源发展的框架下提出的。不同的是，各个国家发展的水平和阶段不同，因此对生物质能发展的需求和定位不一样。一般来说，发达国家生物质能政策的提出是为了实现可持续、绿色低碳的发展；欠发达国家生物质能政策的提出或是为了促进能源转型，或是为了保障能源供给安全，或是因为化石能源匮乏。

（一）欧盟

2008 年欧盟通过的《可再生能源指令》提出了可再生能源 "20 - 20 - 20" 的战略目标：到 2020 年温室气体排放量比 1990 年减少 20%；可再生能源占总能源消费的比重提高到 20%；能源利用效率提高 20%。同时，通过《战略能源技术计划》，提出发展生物技术，促进低碳经济发展。2010 年，《欧盟 2020 能源战略》出台。2011 年，《欧盟 2050 能源路线图》出台。这些文件提出，到 2020 年生物燃料在交通燃料中的比例必须达到 10%。

总体来看，欧盟生物质能发展的政策环境发生的变化趋势是：在新能源和可再生能源发展规划下，生物质能得到了发展的机会。由于生物质能具有碳中性、易储存、稳定性强等优点，对于欧盟为了实现可持续和低碳的发展具有重大的意义。因此，在欧盟的政策框架下，为了实现具有强制执行力的目标（如 "20 - 20 - 20" 和 FIT），各成员国结合各国资源禀赋，相继出台各种促进生物质能产业发展的政策和法规，在材料来源、投资生产、技术、设备和产品等方面给予支持。随着生物质能产业的发展，生物质能产品对传统化石能源产品进行了部分替代，生物质能产业的发展已经具有一定的市场竞争力，各国已开始在一些领域陆续停止了政策补贴。

（二）美国

美国于 2003 年出台了《生物质技术路线图》，计划 2020 年使生物质能源和生物基产品较 2000 年增加 20 倍，达到能源总消费量的 25%（2050 年达到 50%），每年减少碳排放量 1 亿吨。此后，美国又相继提出了《先进能源计划》（2006 年）、《纤维素乙醇研究路线图》（2006 年）、《美国生物能源与生物基产品路线图》（2007 年）、《2007～2017 年生物质发展规划》（2007 年）、《国家生物燃料行动计划》（2008 年）、《生物质多年项目计划》（2009 年）等，进一步明确了生物质资源的开发利用的战略趋向和发展目标（王红彦等，2016）。美国是一个能源生产大国，在页岩气资源被探明且被开采的情况下，在生物质能利用上的政策完全取决于执政政府的意向。如奥巴马政府倾向于发展绿色经济，因而出台了许多有利于生物质能发展的政策；特朗普政府更倾向于经济效率，对生物质能的发展兴趣不大。

（三）日本

日本从 2002 年开始将生物质利用放入国家战略中，出台了《日本生物质战略》政策，规定从 2004 年开始建设生物质镇。2005 年，《京都议定书成就计划》出台，促进生物质燃料在交通等领域的应用，并促进生物质镇建设和生物质能转换技术发展。2006 年，对《日本生物质战略》进行了修订，加大对生物质能使用及生物质镇建设的支持力度。2009 年，《促进生物质利用的基本方案》出台，要求形成综合的、有计划的生物质利用政策，起草促进生物质利用的国家计划，并设立国家生物质政策委员会。2010 年，出台了《基本能源计划》，规定到 2020 年，一次能源供给中可再生能源的比例要达到 10%，生物燃料要占到全国汽油消费总量的 3%。同年，《能源供给结构复杂方法方案》和《促进生物质利用国家计划》出台，前者要求石油炼化厂要生产一定的生物质燃料，2017 年要达到 500000 千升油当量；后者设定了 2020 年的发展目标，并为生物质利用技术的发展设定了基本政策。

2011 年，东日本大地震和福岛核工厂事故的发生给生物质能发展提供了机遇。2012 年，《生物质产业化战略》出台，详细规定了实现生物质产业化的特定转换技术和生物质能资源，并为实现生物质产业化设定了原则和政策。另外，日本在生物质能产业发展的相应阶段，都会出台有针对性的法律法规来保障生物质能项目顺利运行。如在生物质能项目运行前的阶段，有《废物管理和公共清洁法案》《关于促进畜禽粪便利用和恰当处理的法案》《促进可循环的食品废弃物利用的法案》《空气污染控制法案》《噪音管制法案》《消防法案》等；在生物质能项目运行阶段，有《水污染防治法案》《恶臭控制法案》《肥料控制法案》等。日本是一个资源稀缺的国家，能源高度依赖于进口，对核能的利用也在福岛事故后停止，生物质能利用的政策环境越来越好。

（四）中国

我国生物质能产业发展的政策主要有法律法规类、发展规划类、财税政策类和补贴政策类四种。

在法律法规类方面，生物质能产业政策很少，除了在相关的产业或经济领域中被提到外，还没有形成专门针对生物质能产业发展的法律法规，如

2005 年的《中华人民共和国可再生能源法》和 2008 年的《中华人民共和国循环经济促进法》。

在发展规划类政策方面，生物质能产业主要是在可再生能源产业发展规划中被提到。第一个专门针对生物质能产业的发展规划是农业部在 2007 年编制的《农业生物质能产业发展规划（2007～2015 年）》。直到 2012 年，专门的生物质能发展规划（《生物质能发展"十二五"规划》）才出台。2016 年，又相继出台了《生物质能发展"十三五"规划》。

在财税政策类方面，我国主要是通过增值税优惠、企业所得税减免、财税扶持、投资抵免等方式进行政策支持，如《国家税务总局关于生物柴油征收消费税问题的批复》《中华人民共和国企业所得税法实施条例》等。

在补贴政策类方面，我国主要是采用发展专项资金、对生物质能产品进行补贴、对生物质原料进行补贴的方法。如《可再生能源发电价格和费用分摊管理试行办法》《可再生能源发展专项资金管理暂行办法》《关于完善农林生物质发电价格政策的通知》等。

总体来说，生物质能产业发展的政策环境呈现出如下特征：法律法规类没有专门针对生物质能发展的政策，生物质能发展只是在可再生能源的发展政策框架下被提到，且没有详细的条文规定；虽然已经具有专门的生物质能发展规划类政策，但没有强制实行的效果，没有具体实施的细则，难以达到规划目标；生物质能财税政策由于缺少强制执行的发展目标，往往效果不佳；生物质能补贴政策只是针对生物质能产品和原料进行补贴，没有针对生物质能企业和生物质能设备制造（袁惊柱，2017）。

四、总结性评论

随着各国工业化水平的不断提高，各国的能源结构都发生了一些变化。发达国家工业化水平最高，已经进入了再工业化阶段，能源生产和消费都向清洁低碳能源倾斜，生物质能作为一种碳中性、清洁的可再生能源，在一次能源结构中已经具有了较高的比例，已经实现了产业化发展，在市场中与传统化石能源相比已具有市场竞争力；对于发展中国家，基本都处于工业化进程的中后期，面对经济增长和环境污染的双重挑战，生物质能产业大多是在新能源和可再生能源框架下获得一定的发展机会,只是在一些领域上实现了初步产业化,仍然不具有市场竞争力;对于欠发展的国家,基本是处于工业化进程的初期,能源结构中生物质能的比例很大,但大多是传统的使用方式,生物质能利用效率低。目前,我国已经产业化的生物质能利用方式有沼气、生物质发电、成型燃料、燃料乙醇和生物柴油等(张平等,2014)。

美国的生物质资源种类主要包括农业、林木、城市固体废物等废弃物、填埋气,其中,玉米谷物、木材、填埋气是主要原材料。在产业发展上,主要用于燃料、热能和电力、基于生物质的化学物质、木头颗粒。农业生物质主要用于燃料产业,林木生物质、城市固体废弃物等废弃物、填埋气主要用于热能和电力产业(USDE,2016)。美国的生物乙醇和生物柴油发展很快,预计到2030年汽油总消费量的30%将被乙醇汽油替代,以后以开发纤维素生物质为原料的乙醇生产为主,重点关注酶转化工艺。生物柴油主要以大豆、菜籽油、餐饮废油和棕榈油等为原料,预计到2030年资源价值可以达到100亿美元。但是仍存在需要进一步解决的问题,例如,生产规模需要进一步扩大,需要以纤维素生物质为原料来降低乙醇成本,生物柴油的原料渠道需要进一步拓宽,生物燃料装置的建设和市场发展需要得到进一步的政策支持(白姬,2008)。巴西的乙醇生产量也位于世界前列,主要是以甘蔗为原料,基本都配套利用蔗渣发电的热点装置。需要也开始向纤维素乙醇开发转变,但采用酶转化工艺的成本还相对较高,需要进一步发展才能扩大规模。巴西在生物柴油方面也有所发展,主要是以大豆油、棕榈油、棉籽油、蓖麻子油和城市废油为原料,已经占到了全国柴油消费总量的40%以上(白姬,2008)。

欧洲国家的生物质能源主要分为两类:生物质能源和生物燃料,前者主要产品是固体成型燃料,用途是发电和供暖;后者主要产品是生物乙醇、生物柴油和其他燃料。其中,生物柴油主要以油菜籽为原料,用于交通运输领域(薛彦平,2014)。欧盟国家由于林木生物质资源丰富,因此在固体成型燃料产业发展上规模比其他各国要大得多。除此之外,欧盟也利用生物质资源生产乙醇和生物柴油。其中,生物乙醇主要以小麦、玉米和甜菜为原料,但仅有西班牙、法国等少数国家生产。生物柴油主要以菜籽油为原料,应用最广泛的是德国。我国在生物乙醇和生物柴油方面发展规模还很小。以前乙醇原料的80%是谷类,生物柴油的原料是食用油。为了保障我国粮食供给安全,目前已经开始转向木质纤维素乙醇和木本油料生物柴油的研发利用

（白姬，2008）。

我国拥有较丰富的生物质能资源，截至2015年，我国生物质能利用量约3500万吨标准煤，其中，商品化的生物质能利用量约1800万吨标准煤。目前在生物质成型燃料、生物质液体燃料、生物质发电和生物质气体方面已经实现了初步的产业化。根据《生物质能发展"十三五"规划》和《2016年度全国生物质能源发电监测评价通报》揭示，截至2015年，全国沼气年生产能力达到158亿立方米，约为全国天然气消费量的5%，每年可替代化石能源约1100万吨标准煤；生物质成型燃料年利用量约800万吨，主要用于城镇供暖和工业供热等领域；燃料乙醇年产量约210万吨，生物柴油年产量约80万吨。2016年，全国生物质发电量为647亿千瓦时，占全国总发电量的1.1%。

总体而言，作为世界能源消费总量第四的能源，生物质能由于其在碳减排和清洁能源上的特点，成为各国在能源转型发展中的一个有利选择，但也存在一些争议（Hough、Ares，2016）。在生物质能资源方面，各国的资源禀赋不一样，但总体来看，以农林生物质利用为主；在生物质能利用技术方面，欧洲、美国等发达国家已经基本具有发展成熟的技术体系，中国等发展中国家还有一些关键技术需要攻坚；在生物质能的政策方面，欧洲、美国、日本都具有系统化的政策体系，贯穿生物质项目运行的不同阶段和生物质能产业链，中国等发展中国家的政策不成体系，一些只是在相关领域政策中被提及；在生物质能发展的现状和问题方面，各国根据资源禀赋和发展目标发展的重点不同，运用的领域也存在差异，发达国家已经实现了产业化，与传统化石能源相比已经具有市场竞争力，中国等发展中国家只是在一些领域初步实现了产业化，但仍需要依靠政策扶持才能实现长久的发展，与传统化石能源相比，经济成本并不具有优势。

参 考 文 献

[1] 白姬. 全球生物质燃料的发展现状 [J]. 中外能源，2008，13（5）.
[2] 崔佳鹏，李广志. 生物质材料玉米秸秆的用途 [J]. 农机使用与维修，2015（3）.

[3] 董明等. 生物质合成气催化制取甲烷研究进展 [J]. 生物技术进展，2017（3）.

[4] 姜伟等. 生物质热解液化技术及应用前景 [J]. 粮油加工，2015（12）.

[5] 李季，孙佳伟等. 生物质气化新技术研究进展 [J]. 热力发电，2016（4）.

[6] 李十中. 中国生物质能源技术现状与展望 [J]. 太阳能，2006（1）.

[7] 刘飞，周岭. 农林剩余物综合利用的研究现状 [J]. 农机化研究，2015（2）.

[8] 卢旭东等. 借鉴国外先进经验推动我国生物质发电产业的发展 [J]. 农业经济问题，2009.

[9] 吕豪豪等. 生物质炭化技术及其在农林废弃物资源化利用中的应用 [J]. 浙江农业科学，2015（1）.

[10] 吕指臣. 我国主要农作物生物质能开发潜力与策略研究 [D]. 重庆理工大学硕士学位论文，2016.

[11] 罗志刚. 生物质能沼气化有效利用技术分析 [J]. 低碳世界，2016（10）.

[12] 潘根兴等. 热裂解生物质炭产业化：秸秆禁烧与绿色农业新途径 [J]. 科技导报，2015（13）.

[13] 秦翠兰等. 畜禽粪便生物质资源利用的现状与展望 [J]. 农机化研究，2015（6）.

[14] [日] 日本能源学会·生物质和生物质能源手册 [M]. 史仲平，华兆哲译. 北京：化学工业出版社，2006.

[15] 孙书晶等. 藻类生物质气化产甲烷研究进展 [J]. 化学工程与装备，2017（6）.

[16] 汤颖，曹辉. 生物质气化技术研究进展 [J]. 生物加工过程，2017（1）.

[17] 童家麟等. 国内生物质发电现状及应用前景 [J]. 浙江电力，2017（3）.

[18] 王红彦等. 国外农作物秸秆利用政策法规综述及其经验启示 [J]. 农业工程学报，2016，32（16）.

[19] 王克勤，陈亮等. 秸秆生物质处理方法的理论与技术问题 [J]. 江苏

师范大学学报（自然科学版），2015（3）．

[20] 王笑，高宁博．生物质气化重整技术的研究进展［J］．生物质化学工程，2017（2）．

[21] 王忠华．生物质气化技术应用现状及发展前景［J］．乙醛醋酸化工，2016（12）．

[22] 邢献军等．欧盟与中国生物质成型燃料产业发展现状对比［J］．安徽科技，2015（1）．

[23] 杨依，孙怡等．生物质热解的最新研究进展［J］．化学工程师，2016（3）．

[24] 衣冠林，吴红军．合成气制备技术研究进展［J］．辽宁化工，2016（11）．

[25] 于丹．林木生物质能源资源供给能力评价及影响因素分析［D］．北京林业大学硕士学位论文，2016．

[26] 袁惊柱．生物质能［A］．中国社会科学院工业经济研究所编著．中国工业发展报告2017［M］．北京：经济管理出版社，2017．

[27] 张际，段龙飞．变压吸附技术在沼气提纯中的应用［J］．工程建设与设计，2017（10）．

[28] 张家仁等．油脂和木质纤维素催化转化制备生物液体燃料［J］．化学进展，2013，25（21）．

[29] 张平等．全球生物能源政策比较及启示［J］．中国地质大学学报（社会科学版），2014，14（4）．

[30] 周艳茹等．生物质能利用的国际经验借鉴［J］．产业与科技论坛，2011，10（20）．

[31] David Hough, Dr Elena Ares. Debate Pack：Biomass as a Source of Renewable Energy［R］. House of Commons Library, Number CDP – 2016/0044, 24 February 2016.

[32] Dawit Diriba Guta. Assessment of Biomass Fuel Resource Potential and Utilization in Ethiopia：Sourcing Strategies for Renewable Energies［J］. International Journal of Renewable Energy Research, 2012, 2（1）．

[33] Emily et al.. Biomass Resource Allocation among Competing End Uses［R］. Technical Report, NREL/TP – 6A20 – 54217, 2012.

[34] Fortum. Biomass：More sustainable, less subsidized［R］. Fortum Energy

Review, April 2016.

[35] Kusumal Ruamsook, Evelyn Thomchick. Market Opportunity for Lignocellu-
losic Biomass. Background Paper: Multi – tier Market Reference Framework
[R]. NEWBio, May 21, 2014.

[36] Shen L. , Haufe J. , Patel M. K. . Product Overview and Market Projection
of Emerging Bio – Based Plastics [R]. PRO – BIP 2009, Utrecht, The
Netherlands: Utrecht University, 2009.

[37] U. S. Department of Energy. Advancing Domestic Resources for a Thriving
Bioeconomy [R]. 2016 Billion – Ton Report, Vol. I , July 2016.

（袁惊柱、朱彤）

企业篇

第六章 企业模块化理论的演进：一个综述

一、引言

模块化理论根源于 Simon 1962 年提出的"近可分解性"（Near – Decomposability）概念。Simon 认为，现实中大多数的复杂系统都具有层级结构，而层级结构的系统具有"近可分解性"：由于系统内部的各子系统间的交互强度通常低于子系统内的交互强度，因此，子系统内的交互可以从子系统间的交互中分离（Simon H. A. ，1962）。这种分离大大简化了对复杂系统的分析，可以作为一种规则应用在复杂产品设计中，如架构设计以克服设计者的认知局限、促使形态与结构的契合（Alexander C. ，1964）。此后，"模块化"概念开始在产品设计研究中被大量应用，而这正是模块化理论的雏形。Baldwin 和 Clark 于 1997 年正式提出"模块化"概念，他们认为任何一个模块都是复杂系统的一个子系统，模块化就是在不损害系统整体功能和效率的前提下，最大化模块内联系、最小化模块间联系。因此，模块化可看作对 Simon 复杂系统"近可分解性"概念的发展。

在 Baldwin 和 Clark 提出模块化概念后，学术界对模块化的研究不再局限于产品设计，开始由点到面甚至向跨学科方向发展。理论方面，组织模块化程度的高低可以用来衡量组织内部各部门间的相互依赖程度，而模块化也可以作为衡量一体化成本与收益的一种工具（Lau A. K. W. 、Yam R. C. M. 、Tang E. ，2011；Campagnolo D. 、Camuffo A. ，2010；Brusoni S. 、Prencipe

A.，2001；Fleming L.、Sorenson O.，2001；Schilling M. A.，2000；Ethiraj S. K.、Levinthal D.、Roy R. R.，2008）。因此，模块化的研究范围已经扩展到"组织经济学""网络外部性"以及产业"标准和兼容性"的作用等方面（Campagnolo D.、Camuffo A.，2010）。实践方面，模块化对产品设计（Ulrich K.，1995；Henderson R. M.、Clark K. B.，1990）、生产（Fixson S. K.，2005）、组织（Sanchez R.、Mahoney J. T.，1996；Schilling M. A.、Steensma H. K.，2001；Langlois R. N.、Robertson P. L.，1992）等产生重要影响。

模块化在理论和实践方面的巨大吸引力促使越来越多的学者对其进行全方位、跨领域的研究，但这种研究的碎片化使模块化的概念与理论体系变得愈加模糊。有学者已经从管理学（Campagnolo D.、Camuffo A.，2010；闫星宇、李晓慧，2007）和经济学（胡晓鹏，2004；周翔、吴能全、苏郁锋，2014）方面对其进行梳理，但一个跨管理学与经济学的研究框架暂未构建，鉴于此，本章首先对模块化概念的相关研究进行梳理，在类比"一体化整合"与"专业化分工"概念的基础上提出一个更为清晰的模块化概念。其次以模块化理论从微观向宏观发展的路径为切入点，构建模块化理论研究框架：产品模块化、生产模块化和组织模块化。最后从模块化与企业创新、模块化与产业升级两方面提出下一步的研究展望。

本章结构如下：第一部分为引言；第二部分讨论模块化的概念；第三部分为产品模块化理论回顾；第四部分为生产模块化；第五部分为组织模块化；第六部分是评述与展望。

二、模块化的概念

Simon 对"复杂性架构"的研究为模块化理论奠定基础，Simon 认为，复杂系统具有层级特性，也就是说，复杂系统是由居于不同层级的各子系统构成，层级间子系统交互强度要弱于同一层级各子系统的交互，但层级间的交互行为不可忽略，也就是"近可分解性"（Simon H. A.，1962）。Baldwin 和 Clark 将这种思想应用到分析企业行为进而提出模块化概念，Baldwin 和 Clark 认为，"模块化就是通过每个可被独立设计且可作为一个整体运行的子系统来构建复杂产品和生产系统的过程"。为使模块再整合不会影响整个系统的正常功能,模块化必须遵循"可见设计规则"(Visible Design Rules),包括架构(Architecture)、界面(Interfaces)和标准(Standards)(Baldwin C. Y.、Clark K. B.,1997)。青木昌彦和安藤晴彦进一步强调了模块的再整合,认为模块化就是"将那些能够被独立设计与生产的具有半自律性的子系统按照某种规则相互拆解或组合的过程",并将拆解的过程定义为"模块的分解",将组合的过程定义为"模块的集合"(青木昌彦、安藤晴彦,2003)。无论是 Baldwin 和 Clark 提出的"可见设计规则"还是青木昌彦和安藤晴彦提出的"某种规则",都是对 Simon "子系统间不可忽略的微弱联系"的一种解释。

在以上研究的基础上,更多的学者将模块化的概念应用到自己的研究主题上。例如,在产品架构方面,Ulrich 认为,模块化产品架构与一体化产品架构存在明显不同,模块化产品架构强调模块的功能与模块的实体一一对应,并且实体模块间交互比较松散;而一体化产品架构则强调模块功能与模块实体的一对多或多对一关系,模块间的交互相对紧密(Ulrich K.,1995)。在生产方面,由于知识在各企业间分布的不同使得不同企业间产品的模块化程度呈明显差异,各个企业依据自身的核心竞争力专注于生产最具竞争优势的模块,最终导致复杂产品生产的模块化(Campagnolo D.、Camuffo A.,2010)。在组织方面,基于"模块化产品架构中交互界面的标准化能大大降低管理成本"的假设(Sanchez R.、Mahoney J. T.,1996),产品的模块化会促使企业组织形式的模块化。但实际上,产品模块化与组织模块化之间的关系远比假设的复杂,模块化产品的开发过程也并不一定要采取与之"同构"的模块化组织形式(王凤彬、李东红、张婷婷等,2011)。在产业方面,模块生产网络逐渐成为一种新的产业组织形式,领导企业将精力集中于终端产品市场的创造、渗透和防御方面,而生产则在全球范围内外包(Sturgeon T. J.,2002)。

国内学者童时中较早地对模块化进行了相关研究,他认为"模块化就是为了取得最佳效益,从系统观点出发,研究产品(或系统)的构成形式,用分解和组合的方法建立模块体系,并运用模块组合成产品(或系统)的全过程"(童时中,1995)。同样,更多的学者根据自己的研究对象提出模块化的概念。例如,在产品方面,孙晓峰在分析计算机这一产品的基础上提出"模块化就是在劳动分工和知识分工的基础上,通过模块分解和模块集中的过程，把复杂系统分解为相互独立的组成部分，再通过即插即用的接口把各独立的部分联结为一个完整的系统"（孙晓峰，2005）。在生产方面，曹亮等分析了模块化生产网络的二重性：组织内分工和组织间分工（曹亮、汪海粟、陈硕颖，2008）。李海舰和聂辉华从组织角度认为"企业的分部就是一个个子模块"，各个子模块相当于一个个"内部市场"，"在不违反界面联系规则的前提下可以自主创新，而不再是传统意义上完全依附于总部的科层单位"（李海舰、聂辉华，2004）。在产业方面，芮明杰和季丹认为，模块化网络状产业组织是在信息技术和计算机制造技术迅速发展的条件下，产生的介于市场与企业组织形态之间的一种新的、有效的社会生产组织形式（芮明杰、季丹，2009）。

以上国内外对模块化在相关主题上的概念研究都是对 Simon 复杂系统"近可分解性"或 Baldwin 和 Clark"可见设计规则"下分离与整合研究的扩展，但这种扩展大都只关注模块化某一方面的特征且囿于模块化本身，并不利于模块化概念的界定。相反，抽离模块化本身，将模块化与经济学意义上的"一体化""专业化"两个概念进行类比可能是一种更有效的方法。基于 Simon 复杂系统通常具有层级特征的假设，经济系统中的完全竞争假设意味着经济子系统间（不同层级间）甚至子系统内（同一层级内）各经济单元相互独立、交互为零，某个子系统或经济单元的缺失不会对其他子系统或经济单元造成任何影响，即达到专业化分工的极致；在完全计划经济的体制下，经济系统内子系统间（不同层级间）和子系统内（同一层级内）经济单元是完全依赖关系，某个子系统或经济单元的变动会损害整个系统的正常运行，即完全的一体化。模块化则介于完全专业化与完全一体化之间，这有三方面的含义：第一，模块化不是单纯的专业化或一体化，而是专业化与一体化的结合；第二，这种结合并不意味着模块化就是复杂系统内某些子系统（或某个子系统内构成元素）的一体化、另外的其他子系统（或某个子系统内构成元素）的专业化，而是复杂系统内不同层级间的专业化（分工）和同一层级内的一体化（整合）；第三，这些不同层级间的专业化（分工）和同一层级内的一体化（整合）没有达到完全专业化与完全一体化的程度，不同层级间的联系虽然较弱，但不能忽视，而同一层级内构成元素间的联系虽强，但也不能夸大到完全一体化的程度。基于以上分析，我们认为，模块化是专业化分工与一体化整合的统一，结合 Baldwin、Clark 和青木昌彦、安藤晴彦的定义，模块化至少应包含两方面含义：专业化分工——将复杂系统按照"可见设计规则"（弱联系）分解为可被独立设计、生产且能作为一个整体运行（强联系）的各个子系统；一体化整合——将各个可被独立设计、生产且能作为一个整体运行（强联系）的各个子系统按照"可见设计规则"（弱联系）整合为一个运行良好的复杂系统。

三、产品设计模块化

产品内含的技术特性使得学界对产品设计模块化的研究集中在产品技术的模块化方面，而从技术演化的角度可将技术模块化划分为技术架构的模块化和技术流程的模块化。基于此，我们对产品模块化文献的梳理分为两个方面：技术架构的模块化和技术流程的模块化。

（一）技术架构模块化

产品的技术架构包含以下三个方面（Ulrich K.，1995）：一是产品的功能（通常不止一个）；二是与各个功能相对应的物理元件；三是各个物理元件间交互的界面。

根据产品技术架构的定义，模块化产品的功能通常与产品内具有该功能的物理元件之间存在一一对应关系且元件之间的交互较为松散，而一体化产品功能与物理元件则是一对多或多对一关系，元件间的交互则较为紧密（Ulrich K.，1994）。由于元件间依赖关系较弱，某个元件的更改或替换并不影响其他元件的正常运行，因此，具有模块架构的产品通常比一体化架构的产品更具有弹性（Sanchez R.、Mahoney J. T.，1996）。

（二）技术流程模块化

任何一个产品或系统的生命周期都包含四个阶段：设计或开发、生产、使用或运行和报废（Fixson S. K.，2006）。因此，技术流程的模块化要与产品生命周期的不同阶段相一致（Gershenson J. K.、Prasad G. J.、Allamneni S.，1999）。一方面，不同的目标对不同阶段的产品设计提出不同的要求。例如，要想在保证质量的前提下降低生产成本、提高生产效率，在产品生产阶段就需要对产品的制造、装配、测试等进行精心的设计。如果想降低产品的市场推广时间，在产品开发或设计阶段就应该注意产品内模块的通用性。通用模块可以大大降低新产品或新版本的市场推广时间（Whitney D. E.、Heller D. A.、Higashi H. et al.，2007）。另一方面，处于不同阶段的产品设计会对相应目标的实现产生重大影响。例如，与处于开发阶段的产品设计相比，处于成熟阶段的产品设计受到的约束更多，因为由一个由市场主导的产品设计与供应网络已经得以形成（Fourcade F.、Midler C.，2004）。

考虑不同的外部因素如产业特性和市场环境同样会对产品设计的流程产生影响（Takeishi A.、Fujimoto T.，2001），进行跨区域的比较研究很有必要。Ikeda 和 Nakagawa 在研究日本汽车企业的模块化战略时发现欧美汽车产业的模块化战略早于日本。不同产业特性和市场环境确实会对模块的设计带来影响，尤其是在组织与生产方面（Schilling M. A.、Steensma H. K.，2001）。

在根据产品生命周期的不同阶段确立不同的流程模块化设计目标后，我们需要对产品的模块化进行评估以确定这些目标实现与否。遗憾的是，在产品模块化的测度方面我们仍然没有建立一个统一的标准。从产品的技术架构角度看，某个产品可能整体上模块化程度较高，但其元件模块化程度较低；或者整体模块化程度较低，但其元件模块化程度较高（Fixson S. K.，Ro Y.、Liker J. K.，2005）；从产品的技术流程角度看，产品模块化的衡量要与不同阶段的产品设计模块化目标相一致，如表 6 - 1 所示的那样，如果是针对降低市场推广时间的模块化设计，就不能用外包模块的数量来衡量产品的模块化，因为外包模块的数量只有在衡量采购方面的设计时才有意义（Campagnolo D.、Camuffo A.，2010）。因此，产品模块化的衡量较为困难，Newcomb 等尝试从产品生命周期的角度来对产品的模块化进行衡量，他们提出了两个模块化测量指标：呼应率（Correspondence Ratio）和群独立性（Cluster Independence）（Newcomb P. J.，Bras B.、Rosen D. W.，1998）。

表 6 - 1　基于产品生命周期的技术流程模块化

生命周期各阶段	产品设计模块化目标	模块化方法（举例）	模块化测量指标（举例）
设计/开发	为开发而进行的设计 降低市场推广时间的设计	通过版本迭代提高模块再用性 提高模块的通用性	能进行版本迭代模块的数量 通用模块的数量

生命周期各阶段	产品设计模块化目标	模块化方法（举例）	模块化测量指标（举例）
生产	制造设计	降低制造流程时间	制造流程时间减少量
	采购设计	降低采购成本	外包模块数量
	组装设计	采用即插即用界面	组装模块的数量
	测试设计	降低测试时间与成本	组装线预试模块数量
	物流设计	提高物流效率	仓储空间与数量减少量
使用/运行	使用性设计	模块间功能互不影响	具有核心功能模块的数量
	服务性设计	后续版本升级与兼容	更强且兼容版本的数量
	替代性设计	降低修复时间	故障检测方法数量
报废	环境设计	降低相同模块的投入	相同模块投入品种类数量
	拆卸设计	便于拆卸	产品拆卸方法数量
	物料回收设计	减少回收方法	每一模块回收方法的数量

资料来源：笔者根据 Campagnolo D. 和 Camuffo A.（2010）所做的相关研究结论进行整理。

四、生产系统模块化

同产品一样，生产也是一个复杂的系统。严格意义上的一体化企业的生产系统仅局限于企业内部，但现实中更多企业的生产系统早已跨越企业边界，向模块化方向拓展。这种跨越企业边界的生产通常以外包形式表现，因此，对生产系统模块化的研究集中于讨论产品模块化与外包之间的关系。

有关模块化与外包关系的研究存在两方面的分歧：第一，产品的模块化与外包之间是否存在因果关系；第二，如果产品的模块化与外包存在因果关系，两者之间的关系是怎样的。有些学者肯定两者之间的关系，但到底是产品的模块化促使外包这种生产方式的产生还是外包导致了产品的模块化，他们并没有一致意见（Frigant V.、Talbot D.，2005）。

一方面，产品的模块化特别是内嵌于产品中的技术的模块化可能会对外包产生重要影响。Sako 在研究全球汽车产业的模块与外包时，假定了一个只生产非模块化产品的一体化企业只有外包设计、外包生产和同时外包生产与设计三种外包策略，那么这个企业从初始状态转向外包的路径有三条：第一，先自己设计和生产整个模块，之后再外包模块中的某个或某些元件，如图 6 - 1 所示的 CDB 路径；第二，先外包模块中的某个或某些元件，再进行整个模块的设计，如图 6 - 1 中的 CAB 路径；第三，同时进行模块设计与外包（Sako M.，2003），如图 6 - 1 中的 CB 路径。

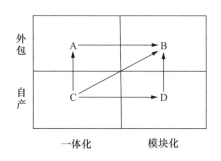

图 6 - 1　模块外包路径

资料来源：笔者整理自 Sako（2003）。

　　另一方面，外包这种生产方式反过来可能也会对产品的模块化产生重要影响（Takeishi A.、Fujimoto T.，2001）。Sako 的分析侧重于同一产品的模块外包，而且无论选择哪条外包路径最终都会达到相同的产品架构（即区间 B），这意味着如果外包对产品模块化产生影响，那么这种影响趋于收敛。但事实上即使是同一产品，不同的外包路径也会带来不同的产品架构，正如上面分析的那样，在考虑产品生命周期的不同阶段时，不同的路径确实会对产品的模块化带来不同的影响（Campagnolo D.、Camuffo A.，2010）。因此，模块化与外包之间并非单向关系而是双向关系，更进一步，在产业层面，产品的模块化确实导致外包的出现进而影响了产业结构；但在企业层面，企业的边界选择策略（如外包）要早于企业产品架构策略（Fixson S. K.、Park J.，2008）。

　　同以上学者不同，一部分学者并不认为产品模块化与外包之间存在必然的联系，他们认为企业的边界与模块边界或产品架构并不存在一一对应关系（Brusoni S.、Prencipe A.、Pavitt K.，2001）。Ernst 在研究芯片产业时发现产品架构的模块化并不必然导致外包的产生，为了应对技术的快速变化和不确定性，企业必须在管理上进行相应整合（Ernst D.，2005）。Hoetker 的实证研究则发现产品的模块化确实能提高企业的组织重构能力，但并没有促使企业活动跨越组织层级（Hoetker G.，2006）。

比较以上观点，我们发现学界对产品模块化与外包（或企业边界选择）关系的观点充满矛盾：理论上的分析倾向于支持模块化与外包之间的因果关系，只是在具体的关系形式上有所分歧；而实证上的检验却并不支持两者之间的关系。我们认为，理论性分析通常忽略具体产业的特性，以相对宏观的视角研究模块化的一般规律，而实证研究则聚焦于某一具体产业，其结论受其产业特性影响较大。因此，我们倾向于得出以下结论：宏观上，至少在产业层面上，我们肯定模块化与外包（或企业边界选择）之间的因果关系（Fixson S. K.、Park J.，2008）；微观上，两者之间的关系受产业特性的影响，不同的产业表现出不同的关系（强关系、弱关系或无关系）。

五、组织模块化

同 Simon 提出的"近可分解性"概念类似，Orton 和 Weick 于 1990 年提出一个"松散耦合系统"（Loosely Coupled Systems）的概念，认为组织是一个松散耦合系统，这种系统带来的一个直接影响就是组织的模块化（Orton J. D.、Weick K. E.，1990）。组织的这种既松散又耦合的特性是组织模块化的前提，而产品的模块化被有些学者认为是组织模块化的动力（Sanchez R.、Mahoney J. T.，1996；Sanchez R.，1995），另一些学者则不认同这种观点（Brusoni S.，Prencipe A.、Pavitt K.，2001；Langlois R. N.，2002；Sosa M. E.、Eppinger S. D.、Rowles C. M.，2004）。因此，产品模块化与组织模块化之间的关系首先受到研究者的关注，但直到今天，两者之间的关系却并没有得以清晰界定。其他研究者则跳出两者之间的关系，将研究视角放在组织设计的模块化方面，下面我们分别对其加以介绍。

（一）产品模块化与组织模块化

Sanchez 和 Mahoney 认为，产品的架构塑造开发部门的组织架构，因为模块元件间界面的标准化能大大减少不同元件开发部门间的交互活动，使开发部门的组织呈模块化特点（Sanchez R.、Mahoney J. T.，1996）。因此，我们很容易得出如下结论：一体化产品应由一体化的组织开发，模块化产品由模块化组织开发（Campagnolo D.、Camuffo A.，2010）。更进一步地，Langlois 认为，模块化存在一个完美的状态：模块间依赖程度最低同时模块内元件间依赖程度最高，为达到这种状态所设计的标准界面就是价格系统（Langlois R. N.，2002）。

与以上分析不同，实证方面的研究并不支持产品模块化与组织模块化之间这种单一的因果关系。例如，Brusoni 和 Prencipe 在分析一个轮胎制造业的案例时发现，技术变动与组织调整确实有关联，但这种关联受知识演进的影响呈不同的特点（Brusoni S.、Prencipe A.，2006）。王凤彬等在研究丰田汽车开发系统时提出一个与模块化产品"非同构"的组织结构即"超模块化组织"（王凤彬、李东红、张婷婷、杨阳，2011）。另外，Sosa 等的实证研究发现，部门间的非正式交互对组织的协作机制异常重要，而组织的模块化会对这种交互造成严重损害（Sosa M. E.、Eppinger S. D.、Rowles C. M.，2004）。综合以上研究发现，产品模块化与组织模块化之间的关系尚不清晰，未来学术界仍需要提供更多实证方面的研究来对其加以检验。

（二）组织设计的模块化

除以上研究外，更多的学者将注意力集中在组织设计的模块化方面。Baldwin 和 Clark 讨论了组织模块化的必要性，认为当今企业需要重新设计它们内部组织结构以在其进入新市场时保持战略柔性或及时获得技术创新机会（Baldwin C. Y.、Clark K. B.，1997；Baldwin C. Y.、Clark K. B.，2003）。在组织模块化的界定方面，借用产品模块化的概念，如果一个组织内部门间依赖程度较小而部门内依赖程度较大，则我们可以认为这种组织是模块化组织（Camuffo A.，2002）。模块化组织由许多规模较小拥有自由裁量权的组织单元构成，在这样的单元内，成员可以频繁地在不同产品部门间轮岗（Worren N.、Moore K.、Cardona P.，2002）。

在讨论组织模块化的意义方面，组织结构的模块化是实现跨业务协同的重要方法（Martin J.、Eisenhardt K. M.，2003），通过协调组织内各单元与资源，它能使企业在动态的市场中及时抓住商业机会（Karim S.，2006；Helfat C. E.、Eisenhardt K. M.，2004），兼顾了成本效率与面对内外环境变动时的组织弹性（Nadler D. A.、Tushman M. L.，1999；Djelic M.、Ainamo A.，1999）。在组织模块化设计方法方面，Baldwin 和 Clark 认为，通过将信息区分为"可见设计规则"与"隐藏设计规则"可以解决分散小组工作的整合问题（Baldwin C. Y.、Clark K. B.，1997），Sako 从作业管理的角度提出按照组织层级将任务与组织一一对应以实现组织的模块化（Sako M.，2003），Lei 等则提出多个协作机制作为部门间的交互界面：产品规则平台、基于层级的奖励体系、管理轮换与跨部门培训（Lei D.、Hitt M. A.、Goldhar J. D.，1996）。以上对组织模块化的研究延续了产品模块化的研究思路，从侧面说明了组织模块化的理论体系尚未形成，组织模块化的界定、方法以及评估等仍需进一步的理论与实证研究。

六、评述与展望

通过对企业模块化理论的梳理，我们发现一个由产品模块化、生产模块化和组织模块化构成的企业模块化理论框架已基本形成，框架内的每个板块都发展成为一个独立的研究领域，但即使在每一单独的领域内，学者们各自的定义与测度标准也各不相同，一些实证研究的结论甚至相互矛盾。此外，我们在讨论模块化优势的同时也应考虑模块化的局限和劣势，例如，模块化并不适用于所有产品或产业（Baldwin C. Y.、Clark K. B.，2003；Baldwin C. Y.、CLark K. B.，2000），模块设计商对模块制造商生产的转移不仅会使前者丧失相关生产知识与生产能力，同时还有可能促使后者开发替代性产品与前者展开竞争等。虽然既有的模块化理论仍有许多缺陷，但以下几个对模块化理论的拓展仍具有重要的理论与现实意义。

一是模块化与创新之间的关系。模块化理论认为，通过将复杂产品或生产系统按照标准化设计规则分解为独立的子模块，每个组织专注于自己擅长的模块，这种专业化的分工有利于促进模块的创新。同时，借助于标准化的交互界面，模块间功能互不影响，模块的重新组合能创造出更多符合个性化需求的新产品。但许多实证研究并不支持这种理论甚至认为模块化阻碍创新活动的产生，这种观点的理论依据是模块设计商的"可见设计规则"对所有组织开放，这种开放有可能吸引竞争对手模仿进而损害模块设计商的知识产权，阻碍下一步的创新；对模块制造商来说，"可见设计规则"固化了其创新活动，在"可见设计规则"下的创新大多是渐进性创新而非突破式创新。因此，模块化与创新之间的关系机制以及这种机制下的创新政策需要进一步的理论与实证研究。

二是模块化与产业升级特别是中国模块制造商的产业升级问题。借助于中国良好的工业基础和发达国家剥离非核心业务、向发展中国家转移产业的机会，中国成为全世界拥有最多模块制造商的国家并借此实现了经济飞跃式发展。但在拥有较强模块设计能力的发达国家制定的规则下，中国的模块制造商很难实现突破式创新并对发达国家设计规则实施颠覆。因此，研究模块化与产业升级之间演进规律特别是模块制造商的技术创新以及升级路径对突破发达国家"可见设计规则"限制、实现突破式创新进而赶超发达国家具有重要的理论与现实意义。

参 考 文 献

[1] 曹亮，汪海粟，陈硕颖. 论模块化生产网络的二重性——兼论其对中国企业的影响 [J]. 中国工业经济，2008（10）：33 – 42.

[2] 胡晓鹏. 从分工到模块化：经济系统演进的思考 [J]. 中国工业经济，2004（9）：5 – 11.

[3] 李海舰，聂辉华. 论企业与市场的相互融合 [J]. 中国工业经济，2004（8）：26 – 35.

[4] 青木昌彦，安藤晴彦. 模块时代：新产业结构的本质 [M]. 上海：上海远东出版社，2003.

[5] 芮明杰，季丹. 模块化网络状产业组织的演进——基于计算机行业的研究 [J]. 经济与管理研究，2009（1）：81 – 86.

[6] 孙晓峰. 模块化技术与模块化生产方式：以计算机产业为例 [J]. 中国工业经济，2005（6）：60 – 66.

[7] 童时中. 模块化的概念与定义 [J]. 电力标准化与计量，1995（4）：22 – 25.

[8] 王凤彬，李东红，张婷婷等. 产品开发组织超模块化及其对创新的影响 [J]. 中国工业经济，2011.

[9] 闫星宇，李晓慧. 模块化设计、生产与组织：一个综述 [J]. 产业经济研究，2007（4）：69 – 78.

［10］周翔，吴能全，苏郁锋. 基于模块化演进的产权理论 ［J］. 中国工业 经济，2014 （10）：110 – 121.

［11］Alexander C.. Notes on the Synthesis of Form ［M］. Cambridge， MA： Harvard University Press，1964.

［12］Baldwin C. Y. ，CLark K. B.. Design Rules：Vol. 1， The Power of Modu- larity ［M］. Cambridge：MIT Press，2000.

［13］Baldwin C. Y. ，Clark K. B.. Managing in an Age of Modularity ［J］. Har- vard Business Review，1997，75 （5）：84 – 93.

［14］Baldwin C. Y. ， Clark K. B.. The Value， Costs and Organizational Conse- quences of Modularity ［R］. 2003.

［15］Brusoni S. ， Prencipe A. ， Pavitt K.. Knowledge Specialization， Organiza- tional Coupling， and the Boundaries of the Firm：Why Do Firms Know More Than They Make? ［J］. Administrative Science Quarterly，2001，46 （4）：597 – 621.

［16］Brusoni S. ， Prencipe A.. Making Design Rules：A Multidomain Perspec- tive ［J］. Organization Science，2006，17 （2）：179 – 189.

［17］Brusoni S. ， Prencipe A.. Unpacking the Black Box of Modularity：Tech- nologies ［J］. Products and Organizations，2001，10 （1）：179 – 205.

［18］Campagnolo D. ， Camuffo A.. The Concept of Modularity in Management Studies：A Literature Review ［J］. International Journal of Management Reviews，2010，12 （3）：259 – 283.

［19］Camuffo A.. Globalization， Outsourcing and Modularity in the Auto Indus- try ［R］. Ca' Foscari University of Venice，2002.

［20］Djelic M. ， Ainamo A.. The Coevolution of New Organizational Forms in the Fashion Industry：A Historical and Comparative Study of France， Italy， and the United States ［J］. Organization Science，1999，10 （5）：622 – 637.

［21］Ernst D.. Limits to Modularity：Reflections on Recent Developments in Chip Design ［J］. Industry & Innovation，2005，12 （3）：303 – 335.

［22］Ethiraj S. K. ， Levinthal D. ， Roy R. R.. The Dual Role of Modularity：Inno- vation and Imitation ［J］. Management Science，2008，54 （5）：939 – 955.

［23］Fixson S. K. ， Park J.. The Power of Integrality：Linkages between Product Architecture， Innovation and Industry Structure ［J］. Research Policy，

2008，37：1296 – 1316.

［24］ Fixson S. K. , Ro Y. , Liker J. K. . Modularisation and Outsourcing： Who Drives Whom A Study of Generational Sequences in the US Automotive ［J］. Automotive Technology and Management，2005，5（2）：166 – 183.

［25］ Fixson S. K. . A Roadmap for Product Architecture Costing ［M］//Product Platform and Product Family Design： Methods and Applications，New-York： Springer，2006：305 – 334.

［26］ Fixson S. K. . Product Architecture Assessment： A Tool to Link Product，Process，and Supply Chain Design Decisions ［J］. Journal of Operations Management，2005，23（3 – 4）：345 – 369.

［27］ Fleming L. , Sorenson O. . The Dangers of Modularity ［J］. 2001，79（8）：20.

［28］ Fourcade F. , Midler C. . Modularisation in the Auto Industry： Can Manu-facturer's Architectural Strategies Meet Supplier's Sustainable Profit Traj-ectories? ［J］. International Journal of Automotive Technology and Manage-ment，2004，4（2）：240 – 260.

［29］ Frigant V. , Talbot D. . Technological Determinism and Modularity： Les-sons from a Comparison between Aircraft and Auto Industries in Europe ［J］. Industry and Innovation，2005，12（3）：337 – 355.

［30］ Gershenson J. K. , Prasad G. J. , Allamneni S. . Modular Product Design： D Life – Cycle View ［J］. Journal of Integrated Design and Process Sci-ence，1999，3（4）：13 – 26.

［31］ Helfat C. E. , Eisenhardt K. M. . Inter – Temporal Economies of Scope，Or-ganizational Modularity，and the Dynamics of Diversification ［J］. Strategic Management Journal，2004，25（13）：1217 – 1232.

［32］ Henderson R. M. , Clark K. B. . Architectural Innovation： The Reconfigu-ration of Existing Product Technologies and the Failure of Established Firms ［J］. Administrative Science Quarterly，1990，35（1）：9 – 13.

［33］ Hoetker G. . Do Modular Products Lead to Modular Organizations? ［J］. Strategic Management Journal，2006，27（6）：501 – 518.

［34］ Karim S. . Modularity in Organizational Structure： The Reconfiguration of Internally Developed and Acquired Business Units ［J］. Strategic Management Journal, 2006, 27 (9): 799 – 823.

[35] Langlois R. N. , Robertson P. L. . Networks and Innovation in a Modular System: Lessons from the Microcomputer and Stereo Component Industries [J]. Research Policy, 1992, 21 (4): 297 – 313.

[36] Langlois R. N. . Modularity in Technology and Organization [J]. Journal of Economic Behavior & Organization, 2002, 49 (1): 19 – 37.

[37] Lau A. K. W. , Yam R. C. M. , Tang E. . The Impact of Product Modularity on New Product Performance: Mediation by Product Innovativeness [J]. 2011, 28 (2): 270 – 284.

[38] Lei D. , Hitt M. A. , Goldhar J. D. . Advanced Manufacturing Technology: Organizational Design and Strategic Flexibility [J]. Organization Studies, 1996, 17 (3): 501 – 523.

[39] Martin J. , Eisenhardt K. M. . Cross – business Synergy: Recombination, Modularity and the Multi – Business Team [J]. Academy of Management Annual Meeting Proceedings, 2003 (1) .

[40] Nadler D. A. , Tushman M. L. . The Organization of the Future: Strategic Imperatives and Core Competencies for the 21st Century [J]. Organizational Dynamics, 1999, 28 (1): 45 – 60.

[41] Newcomb P. J. , Bras B. , Rosen D. W. . Implications of Modularity on Product Design for the Life Cycle [J]. Journal of Mechanical Design, 1998, 120 (3): 483 – 490.

[42] Orton J. D. , Weick K. E. . Loosely Coupled Systems: A Reconceptualization [J]. The Academy of Management Review, 1990, 16 (2): 203 – 223.

[43] Sako M. . Modularity and Outsourcing: The Nature of Co – Evolution of Product Architecture and Organisation Architecture in the Global Automotive Industry [M] //The Business of Systems Integration, Oxford: Oxford University Press, 2003: 229 – 253.

[44] Sanchez R. , Mahoney J. T. . Modularity, Flexibility, and Knowledge Management in Product and Organization Design [J]. Strategic Management Journal, 1996, 17 (s): 63 – 76.

[45] Sanchez R. . Strategic Flexibility in Product Competition [J]. Strategic

Management Journal, 1995, 16（S1）: 135 – 159.

［46］ Schilling M. A. , Steensma H. K. . The Use of Modular Organizational Forms: An Industry – Level Analysis ［J］. Academy of Management Journal, 2001, 44（6）: 1149 – 1168.

［47］ Schilling M. A. . Toward a General Modular Systems Theory and Its Application to Interfirm Product Modularity ［J］. 2000, 25（2）: 312 – 334.

［48］ Simon H. A. . The Architecture of Complexity ［J］. Proceedings of The American Philosophical Society, 1962, 106（6）: 467 – 482.

［49］ Sosa M. E. , Eppinger S. D. , Rowles C. M. . The Misalignment of Product Architecture and Organizational Structure in Complex Product Development ［J］. Management Science, 2004, 50（12）: 1674 – 1689.

［50］ Sturgeon T. J. . Modular Production Networks: A New American Model of Industrial Organization ［J］. Industrial and Corporate Change, 2002, 11（3）: 451 – 496.

［51］ Takeishi A. , Fujimoto T. . Modularization in the Auto Industry: Interlinked Multiple Hierarchies of Product, Production, and Supplier Systems, 01 – 02 ［R］. Institute of Innovation Research, Hitotsubashi University, 2001.

［52］ Ulrich K. . Fundamentals of Product Modularity ［M］. New York: Springer, 1994.

［53］ Ulrich K. . The Role of Product Architecture in the Manufacturing Firm ［J］. Research Policy, 1995, 24（3）: 419 – 440.

［54］ Whitney D. E. , Heller D. A. , Higashi H. , et al. Production Engineering as System Integrator A Research Note based on a Study of Door Engineering and Assembly at Toyota: MMRC Discussion Paper ［Z］. University of Tokyo, 2007.

［55］ Worren N. , Moore K. , Cardona P. . Modularity, Strategic Flexibility, and Firm Performance: A Study of the Home Appliance Industry ［J］. Strategic Management Journal, 2002, 23（12）: 1123 – 1140.

（闵宏、吕铁）

第七章 企业管理学科前沿研究报告

品牌社群即以某一品牌为核心、由消费者组成的一种非正式群体组织，能够通过组织社群活动、提供信息、社会资本、情感支持等方式，满足消费者在财务、社交、娱乐等方面的需求，进而使其对社群和品牌产生承诺和认同。消费者社群在提升消费者的品牌忠诚度、激发品牌行为方面具有显著作用，被视为企业获取品牌忠诚的一条新途径。此外，品牌社群为消费者价值共创提供了平台，对促进企业产品和服务创新效果具有积极作用。

企业集团通常理解为被同一主体控制的一组公司，是一个松散的法人联合体，具有多样化业务组合和多法人组织形式的特征。虽然将企业集团联系起来的纽带是多样化的，法人关系也具有松散性特征，但紧密型企业集团在信息传递速度和可靠性方面具有明显优势。多元化经营可以在集团层面和成员企业层面实施，沿产业链一体化发展的企业集团能够为成员企业提供资源和成本方面的优势，从而在集团层面实现良好的经营绩效。企业集团内部存在融资市场，通过参股成员企业的模式，能够放大集团融资能力，并避免低效率内部市场的出现。

减员是企业采取紧缩战略时的常见选项，往往被视为降低成本、增强灵活性和适应性、提升生产率的有效方式，但也会对员工心理造成影响。公正认知在员工对减员的评价方面具有重要意义，能够直接决定被解雇员工的反应，也会影响留任员工的积极性。在针对减员的管理活动中，沟通、参与、补偿和支持性服务等对于促进公正认知的形成具有积极作用。

企业社会责任研究视角正在由单纯的社会回应、获取相关绩效的工具视角向为企业的利益相关方搭建"渔场"创造综合价值的价值视角转变，以实现企业价值创造范式的超越。在宏观层面，文化和制度对企业社会责任有着重要影响；从组织内部分析，公司治理、管理者特征、政治资本、组织特征和市场环境是影响社会责任的主要因素。对于社会责任与财务绩效的关系学术界仍然存在争论，但有研究表明，良好的社会责任表现能够为企业带来财务收益以外的资源和优势。社会责任披露是企业与利益相关者沟通中的重要方面，根据企业自身特征的不同，责任披露所表现出的影响效果也有所不同。

一、品牌社群研究前沿问题

（一）品牌社群的基本概念

1. 品牌社群的含义

1974 年，美国史学家 Boorstin（1974）提出"消费社群"（Consumption Community）的概念，即"消费者在决定消费品及消费方式时自发形成的、不具备实体形态的关系群体"。Muniz 和 O'Guinn（2001）将这一概念引入品牌—消费者关系的研究中，将对"品牌—消费者"二元关系的讨论扩展为"品牌—（消费者—消费者）"三元关系的讨论，并提出了"品牌社群"概念。他们将其定义为"基于某一品牌崇拜者之间的社会关系、以某种产品或服务品牌为核心而形成的一种专门的、不受地域限制的社群"。

在 Muniz 和 O'Guinn 之后，McAlexander 等（2002）从另外一个角度对品牌社群的概念进行了界定。他们认为，品牌社群是一个以消费者体验为核心的关系网络，包含了消费者—品牌、消费者—产品、消费者—企业以及消费者—消费者四组关系。通过参与社群活动，消费者能够获得全方位的品牌体验，而这正是品牌社群存在的意义。

上述两项研究代表了对品牌社群的两种主流认识，但由于 McAlexander 等（2002）的研究未对四组关系的重要性进行区分，且与品牌关系领域的研究有着密切联系，后续研究多以 Muniz 和 O'Guinn 的定义为基础进行讨论。如 Upshaw 和 Taylor（2001）对这一概念进行了扩展，将所有与品牌相关的利益方都视为品牌社群的参与主体。Bagozzi 和 Dholakia（2006）则从社会心理学角度将品牌社群定义为"对某一品牌具有共同热情的、发展完善的消费者群体，他们通过集体行动来实现共同目标或表达共同的情感和承诺"。薛海波（2011）也认为，消费者、产品、品牌、营销人员以及其他利益相关者之间的社会联系都应纳入品牌社群研究范畴之内。总的来说，这些研究都继承了 Muniz 和 O'Guinn（2001）的核心观点，认为品牌社群是以品牌为核心，以消费者为主体的社会群体，并将品牌社群内的社会关系作为研究重点。

2. 品牌社群的分类

现有研究对品牌社群的分类方式主要有两种：一种方式根据社群活动的主要载体，将品牌社群分为实体社群和虚拟社群（Kozinets，2001）；另一种方式按照产品或品牌自身的特征，分为高外显性产品品牌社群、低外显性产品品牌社群和服务品牌社群（王新新、薛海波，2008）。例如，Cova 和 Pace（2006）以 Nutella 番茄酱为案例，研究了便利消费品（Convenienceproducts）这一低外显性产品的品牌社群，认为这一类产品的品牌社群在存在形式、交流方式以及社群发展的驱动力量方面，与高外显性产品品牌社群间具有明显区别。此外，Pannger（2012）根据发起者的不同，将品牌社群划分为由消费者自主发起的品牌社群以及由企业有计划地建立的品牌社群，并指出根据企业所处行业的不同，这两类品牌社群所能产生的价值有着显著差别。

近年来，随着互联网、移动互联网、智能终端等技术的快速发展，虚拟品牌社群（或在线品牌社群）成为研究者主要关注的对象。一方面，即时通信工具和社交网络平台的出现，使品牌社群突破了地理限制和时间限制，成员之间、成员与企业之间可以随时随地进行交流互动。这一优势不仅在网络上催生了大量品牌社群，也吸引了很多传统的线下社群向线上转移。另一方面，线上交流内容便于观察和记录的特点，为品牌社群的研究提供了大量资料和数据，虚拟品牌社群也因而成为研究者的关注焦点，近年来，有大量研究成果着重于探讨虚拟品牌社群的特征、结构和影响，如金立印（2007）、Adjei 等（2010）、Mousavi 等（2017）、杨瑞（2017）。

3. 品牌社群的特征

Muniz 和 O'Guinn（2001）指出，与其他类型的社群类似，品牌社群具有三大特征，即群体意识（Consciousness of Kind）、共同的仪式与传统（Shared Rituals and Traditions）和道德责任感（Sense of Moral Responsibility）。群体意识指社群成员之间能够感知彼此的联系，并能对社群成员和非社群成员进行明确区分，也是一种共同的思考方式。仪式与传统能够延续社群的历史、文化和意识，建立"可见的公约"，并能够向新成员灌输一个社群的行为规范和价值准则。道德责任感指的是社群成员明确感觉对社群及其他成员负有的责任和义务，在社群受到威胁时，道德责任感能够促使社群成员采取集体行动。

此外，在针对苹果公司的笔记本品牌 Macintosh 和掌上电脑品牌 Newton 的品牌社群的研究中，Belk 和 Tumbat（2006）与 Muniz 和 Schau（2005）均发现了品牌社群具有类宗教的特征。Belk 和 Tumbat 通过深度访谈发现在 Macintosh 品牌社群中存在四个公认的"神话"，其成员普遍将 IBM 和微软视为"魔鬼"，坚信自己正在参与一项崇高的使命且拒绝接受任何与苹果有关的负面信息。他们将这种以品牌为中心的极端奉献精神称为"品牌崇拜"（Brand Cult）。Muniz 和 Schau 则发现，即使 Newton 品牌已被苹果放弃，其品牌社群依然继续存在，该社群主要的活动包括为 Newton 用户提供维修和升级服务、开发新产品、撰写品牌推广以及展示品牌体验。结合这些发现，他们认为品牌社群本身具备提供超然的宗教体验的潜力，尤其当某一品牌在市场上遭遇失败时，其社群成员更容易感受到"不公正"，并激发他们采取将品牌神圣化的行为，从而使品牌社群表现出"类宗教"特征。

（二）品牌社群形成原因

作为一种非正式组织，品牌社群的形成必然是基于社群成员的主动意愿的，品牌社群的维系也依赖于成员的共同意识和责任感。那么，消费者又是为什么愿意加入品牌社群、参与社群活动的呢？现有研究主要从消费者价值感知和获取的角度，探讨了加入品牌社群的动机。McAlexander 等（2002）认为，品牌社群的意义在于能够为消费者提供完整的消费体验，而这也是消费者选择加入社群的原因。周志民（2005）从让渡价值的视角出发，构建了一个模型用以解释品牌社群的形成机理。他将品牌社群能够为消费者提供的利益划分为财务、社交、服务、形象利益，只有当一个社群能够持续提供让渡价值（即利益大于成本）时，消费者才会选择加入品牌社群并持续参与社群活动。研究者从不同理论视角出发，对品牌社群能够为消费者提供的价值构成进行了讨论，综合现有研究成果，大致可划分为财务价值、社交价值、娱乐价值三个方面。

McAlexander 等（2002）参考消费者社群的研究成果指出，获取与品牌和商品相关的信息以做出购买决策，以实现经济利益的最优化，是消费者加入品牌社群的重要动机。王新新和薛海波（2008）通过问卷调查发现，在正式加入消费者社群之前，消费者表现出明显的经济利益动机。任枫（2013）认为，财务价值诉求（如获取优惠、增强与企业讨价还价的能力等）是消费者参与品牌社群的动因之一。另外，参与品牌社群还有可能获得额外的增值服务，如个性化的定制、送货上门等。贺爱忠和李雪（2015）的研究表明，消费者会为了做出最有利的购买决策而选择加入品牌社群，并可能会为了获取物质奖励、优惠资格等在社群中"逗留"。但是，上述研究还发现，获取财务价值或经济利益不是消费者选择长期参与社群活动的原因。

人具有社会属性，通过加入品牌社群，消费者能够建立社会关系、获得归属感和满足感（王新新、薛海波，2008）。社群成员间通过长期互动所形成的信任、互惠等社群规范因素构成了品牌社群的社会资本，并为社群成员提供社会支持（王新新，2010）。Mathwick 等（2008）的实证研究也证实了社会资本及相应的社会支持系统，是吸引消费者加入品牌社群的重要原因。另外，品牌社群还能够为消费者提供展示自我、帮助他人的机会，满足其获得尊重和自我成就的需求（周志民，2005）。

除了获取财务价值和社交价值以外，有研究表明，消费者也会为了获得愉悦的心理体验而加入品牌社群，这意味着虚拟品牌社群对于消费者还具有娱乐的价值。Schouten 等（2007）以"超然消费体验"指代消费者在参与社群活动过程中所体验到的高涨的情绪、极度快感、全神贯注以及对个人极限的挑战。任枫（2013）认为，品牌社群至少从两个方面满足了成员的娱乐需求：举办具有娱乐性质的活动以及成员间对愉悦心情的传递。

（三）品牌社群的作用机制

对品牌社群作用机制的研究主要关注两个过程——消费者参与并融入品牌社群的过程，以及消费者对品牌社群的认同是如何转化为对品牌的忠诚的过程。

1. 消费者融入机制

消费者与品牌社群之间的互动过程可以划分为两个阶段：消费者出于某种动机选择加入品牌社群；消费者加入社群后产生认同和依赖，形成品牌社群融入（任枫，2013）。对品牌社群的消费者价值进行的相关研究，解释了第一阶段的作用机制，而对于消费者为什么选择留存、融入社群，现有研究成果分别从社会认同、消费体验、自我决定等理论视角进行了解读。

社群成员的社会认同由认知、评价和情感三个构件构成，能够影响社群成员并使其采取有利于社群利益的行为。消费者对自己作为品牌社群成员的身份认知越是明显、对品牌社群的评价越正面、对社群的情感参与越多，则其对社群的社会认同程度就越高。Bagozzi 和 Dholakia（2006）认为，社会认同会对成员参与社群活动的社会意愿产生影响，他们以计划行为理论为基础构建了一个模型，以说明消费者参与和融入品牌社群的动机。在该模型中，消费者个人的态度、预期情绪、主观规范和感受到的行为控制以及社会认同，共同作用并使得消费者产生参与社群活动的社会意愿，这些活动中就包括品牌行为，如购买、宣传等。

McAlexander 等（2002）最早强调消费者在品牌社群中获得良好的体验，将促使他们与社群产生情感上的依附关系。在长期互动过程中，社群成员之间的情感依赖不断加深，这会提升成员对于品牌社群的承诺水平（Mathwick et al.，2008）。Zhou 等（2016）在对 MMORPG 游戏社群的研究中也发现，成员间的友好程度与成员对社群的承诺水平间存在正相关关系。Schouten 等（2007）证实了这种情感依恋的存在，并指出消费者在社群活动中获得的美好体验，是这种依恋产生的基础。田阳等（2010）的实证研究则指出，顾客体验是从社群特征到社群依恋的中介变量。他们还区分了感知体验和情感体验，并发现只有情感体验对品牌依恋存在直接正向的影响。

贺爱忠和李雪（2015）详细描述了消费者从参与到逗留再到持续参与的行为演变过程中动机构成的变化，并将导致消费者融入品牌社群的决定因素概括为品牌依恋、人际依恋和社区依恋。消费者从参与到融入品牌社群的过程，其实质是成员参与动机在外部情境因素影响和个人心理需要满足下不断内化的过程，这一结论与自我决定理论的研究是基本一致的。

2. 品牌忠诚转化机制

长期以来，营销研究领域一直非常重视品牌忠诚（Brand Loyalty）的作用，将其作为衡量品牌绩效的重要指标。品牌社群的概念出现之后，大量研究者将其作为建立品牌忠诚的新路径进行研究。现有研究大多证实了品牌社群忠诚度与品牌忠诚度之间的正向关系，即消费者在融入品牌社群的过程中对社群产生认同，随着这种认同的加深，消费者对社群的忠诚度也不断提高，同时，对作为社群关系基础的品牌的忠诚度也不断提高。Algesheimer 等（2005）通过实证研究说明，消费者对品牌社群认同度越高，他们对社群活动的参与度就越高，为社群成员提供帮助和为品牌传播良好口碑的意愿也越高。Jang 等（2008）认为，品牌忠诚的形成需要同时满足两个条件——顾客满意和顾客承诺。仅仅感到满意并不足以让顾客对品牌产生忠诚。满足感、感知价值和质量都是承诺的前因，必须有个人决定因素和社会关系因素，才能长期保证消费者的忠诚度。薛海波和王新新（2009）在对单车车友会的案例研究中发现，品牌成瘾和品牌依恋作为两种媒介，将消费者在社群中获得的超然体验与品牌忠诚联系起来。周志民和郑雅琴（2011）认为，对社群认同的成员会更多地受到社群众共享的品牌信息的影响，并将对社群的情感转移到品牌上面，从而形成品牌认同；对品牌的认同越强，表示品牌与个人的形象越吻合，他们越可能持续购买和使用该品牌的产品，即建立起品牌忠诚。薛海波（2012）基于社会资本和消费体验的相关理论，阐述了由社群承诺到品牌忠诚的转化机制模型，认为随着对社群认同感和依恋感的增强，消费者对社群的承诺会升级为工具忠诚，并最终演化为品牌忠诚。黄敏学等（2015）的研究表明，消费者在品牌社群中获得的娱乐体验和信息体验是形成品牌忠诚的前因变量，且社群认同在这一过程中起到中介传导的作用。

（四）品牌社群的企业价值

品牌社群研究初期鲜少有研究者探讨品牌社群对品牌和企业的价值，从企业视角的讨论往往止步于品牌忠诚的建立。近年来，企业视角的品牌社群价值研究逐渐超越了传统品牌研究的范畴，从其他管理学研究领域切入展开研究。

1. 营销价值

品牌社群的早期研究继承了品牌研究的主要成果，从品牌价值和消费者品牌行为方面分析了品牌社群的企业价值。正如上文所述，与消费者的紧密"绑定"，能够有效提升消费者的品牌忠诚度、品牌承诺以及参与行为。品牌忠诚能够为企业带来一定的竞争优势，如降低营销和交易成本、正面口碑、重复购买、减少品牌失败的成本或可能性等。作为一种重要的营销资源，品牌社群能够使企业与消费者更紧密、长久地联系起来，从而为企业带来竞争上的优势（Muniz、O'Guinn，2001）。

另外，消费者社群的规模与品牌资产之间存在正相关关系。Plannger（2012）分析了财富500强中排名前100公司的数据，证实了在线品牌社群的流行程度与公司价值之间的积极关系，并发现产品差异化程度越高的行业，投资于品牌社群所能带来的公司价值增值越高。Cova 和 Pace（2006）、Keller 和 Lehamann（2006）、Mascarenhas 等（2006）探讨了品牌社群对公司估值的影响。

2. 价值共创

共创（Co-creation）最早是作为营销领域的一个战略被提出的，意为企业应鼓励顾客产品和服务的参与共同设计、开发及生产。后来这一术语被应用于价值创造的领域，以"价值共创"（Value Co-creation）一词描述顾客怎样积极参与产品或服务的设计和开发，以及顾客怎样与企业或其他利益相关者在消费领域进行互动（Prahalad、Ramaswamy，2004；Payne et al.，2008）。消费者参与共创是高度互动性的行为，品牌社群能够为消费者与企业提供交互平台，尤其是随着信息技术的发展，品牌社群的虚拟化趋势使这种互动的成本大大降低、效率显著提高（Schau et al.，2009）。

现有研究表明，消费者共创和品牌忠诚度之间存在着相互促进的关系，参与产品创新过程的消费者表现出更高水平的信任、对品牌形象的支持以及积极传播良好口碑等（Piller et al.，2010；Bilgram et al.，2011）。李朝辉（2014）通过问卷调查发现，通过参与价值共创活动，顾客的品牌体验有显著提升。他进一步对价值共创活动进行了分类，并发现相较于由企业发起的价值共创活动，由社群成员自主发起的价值共创活动对品牌体验的积极影响更为显著。王晓川等（2014）对苹果品牌社群的研究表明，品牌认同与社群认同通过不同的机制，促进社群中关于创新的互动（显性创新行为），催生产品和服务的创新。Kim 等（2008）以韩国 MP3 和手机产品品牌社群为例，探索了新产品开发过程中在线品牌社群的角色。研究显示，在线品牌社群的角色随着新产品开发的不同阶段而变化，从领先使用者到创新使用者，再到早期采用者。品牌社群帮助公司了解消费者的需求、令人满意的产品特点和未来发展的趋势，而来自品牌社群的各种信息则能够促进公司内部涉及新产品开发的部门之间的交流。

（五）总结与展望

自品牌社群概念被提出之后，相关研究的进展较快。目前，学术界对品牌社群的概念、特征已经基本达成共识，在品牌社群的形成机制、对消费者和企业的价值等方面的研究逻辑也基本确定下来。目前，品牌社群研究亟待解决的问题主要有以下三点：

1. 品牌社群结构模型的构建

对品牌社群的结构进行建模的研究中，较为著名的有 Muniz 和 O'Guinn (2001)、McAlexander (2002) 以及 Baggozi 和 Dholakia (2006) 三个模型，但是由于后两者对品牌社群参与方的界定过于宽泛，不具备可操作性，后续研究往往以 Muniz 和 O'Guinn (2001) 的模型为基础展开讨论。但是，随着品牌社群的虚拟化，以及企业价值链向价值网络的转变，品牌社群不可能再维持单纯的二元结构，企业的供应商、供应商的供应商都有可能在品牌社群的互动中扮演重要角色。因此，未来研究有必要对品牌社群的结构进行重新识别，明确品牌社群各参与方的角色和作用。

2. 情境因素的影响

目前对品牌社群的研究主要以社群形成机理和品牌忠诚转化机理为主，消费者的参与动机和心理演化过程是主要的研究对象。但是，现有研究大多针对个案进行讨论，或采取问卷调查的方式进行数据收集，得出的大多是一般化的结论，而较少讨论可能存在的情境因素及其影响。如前文所述，有研究者根据产品类型对消费社群进行了分类，但只针对不同类型的品牌社群进行了单独研究，而没有在不同类型之间进行比较分析。目前获得较多讨论的情境因素是文化差异因素，如 Cova 等 (2007) 比较了 Warhammer 品牌在美国与法国建立的品牌社群的差异，证实了文化差异对品牌社群特征的影响。另外，田阳等 (2010) 在对苹果品牌社群的研究中提到，该案例中品牌社群的性别构成以男性为主，并认为性别因素会影响其研究成果的效度。此外，年龄、种族、受教育程度、产品品类和产品特征等都是值得关注的情境变量。

3. 超越营销研究

品牌社群研究中对品牌社群的企业价值的研究所占比例较少，针对性的实践建议也比较空泛。造成这一现象的原因，部分在于品牌社群的早期研究囿于营销领域的边界之内。品牌社群被视为企业获取消费者品牌忠诚的新途径，而营销领域对品牌忠诚的研究已经比较完善，这就造成研究者对品牌社群的企业价值缺乏研究兴趣。但是，品牌社群，尤其是虚拟品牌社群，作为一种能够产生大量信息的消费者组织形式，在管理研究的其他领域同样具有重要价值。近年来，对品牌社群的探讨已经超越了营销研究的范畴，扩展到开放式创新和价值创造领域。由于品牌社群与企业有着紧密的关系，能够为企业提供竞争优势、人才甚至是资金支持，未来对品牌社群的研究完全可以扩展至战略、人力资源、创业和商业模式等领域。

二、企业集团研究前沿问题

随着企业经营规模的增长，中国企业不断寻求建设"世界一流企业"的方案。从企业集团经营的角度看，企业战略所囊括的内涵越来越广泛。围绕企业愿景，中国企业开始从组织形态、业务选择、垂直整合、产融结合等多个视角审视经营战略的内涵。企业集团（Business Group）是一种常见的组织模式。① 全世界的企业集团都具有某些相似性，但又在结构、所有权及其他方面显示出极大差异。传统解释认为集团形式弥补了不健全的市场机制，通过内部市场降低了成员企业之间的交易成本，从而提升了成员企业价值。企业集团在组织创新方面呈现出一些新的特征，管理的首要目标是打造极具竞争力的"大企业"，而不是追求业务多元的松散型联盟。

世界一流企业集团一定是既有产权关系又有业务协同的紧密型组织，在组织形态、业务选择、垂直整合、融资支持、跨国经营等方面展现出新的管理特征。

（一）企业集团的理论基础

1. 企业集团的研究领域

一般认为，"企业集团"概念的核心是指松散的法人联合体。Leff（1978）将企业集团定义为被同一主体控制的一组公司，有时成员企业之间也存在交叉持股的关系。研究者主要关注的问题是"企业集团是否比非集团企业具有更高的效率或者更好的经济效益"。Khanna 和 Rivkin（2001）等研究结果都显示集团成员企业的业绩显著超出其他上市公司。不同的学者分

---

① 国内学者通常把"Business Group"（简称 BG）译作"企业集团"，但国内有关企业集团的研究文献所指的企业集团并不完全等同于 BG。一般意义上的 BG 实则对应于由关联企业所构成的联合体。

别从经济学视角、社会学视角和政治学视角对于企业集团存在的合理性给出了解释（蓝海林，2008）。

有关企业集团的研究主要聚焦于三个领域：一是集团结构，主要研究企业集团多元化的形式，包括水平多元化、纵向一体化，及其涉足金融业务的程度；二是集团控制权研究，尤其以控股集团为主，包括金字塔结构和交叉控股，以及控股集团投资模式对于成员企业绩效的影响；三是跨国经营研究，如企业集团如何实现国际化业务布局。因此，企业集团研究主要聚焦于两个问题：一是如何平衡企业集团多元化发展的优势与劣势；二是如何平衡企业集团与成员企业之间的控制和自主关系。尤其在企业集团实施垂直一体化发展以及跨国业务布局的过程中，以上两种关系显得越发重要。

2. 企业集团的两大特征

企业集团在新兴市场国家较为常见。在相关研究文献中，企业集团通常被认为是制度创新的成果，由于新兴经济体资本市场环境的不完善，企业集团通过内部市场提升经营效率（Carney et al.，2011；Khanna、Palepu，1997，2000a，2000b）。所以，企业集团被认为是独立企业的联合体，通过多种形式的正式或者非正式手段实现业务协调。然而，企业集团的实践却是，当这些新兴市场国家的制度环境不断完善，企业集团的组织形式不但没有消失，反而更加繁荣（Khanna、Palepu，1999；Kim et al.，2010；Ramaswamy Li、Petitt，2012；Siegel、Choudhury，2012）。更加令人不解的是，甚至在一些发达经济体也出现了企业集团的组织形式（Carney et al.，2011）。所以，企业集团的理论研究不能仅仅通过"制度真空"的视角来进行解释。

当前的企业集团研究主要聚焦于两个重要的特征：一是多样化的业务组合；二是多法人组织形式。从多元经营角度看，企业集团的成员企业能够优先获得集团的资源，因此能够辨识市场中隐藏的战略机会（Denrell et al.，2003）。从组织形式角度看，相对于事业部形式或者多业务组织形式，企业集团能够使得成员企业更敏锐地感知和抓住市场机会（Ghoshal et al.，2000）。从企业集团的治理和管理结构看，每个成员企业都是独立的法人，都有自己的"股东、董事和监事"（Mahmood et al.，2011），能够克服多元化经营带来的管理挑战，如激励体系的设置和资源分配等。消除这些障碍能够使成员企业投资新的市场机会，在专业领域实现业务组合的优化。因此，业务组合和多法人组织结构是展现企业集团经营优势的两大重要特征。

3. 企业集团的优势来源

企业集团的目标首先应该是构建一个具有竞争力的"大企业"，这个企业是具有明显的行业特征、市场占有率高并具有国际竞争力的"强"企业，而不是那些业务分散、规模庞大，多元化程度高、无法建立核心专长和发挥规模经济与范围经济优势的"企业集团"。对于企业集团的定义不准确会导致竞争优势的模糊，例如，有学者认为，企业集团是以资本为纽带、以母子公司为主体的一种组织形式，把企业集团定义为由关联企业构成的联合体。这种定义使得企业的业务主体性逐渐模糊，对于构建企业竞争力产生了错误的导向。

关于企业集团竞争优势的研究可以归纳为三个范畴：一是组织形式与经营绩效的关系，主要研究企业集团与成员企业的从属关系及其特征对成员企业或整个集团财务绩效的影响；二是企业集团与业务创新，主要研究企业集团与成员企业的从属关系及其特征对成员企业或整个集团创新活动和创新绩效的影响；三是企业集团与国际化，主要研究企业集团从事国际扩张、跨国经营和跨国治理等问题。从企业集团的发展趋势看，为了形成超一流的竞争力，企业集团成员之间的业务联系应该更加紧密。当前，企业集团业务多元的松散关系正在被改变，打造具有国际竞争力的大企业要求逐步减少而不是增加企业集团内部的独立运作的法人企业数量。

（二）企业集团的管理创新

企业集团的组织创新特征主要体现在组织形式与结构、多元化的类型、一体化的模式、资金注入与股权模式、国际化发展等不同的维度上。在组织形式上，企业集团表现出紧密型组织结构特征，企业集团组织创新要解决规模扩张与组织效率的问题，建立高效、开放、信息共享、与集团战略高度匹配的组织管控模式；在多元业务选择上，成员企业经营单一业务、集团层面实现多元化的经营模式显著提高了企业集团的整体价值；在一体化模式方面，沿着产业链实施垂直一体化发展的经营绩效优于水平一体化发展；在资金注入模式上，参股成员企业的绩效明显优于控股成员企业；在国际化发展上，企业集团追求产业链各个环节的融合、国内外两个市场与两种资源的协同。

1. 组织形态：构建紧密型组织

企业集团具有大规模、多形态、多层次结构的特征。紧密型企业集团由相互独立的法人实体组成，成员企业共享集团管理体系，并为多元业务经营提供了一种稳定、有效的组织形式。

郑小勇和魏江（2011）认为，企业集团中存在两种关系特征：一方面，联系这些独立企业的纽带是多种多样的，包括所有权、市场关系和社会关系等；另一方面，这些企业群体内部存在某种共同的控制关系。紧密型企业集团同时包含了以上两种特征，既有产权关系纽带，又有业务协同的控制。

松散型多元经营的企业集团尽管在名义上可以实施产权控制，但是集团总部对成员企业的业务缺少直接了解，加之管理层级过多、产权结构复杂等原因，所以存在较严重的内部信息不对称和代理问题。在紧密型企业集团中，信息传递快、信息来源比较可靠，信息不对称程度较轻，能够及时获取各个成员企业生产经营与内部管理环节的完整信息，所以相对于松散型的不相关多元化经营更有信息优势和监管优势。

紧密型组织体现在战略导向和组织柔性两方面。在战略导向上，从集团总部到各分、子公司，都必须有统一、明晰的战略目标和发展思路，围绕集团的核心竞争力，建立从外部市场客户需求到内部组织结构和价值流转的一条完善的企业动态价值链。在组织柔性上，企业集团要完成战略管理的动态化，以应对动荡的外部环境，就必须提高企业组织的柔性程度，而机械的、僵硬的组织很难保证战略管理模式的动态化调整。所以，紧密型企业集团强调战略举措、管理权限、共享协调等方面的一致性，从而实现紧密型企业集团整体的战略导向和组织柔性。

从战略举措看，紧密型集团总部以追求企业集团总体战略控制和协同效应培育为目标，主要根据集团统一的战略部署，为权属企业提供战略指导和规范管理，从而影响权属企业的战略实施活动而达到管控目的。松散型企业集团可能把总部作为投资决策中心，完全以资本为纽带，以财务管理和资产运营为核心，以财务规划、投资决策和实施监控为重点对权属企业进行间接监控，强调结果控制。严格意义上说，这已经丧失了企业集团的协同优势。

从管理权限看，紧密型企业集团是一种集分权相结合的管控模式，集团总部保留对集团战略规划和其他重大战略事宜核准和评价的核心权力，对成员企业放权分责，不直接介入微观层面的战略管理活动；成员企业在总部的战略指导下负责具体业务目标实施，拥有一定限度的自主决策权，是一种

"有控制的分权"。

从横向协调看，集团总部主要负责在战略层面来协调权属企业间的关系，为成员企业提供必要的技能和战略资源支持，为集团内部所有成员企业提供共享资源和共享服务，以创造战略协同效应。

2. 业务选择：集团模式多元化

业务多元化是企业集团经营的主要特征。集团化经营模式的利弊多年以来一直是国际学术界争论的热点，由于市场发达程度差异或者集团控股结构等不同的原因，至今没有得出统一的结论（Khanna、Palepu，2000a，2000b）。

在市场机制尚不完善的环境下，集团化经营模式有利有弊。多元化经营可以给企业带来诸多好处，如充分协调企业内部不同经营部门的资源配置、提高效率、稳定总体收益、降低资本成本并且可以提高举债能力等（Chandler，1997）。

但是，多元化产生优势的同时又形成了诸多劣势（Martin、Sayrak，2003）。随着集团涉足行业数量的增加，集团的价值会显著下降（Stulz，1990；Meyer，Milgrom、Roberts，1992）。主要的原因是多元化经营也会给公司带来负面效应，例如，使不同层级管理者之间的信息不对称更严重，从而造成更高的代理成本（Myerson，1982）。从委托—代理的视角看，除了过度多元化产生的劣势，集团控股股东与其他中小投资者之间的代理问题相比独立经营的企业更加严重。在法律和公司治理机制不健全的国家，构建集团的目的可能不再是建立完善的内部市场或通过多元化经营降低风险，而是最终控制人利用成员企业之间的关联交易转移资金、操纵盈余来获取私人利益的工具（Claessens et al.，2000）。从资源基础的视角看，多元化的劣势体现在委托—代理问题所导致的资源配置效率的降低。例如，信息和激励问题会导致企业集团中多元化事业部之间的资源错配（Meyer et al.，1992；Rajan et al.，2000）。拓展新市场的风险与成本也表明，多元化程度越高，导致企业价值折损的概率将越大。除了委托—代理和资源基础视角，制度经济学视角也可解释多元化对于经营绩效的影响。Guillén（2000）指出，在很多新兴市场国家出现企业集团的现象主要是因为产业政策保护使得企业集团能够获得更多优先资源。但是，随着制度"真空"的消失以及市场机制导向的制度变迁，新兴经济体中企业多元化经营带来的优势正在不断消失（Lee et al.，2008；Singh et al.，2007）。

Khanna 和 Palepu（2000b）指出，集团模式的多元化经营，即集团成员企业从事单一业务而在集团层面实现多元化经营，既可以发挥多元化经营的优势，又能够规避其成本，从而提高集团及成员企业的价值。以"集团多元、成员专业"为内涵，兼顾业务协同与独立经营的集团模式多元化的经营方式能显著提高成员企业的价值。具体而言，就是集团成员企业从事单一业务的同时，在集团层面实现多元化经营。

Khanna 和 Palepu（2000a，2000b）发现，集团模式下的多元化经营是集团企业非常明显的优势。一是独立经营的优势。有效的组织形式能够使得企业集团成员企业感知和捕捉市场机会。采用事业部制的组织结构，把所有的业务单元置于同一个法人管理体系中，而企业集团的独立法人制，赋予了成员企业"个体优先权"（Chung，2001）。企业集团的每个成员企业有自己的高管团队、治理体系和财务体系。事业部制则需要保留庞大的集团总部，业务经营受到集团董事会的约束。具有"自治"特征的成员企业能够避免"M"形组织结构导致的激励失灵和资源配置无效问题（见图7-1）。二是业务协同的优势。除了提供更完善的内部市场，企业集团还可以通过成员企业经营单一业务，在集团层面实现多元化的经营方式（简称"集团模式多元化经营"）来规避成员企业各自进行多元化经营所负担的成本。"集团模式多元化经营"不仅可以降低经营的风险，同时还规避了成员企业层面的多元化经营带来的过度投资、管理能力分散等问题，从而提高了集团成员的价值。

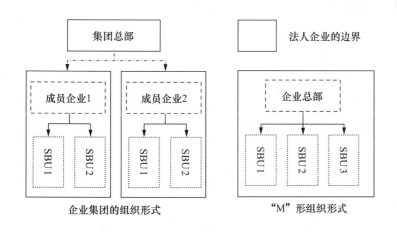

图7-1 企业集团与"M"形组织的对比

从新创企业的角度看，多元化企业集团可能有效地弥补创业过程中的某些制度缺失：企业集团衍生的新创企业不仅可以依靠集团的资本注入，同样可以将集团的品牌和声誉作为一种"担保"（Maurer、Sharma，2001）。此外，集团内还存在着内部人才市场，能够共享人力资源。从这个意义上来讲，一些企业集团更接近于私募股权公司而不是松散型的联合企业。企业集团类似于风险投资基金，一个主要职能就是识别机会并使潜在的投资者与之对接。例如，印度的塔塔（Tata）工业集团与这一观点非常贴近，也是一个准风险投资者，但它的投资期限比典型的美国私募股权基金更长（Khanna、Palepu，2005）。另一个印度集团比拉（Birla）为新企业提供创业帮助和融资，随后利用员工的创业和创新精神进行裂变式创业。

3. 垂直整合：全产业链一体化

多元化经营可以在集团层面和企业层面实施。集团化经营需要权衡集团规模（多元化程度）与成员企业层面的多元化经营之间的关系。在集团层面，集团要建立或者吸纳新的企业，追求与现有业务的协同。在企业层面，成员企业需要进入新的业务领域；问题在于，既然集团层面的多元化能够带来协同效益，那么成员企业究竟为什么还要追求多元化经营？主要的原因是集团业务的优势使成员企业有追求多元化经营的动机。例如，成员企业可以从集团获得资金和资源支持，并充分使用这些资源，致力于企业层面多元化战略的实施。所以，集团和成员企业的经营目标可能存在冲突和不一致。

在激烈的竞争环境中，企业集团通常以调整经营战略、更新组织结构、重置内部资本等方式改善未来价值。近年来，通过专业化战略进行资金调配和资本重置的大型企业日渐增加。其中一个重要转变就是，沿着产业链实现垂直一体化，通过聚焦战略和专业化模式来解决跨行业经营所导致的折价问题。区别于不相关多元化，垂直一体化经营能够通过集团内部资本配置形成高度集成的内部分工与协作市场，进而更容易获得协同效应。由于专业化经营下不同投资项目的收益率大致相当，所以集团总部更易于做出价值判断和项目筛选，而且内部资本的重置也不至于像多元化企业那样低效率，垂直一体化经营比多元化更有利于减轻内部信息不对称和代理问题。

沿着产业链一体化发展的企业集团能够发挥资源的溢出效应从而使成员企业受益，也可通过成本的内部化使得组织结构更加有效率，从而为成员企业创造价值。Chakrabarti 等（2007）认为，因为集团的声望优势和优先权，成员企业能够以一个相对较低的成本，或者更加容易地从外部资本市场获得资源支持。例如，日本的经连会就能够通过成员企业之间的协作，因为获得互补性资源、分销渠道、规模经济、共享风险等形式，导致集团层面的竞争优势。Chang 和 Hong（2002）通过观察韩国企业集团发现，采用成员企业内部交易的形式，如债务担保、股权交换等，可以建立集团优势。这些潜在的优势使集团企业进一步扩张，不断扩展业务领域。Buysschaert 等（2008）发现，集团成员企业的绩效主要取决于集团层面多元化的程度。根据资源基础观，集团层面的多元化能够形成集团内部企业资源共享。因此，大型企业集团的多元化经营能够产生良好的经营绩效。

企业集团还介入金融服务业。从发展趋势来看，进入金融服务业不同于日本的"主银行"模式和控股银行模式，也不意味着必然的内部资本市场的形成。企业集团介入银行、保险等金融体系可以被看作和纵向一体化相似的、降低交易成本的一种行为。对于本身就以金融业务为主的企业集团来说，进入多个金融业务领域，也可视为实施垂直一体化扩张。

4. 融资支持：内部融资的权衡

企业集团存在内部融资市场。在既定制度背景下，集团化运作在短期内可以有效放大企业融资能力，缓解成员企业融资约束。然而，内部资金支持性活动究竟是低效补贴还是提升价值，则取决于融资优势、协同效应、信息与监管优势、产业资本整合率等综合因素。

Gertner 等（1994）的分析模型显示，集团总部具有银行等外部资金提供者难以具备的监管优势和信息优势，因此由企业总部进行集中融资和资产重置，有助于减轻银企摩擦，且比银行更有效率。Stein（1997）的分析模型显示，多元化企业的内部资本市场具有更多资金效应（More Money Effect）和更优资金效应（Smarter Money Effect）。集团总部既可以通过集中融资优势获得更多的外部资金来源，又可以通过"挑选优胜者"活动（Winner - Picking）将资金从低收益项目转移到高收益项目以改善资本配置效率（Stein，1997）。

Stein（1997）也对内部资本市场与银行融资进行比较，认为处于信息优势的企业总部可以通过内部资本市场在更大范围内重新配置集团的稀缺资金，从而增加公司价值。他认为，公司总部可以根据需要把一个事业单位的资产作为抵押融得资金，然后再分配给边际收益最高的部门，从而实现"优胜者选拔"。Perotti 和 Gelfer（2001）等通过实证研究证实，内部市场能够降低集团内部企业之间的交易成本，从而提高成员企业的价值。但随着企业规模的增加和多元化程度的增加，内部资本市场的价值创造性将会减弱（Stein，1997）。所以，在垂直一体化经营模式下，内部资本市场能够更加有效运行并创造更多价值。

企业集团缓解成员企业融资约束的方式，是通过有效的内部资本市场调配资金。交易成本理论认为，内部资本市场之所以会取代外部资本市场，是因为内部资本市场具有信息和激励优势，能更有效地配置内部资源。集团化有利于降低企业同外部市场信息不对称程度、减少逆向选择成本外，更为深层次的内在原因还在于集团化扩张过程中以控制现金流为主的产业布局以及基于集团化平台而实施的内部资本市场运作。

企业集团以融资便捷和资产整合为目的，采取参股或者控股成员公司等方式，以提升企业整体对外融资能力。投资控股的融资模式有两个显著特征：其一是与融资相适应，形成关系复杂、多层次的企业集团式的组织结构；其二是构造出很长并且曲折迂回的融资链条。但是，这种过于强调资本运作的集团化扩张模式，在放大融资能力的同时会导致企业财务杠杆上升、财务风险加大。

多元化企业的效率来自内部资金竞争性活动（Stein，1997）。代理问题、信息成本的存在降低了内部资本市场的资源配置效率。一方面，经理人有对剩余现金流进行过度投资的倾向（Jensen，1986）；另一方面，由于大企业存在着较多的现金流入项目和规模融资优势，公司内部有较多的自由现金流，极易诱发公司经理的过度投资行为。

大量证据显示，多元化企业内部普遍存在对劣势项目的低效补贴（Scharfstein，1998；Rajan et al.，2000）。交叉补贴往往是低效率的，多元化公司存在活跃的内部资金活动，但却是由高效率企业对低效率企业的补贴行为。交叉补贴的原因在于，CEO 的私利动机是导致低效配置的原因，部门经理的权力"寻租"以及多元化经营下总部 CEO 难以准确判断不同项目的真实投资前景和实际资金需求，也能导致内部资本市场低效率。

从多元发展的角度看，企业集团一般采用控股或者参股成员企业的形式，成员企业的多元化动机受到集团的监管和抑制。

控股成员企业的模式容易导致无效率的内部市场。集团化的经营模式给成员企业带来上述收益的同时也引发了额外的代理成本，主要表现为集团控股股东与上市公司其他中小投资者之间的利益冲突。Claessen 等（2000）发现，集团最终控制人通过金字塔型的控股结构，以更低的投入、以成员企业的价值为代价获取私人利益（Private Benefit）。在市场机制不健全、监管不完善的国家，构建集团的目的甚至从发挥内部市场或者多元化经营等方面的优势，而转变为借助成员企业之间的关联交易转移资金、操纵盈余，通过"掏空"（Tunneling）下属公司获取控制权收益（Stein，1997；Khanna、Palepu，2000a；Almeida、Wolfenzon，2004）。由于实现多元化经营可以使公司拥有更加分散的收益流入，降低贷款风险，从而提高公司的举债能力，以追求私人控制权利益为目的的集团控制人可以选择成员企业自身多元化的经营模式，以其公司价值为代价增加成员企业的融资能力，之后再将融资所得转移到集团。与这种观点一致，大量研究表明，集团控股股东以获取私人利益为目的做出的决策导致了成员企业价值下降（Stulz，1990；Bebchuk，1999）。

通过控股成员企业能够有效放大融资能力，扩大资金来源，缓解企业集团的融资约束。然而，企业集团在追求放大融资能力、加快扩张步伐的同时，其最终目的往往偏离了提升集团内各公司实业经营业绩的宗旨。控股股东与其他股东之间的代理问题导致集团控制人从上市公司转移利益的能力提高，因此减弱了集团多元化经营的动机以及这种经营模式对公司价值的正面影响。相对而言，虽然企业集团对于参股企业的控制权较小，根据自身所拥有的股权比例在参股企业董事会中发挥影响，在保证战略导向一致性的同时，还能对参股企业的财务决策、财务信息等活动进行监控。所以，在构建紧密型企业集团的同时，采取部分参股成员企业的模式，能够避免低效率内部市场的形成。

三、人力资源研究前沿问题

当企业面临市场缩小时，减少支出、缩小规模的紧缩战略是常见的选项，这其中的重要内容就是减员。在人力资源研究中，减员作为重要领域积累了众多的研究实践。以前，多数研究把企业减员效果、手法作为关注点，而近年出现了以员工心理为焦点的新研究。减员产生被解雇者和留任者。被解雇者抵触情绪大、极度悲愤，而留任者也兔死狐悲、心有余悸，企业劳动力队伍的技能结构和精神结构基本处于崩溃状态。企业采取减员的根本目的，是要渡过危机，继续发展。这就需要有着正常状态的劳动力队伍。如何减轻减员给员工造成的心理影响，是该领域的研究重点。

（一） 减员对员工的心理影响

在市场竞争中，一度失败却志向再起的企业往往把减员作为扭转局面的主要措施。在研究中，减员被视为降低成本、增强灵活性和适应性、提高生产率的正当策略（詹姆斯·N. 巴伦、戴维·M. 克雷普斯，2005）。然而，对于员工来说，减员是巨大的冲击与伤害（Greenhalgh et al.，1988）。裁员给员工造成的伤害包括经济、生理、社会和心理各方面（Mckee‐Ryan、Kinicki，2002）。被解雇者自不必说，留任者也将出现所谓的"幸存者综合症"，具体表现是愤怒、失望、恐惧、不信任感和对企业承诺水平的降低（Devine et al.，2003）。减员意味着心理契约破裂（Breach of the Psychological Contract），影响员工对企业雇佣关系的公平认知，会出现不利于企业的负面效应（Rousseau，1995；Robinson，1996；Hui et al.，2004；Zhao et al.，2010）。

Rust 等（2005）认为，员工对心理契约破裂的判断，取决于他在市场竞争、股东利益和员工价值方面所持有的意识程度。员工价值意识与心理契约破裂之间有正相关关系，市场竞争意识、股东利益意识与心理契约破裂之间有负相关关系。Zhao 等（2010）调查了中国人对可口可乐公司裁员 20%报道的反应。结果显示，员工价值意识与心理契约破裂之间具有强的正相关关系，而市场竞争意识与心理契约之间只有很弱的关系，股东利益意识则几乎没有关联。这意味着，中国人受国有企业和儒家思想"家"概念的影响，形成了较强的员工价值意识，对工作稳定、长期雇佣等传统雇佣契约内容感受灵敏，因此，当人们观察裁员时，会关注到其对传统雇用契约的威胁，由此产生较强的心理契约破裂的判断。中国引进市场经济和股东制度的时日尚短，人们在此方面的意识根基还不牢固，因此，无法形成对心理契约破裂判断的影响。还有研究指出，国有企业员工对减员的恐惧心理，与其前景预期、自信度和对减员的理解度密切相关（廖建桥等，2005）。如果员工对未来充满信心，认为自己可以渡过难关，能够理解减员的初衷，对减员的恐惧心理就会被减弱。因此，企业要实现减员重建的目标，必须把给员工造成的心理影响控制在尽可能小的程度。

（二）员工反应与公正认知的关系

现有研究认为，公正认知（Justice Perceptions）或公平感（Fairness），与员工减员后的反应有着密切关系。公正认知包含程序公正、分配公正和互动公正三个方面。如果员工认为减员决策有充分的合理性，是根据企业现状做出的正确决策，并且不违反法律和社会规范，对员工也没有偏倚，就会对减员表示理解，形成程序公正认知（Leventhal，1980；Paterson、Cary，2002；詹姆斯·N. 巴伦、戴维·M. 克雷普斯，2005）。如果员工认为减员造成的损失得到了足够补偿，就会产生分配公正认知（Spreitzer、Mishra，2002）。如果员工在减员过程中感到被尊重和被关怀，并且认为信息通畅，就会强化互动公正认知的形成（Stika et al.，2003；Bies，2005）。

员工对减员的评价，也就是各种公正认知的形成，会直接决定被解雇者对减员的反应，也会影响留任者的工作积极性。例如，由于裁员，留任者的部门配置、工作内容、使用资源和管理渠道等会发生变化。对于这些变化，有的员工产生正面反应，认为是发展新技能的机会，有的则表现出负面反应，感觉到压力。因此，要采取措施，促进正面评价的形成，因为它是成功实施变革的关键，并抑制负面评价，因为它会威胁组织活力（Van Emmerik、Bakker，2009）。如果员工认为裁员程序是公正的，就会对该程序导致的后果，如工作量增加，做出正面评价（Kwong、Leung，2002）。也就是说，程序公正可以带来对后果的正面评价。如果员工拥有关于裁员的完整信息，就会在自我控制方面有强烈感觉，对裁员的威胁感就会减弱（Spreitzer、Mishra，2002），因此，促进信息公正认知的措施，会使员工对裁员后果产生正面评价。援助措施传递了企业对留任者的尊重（Guo C. et al.，2012），因此，人际公正认知的促进措施，也会使员工对裁员后果做出正面评价。

留任者对于互动公正的认知，与其对管理层和企业的信任、组织承诺和离职意向有密切关系（Skarlicki et al.，2008；Kim，2009）。Guo 和Giacobbe - Miller（2012）认为，留任者的工作态度，可以用组织承诺概念考察。组织承诺包含三个部分：情感承诺（Affective Commitment），指员工对企业的依恋情绪；规范承诺（Normative Commitment），指员工对自己对企业应尽义务的感知；持续承诺（Continuance Commitment），指员工留在企业的意向。

留任者的行为，可以用工作业绩（Job Performance）和组织成员责任感（Organizational Citizenship）来考察。根据他们的研究，情感承诺与留任者行为之间有着最直接、最明显的正向关联。这意味着，如果员工有情感承诺，把包括裁员在内的组织变革看作为了创造光明的未来，他们就会认为企业考虑了自己的利益，感觉任何后果都可以接受。如果员工对组织变革有正面认识，就会有高水平的工作业绩，并会积极加班、学习新技能，践行组织成员责任。规范承诺，不对留任者业绩起直接作用，仅在情感承诺与工作业绩之间起"保温"（Tempering）作用。因为它只是对自己应尽义务的感知，业绩不会低于、也不会高于标准作业。持续承诺，则对员工业绩和超标贡献有着负面作用。如果员工仅因为没有其他选择而持续留在企业，那他就只会按最低标准行事、维持自己的工作岗位。

（三）促进公正认知形成的管理要素

现有文献主要集中于讨论如何完善减员程序，以减轻员工负面效应。大多数文献把沟通、参与、补偿和支持性服务作为重要的影响因素。这些因素从不同方面影响离职者和留任者对企业减员的公正认知或公平感。减员中的哪些管理行为会影响员工的公正认知？大多数文献都提到了沟通。沟通，是指企业通过公开信、讲话、会议、视频、公式栏等手段，向员工提供信息，使他们对减员有心理准备，形成正面理解和参与意识的行为（Appelbaum et al.，1999；Appelbaum、Donia，2001；Appelbaum et al.，2003）。沟通是否有效，与沟通内容和沟通方式有着密切关系。减员成功的案例表明，沟通应该超越"必须知道"的范围，并且不受制约地流向所有受影响的层级（Cameron，1994）；沟通必须是开放、诚挚的（De Meuse et al.，1994）；经过准备、有统一方式（Mishra et al.，1998）、以详尽预测为基础、能够创造出信任和协作的完整战略（Weakland，2001）；沟通应该贯穿于裁员之前、之中、之后（詹姆斯·N. 巴伦、戴维·M. 克雷普斯，2005）。

Appelbaum 和 Donia（2001）构建了"现实裁员预演"（Realistic Downsizing Preview，RDP）模型，为企业如何在正式减员前与员工沟通，提出了详尽的指导。该模型指出，沟通至少包含战略、全体员工、离职员工和留任员工四个方面。战略方面的任务，是向员工公开减员计划，包括理由、目的、战略意义、管理层责任、周期与频率、程序、标准、补偿等内容。要用详尽、贯通一致、明确的说明方式，告诉员工企业真实的处境、意图和想法，以及如何做出减员决策的过程，并且指出企业未来发展的方向和条件。面向全体员工的任务，是要说服员工理解新的雇佣契约。如果企业以前实施长期雇佣制度，就要说清楚今后不再承诺"雇佣安全"，促使员工减少对企业的依赖，加强自我管理职业发展的意识。同时还应该告诉员工，组织将提供自我管理职业发展的工具，帮助他们提高职业能力。这里的关键，是管理者应有诚恳心、同情心和关爱心，让员工感到有自尊和尊严，同时应进行多形式、多频率的交流。面向离职员工的任务，是尽可能早地通知他们，让他们及时准备下一步的职业发展。面向留任员工的任务，是让他们知晓离职员工被有尊严、尊重地对待并得到了组织的后续援助，从而减轻他们对未来减员的担忧，同时告诉留任员工企业会增加设备投资、改变生产方式来提高生产率，消除他们对工作负荷增加的忧虑。

一些文献也提出参与很重要。参与，是指员工参与减员计划和实施过程，具体表现为在减员决策中吸收员工的意见。如果员工参与减员计划制定，将更容易接受变化和感到责任，并且提高对减员程序的控制能力（Appelbaum et al. ，1999）。悉心听取员工意见并吸收到程序设计中，并且保证员工对决定有申诉的权利，将有助于员工对减员得出程序公正的评价（詹姆斯·N. 巴伦、戴维·M. 克雷普斯，2005）。Cascio（1993）引用美国人力资源管理协会调查结果指出，实施裁员取得成效的企业有一些共同特征，其中一条就是经营层在制订方案时参照了下层员工的意见。牛雄鹰和时勘（2002，2009）通过调查发现，中国国有企业在减员中注重决策参与，走群众路线。虽然企业存在着各种沟通问题，但因为充分发挥了基层民主和政策影响力，改变了员工认识，使裁员得以顺利进行。另外一项关于中国的研究也指出，国有企业吸收员工参与制定减员方法，带来了员工的程序公正认知（Guo、Giacobbe - Miller，2012）。

补偿是减员管理的制度基础之一（魏丽坤、陈维政，2015）。法律对补偿有明确规定。但是，除了法定补偿之外，企业在补偿金额上有很大的运筹余地。慷慨的经济补偿，显示了企业的诚意，能起到安抚离职者的作用（李炳夏，2012）。对离职者提供必要并且优厚的补偿，不仅能够使员工较容易地从岗位上退下来，而且也能让留任者感到企业的真诚关怀，从而减轻他们对未来的担忧（牛雄鹰，1999；詹姆斯·N. 巴伦、戴维·M. 克雷普斯，2005）。

支持性服务也是企业顺利裁员的关键因素。Appelbaum 等（1999）指出，对离职员工与留任员工都应该提供援助。对离职员工的援助包括提供就业介绍、调换岗位、培训，争取民营和公营部门的配合，帮助从政府领补助、个人与财务方面的咨询服务。对留任员工则要提供情绪舒缓、培训、减轻工作负荷等援助。再培训、发展定位等支持性服务，可以帮助留任者减轻心理压力，重建工作目标（詹姆斯·N. 巴伦、戴维·M. 克雷普斯，2005）。

（四）总结与展望

减员对于企业人力资源是一个解体、重塑的过程。员工在这个过程中承受着巨大的压力，会产生复杂的心理。这些心理不仅会影响企业减员目标的实现，还将影响企业重建的效果。幸存者综合症，是留任者中出现的对企业管理层的不信任、劳动生产率下降的现象。其原因在于员工心理契约受到了损害。为了使员工对减员形成程序公正、分配公正和互动公正的认知，需要企业采取适当的措施。留任者的行为，可以从组织承诺的角度进行观察。组织承诺包括情感承诺、规范承诺和持续承诺。依恋企业的情感承诺，对劳动积极性和生产率有正面影响。仅干分内工作的规范承诺，不能提高劳动生产率，但也不会降低劳动生产率。对生产率有负面影响的是持续承诺，因为这是本意不想留任但无处可去的心态。为了促进员工有利心态的形成，企业要采取包括沟通、参与、补偿和支持性服务在内的措施。

减员的研究，起始于有着市场经济体制、工会组织、劳动权利等制度因素的西方。在西方国家的减员过程中，劳动者的诉求会通过这些制度得到回应和满足，矛盾冲突会被化解。因此，在西方国家的研究中，有关解决矛盾冲突的研究很少。中国近年出现了大规模减员，有顺利实现目标的案例，也有发生冲突的案例。如何解决减员过程中的冲突，如何把解决冲突的方式制度化，以减少因为企业减员造成的社会压力，应该成为中国人力资源研究、特别是减员策略研究的重要课题。

四、企业社会责任研究前沿问题

自企业社会责任理论思想提出以来，一直是学术界与企业管理实践人员所长期关注的问题，然而事实上，自企业社会责任概念思想提出以来，学术界与实践界就伴随着持续不断的争论，在每一次的争论中，理论层面上一定程度扩展了企业社会责任的研究视阈,在实践层面上加深了对企业社会责任思想的认知。从企业社会责任过往的研究历程来看,在企业社会责任理论研究经历了由以企业要不要履行社会责任、企业为什么需要履行社会责任等问题开展争论为主要研究内容的 CSR1.0 时代,以企业社会责任回应探究企业管理回应绩效差异的 CSR2.0 时代和以 Carroll(1979)构建了一个企业社会责任绩效框架模型,将企业社会责任、企业社会责任议题管理、企业社会责任回应构建成一个企业社会责任绩效模型为标志的 CSR3.0 时代,而在 CSR4.0 时代,企业社会责任研究视角由单纯的社会回应、获取相关绩效的工具视角转向了为企业的利益相关方搭建渔场创造综合价值的价值视角,从而实现企业价值创造范式的超越。尤其是在第三次工业革命背景下,企业履行社会责任的动机逐渐由第二次工业革命背景下的工具理性视角转向企业社会责任平台价值创造与可持续性的商业生态圈构建,因而近两年来,国内外学术界在持续围绕研究企业责任的前置影响因素、企业社会责任的影响效应与企业社会责任信息披露这三大热点研究领域之外,众多学者对第三次工业革命背景下的企业社会责任理念与行为的新特征与新变革展开了探索性的研究。

(一)企业社会责任的影响因素

从近两年国内外学术界对影响企业社会责任履行的因素的探究内容来看,可谓因视角不一而因素复杂。在宏观层面上,制度因素、文化背景与行业特征等都是企业社会责任影响因素研究所探讨的重要话题,但是近两年来,不难发现国内外学术界对于企业社会责任影响因素的研究从微观视角层面对于企业社会责任影响因素的研究继续深入,主要侧重于探讨组织内部因素对于企业社会责任的具体影响。国内外学者对于企业社会责任影响因素的探索重点主要集中于组织内部的四个方面:公司治理的影响、管理者特征的影响、政治资本的影响和组织特征与市场环境的影响。

1. 文化、制度对企业社会责任的影响

国外的研究中,Linda(2017)从国家制度差异视角比较了加拿大和美国的企业社会责任的差异性,研究了两国的企业社会责任战略联盟、企业社会责任报告和企业社会责任绩效是如何对应于隐性的和明确的企业社会责任实践,研究结果发现在美国企业中,企业社会责任得分较高的公司通常会参与更多的企业社会责任战略联盟。在加拿大没有发现这种中介效应。Anna

和 Lucrezia（2017）研究了公司的企业社会责任和可持续性方法如何随着时间的推移而演化，并研究了企业社会责任演化路径不同阶段的企业社会责任决定因素之间的关系，基于对一家大型跨国公司在欧洲电信行业的案例研究的纵向分析。案例研究的分析表明，企业社会责任和可持续性的文化差异可能发生在等级层次和职能部门之间。此外，研究发现，嵌入企业社会责任和可持续性原则并不是按照连续的步骤进行的线性和连续的过程，且企业的社会责任和可持续性方法并不是一个自主选择，而是由外部因素和内部驱动因素共同作用的结果，以及它们在公司的企业社会责任历史中相对重要性的结果。

国内研究中，张正勇和戴泽伟（2017）以 2008～2014 年中国沪深 A 股上市公司发布的 3084 份企业社会责任报告为研究样本，实证检验了市场化进程对企业社会责任报告鉴证的具体作用。实证研究结果发现，市场化程度较高的地区，上市公司的社会责任表现与公司价值的相关性更高。修宗峰和周泽将（2016）以 2007～2013 年中国 A 股国有上市公司和民营上市公司为研究样本，从地区幸福感这一非正式制度的社会资本视角入手，实证检验了地区幸福感与企业公益性捐赠的关系，实证研究结果表明，地区幸福感对上市公司的公益性捐赠行为具有一定的正向影响，即地区幸福感程度越高，其所在地区的上市公司公益性捐赠的可能性越高、捐赠水平越高，但这一正向影响仅存在于民营企业中；良好的制度环境有助于促进地区幸福感对企业公益性捐赠的正向影响。傅超和吉利（2017）以 2008～2013 年沪深 A 股上市公司为研究样本，考察公司诉讼风险、制度环境与企业慈善责任的关系，认为中国地域辽阔，在市场化改革进程中，各地区制度环境差异明显，公司的慈善责任履行受到制度环境的影响，因此从市场化程度、法律环境两个层面分析了其对公司慈善责任履行的具体影响，研究发现，我国上市公司面临的诉讼风险能够显著提高慈善捐赠水平，这种影响在市场化程度高、法制环境差、司法透明度低的制度环境下更为明显。

2. 公司治理与所有权性质对企业社会责任的影响

在国外的研究中，Young（2017）认为，以往在西方语境中的研究考察了不同的公司董事会治理结构特征和企业社会责任之间的关系，但在非西方语境中这种关系需要在不同语境下的不同理论前提下重新审视，研究基于大型韩国公司的一个面板数据集，研究了董事会的独立性、社会关系和多样性对企业社会责任的影响，研究结果发现，董事会特征和企业社会责任之间的各种关系是非线性的，而之前对西方环境的研究发现，具体地说，在企业社会责任和董事会独立性之间存在曲线关系（即"指数级增长"），首席执行官的社会关系与企业社会责任之间存在倒"U"形关系，董事会的多样性与企业社会责任之间存在"U"形关系。Osé – Luis（2017）利用 2009～2013年西班牙非金融类和非保险类上市公司的相关数据，采用一个随机效应模型研究了董事会特征对公司的企业社会责任参与的影响。分析结果显示，董事会中有一个委员会，负责社会和环境事务，其规模、独立董事的法定任期限制以及董事接收外部消息来源的可能性，都对公司的企业社会责任参与有积极的影响。Priyanka（2016）从 2004～2005 年到 2013～2014 年 10 个财政年度的标准普尔 BSE CARBONEX 指数（2014 年 3 月 31 日）所包含的所有公司的财务数据研究了印度企业的所有权性质对企业的社会责任（公众与私营企业之间的关系），证实了公共部门企业的社会责任表现优于私营企业，研究结果进一步揭示了不同行业企业的企业社会责任绩效存在显著差异。

在国内研究中，毛志宏和金龙（2017）以我国沪深两市 A 股上市公司2009～2013 年的数据为样本，实证检验了公司治理对企业社会责任的具体影响，研究结果发现，良好的公司治理机制能够有效地缓解由于委托—代理问题而导致的信息不对称现象，从而实现企业社会责任会计披露水平的改善。任月君和张凯华（2016）以重污染行业中的钢铁、化工、石化、冶金以及造纸行业共 181 家上市公司为研究样本，实证研究了政府监管压力、公司治理对于企业履行环保责任的影响，回归分析结果表明，公司治理中的股权集中度、董事会规模以及监事会规模等因素与企业履行环保责任成本显著正相关，在政府的外部监管压力和企业内部公司治理因素的双轮驱动影响下，企业会进一步加大环保支出，积极履行企业环保责任。吴德军（2016）以 2010～2013 年沪深 A 股上市公司为样本，从公司治理与媒体关注两个角度实证研究了公司治理和媒体关注以及两者同时对企业社会责任水平的影响，研究结果表明，公司治理越好，企业社会责任水平越高，但这种显著的正相关关系主要体现在非国有企业中，在国有企业中并不显著。王帆和倪娟（2016）选取"中国最佳企业公民评选"以及"中国 300 强社会责任发展指数"（以下简称"指数"），以 2012～2014 年"指数"中提及的企业为初始研究样本，研究发现，由较高机构投资人持股、独立董事数量较多的企业，对于企业社会责任绩效的提升及环境信息披露程度增加有显著正向影响。张礼涛和王建玲（2016）选取 2010～2013 年在沪深交易所上市的所有 A 股公司作为初始样本，研究内部控制质量与企业社会责任之间的关系，研究发现，内部控制质量对企业社会责任的履行具有显著的促进作用，即内部控制质量高的企业，企业社会责任的履行水平也较高，且发现内部控制质量对非国有企业的企业社会责任履行的规范和促进作用强于国有企业。

3. 管理者特征对企业社会责任的影响

国外的研究中，Kerstin 和 Florian（2017）基于危机背景探讨了企业社会责任在危机时刻是否仍然在管理层的议事日程上，管理者是否仍然将企业社会责任嵌入企业战略中，研究基于 2003～2012 年德国 HDAX 公司的首席执行官给股东的信的文本分析，研究结果发现，在危机时期，首席执行官（以下简称 CEO）们对企业社会责任的谈论较少，尤其是关于社会和治理问题，这表明企业社会责任并没有完全融入企业战略，在危机时期，其他方面在管理的议程上变得更加重要。Parente（2016）将董事会成员的异质性作为研究企业社会责任的前置因素，认为企业社会责任是公司治理的延伸，是董事会的责任，并探索性地调查了 128 名巴西的董事会成员，研究了他们对企业社会责任在商业议程上的合并的看法，以及他们在决定与企业社会责任相关的问题时所考虑的问题，研究发现，选择董事会成员时，只有专业技术要求已不够，他们对待企业社会责任的心理状况和历史也需要考虑在内。Marko 和 Sebastiaan（2017）研究了高级领导对公司的企业社会责任的影响，研究认为，在制定和实施企业社会责任战略的过程中，首席执行官和高管团队之间的职能经验互补可能是企业社会责任的差异化战略的基础，当 CEO 对于产出功能方面具有主要经验的时候，高管团队中在产出功能方面有较低比例的成员，他们的社区、产品和多样性方面都有明显的影响，当以输出为导向的 CEO 与以输出为导向的高管团队互补时，研究发现，其对企业社会责任中的员工关系维度的影响更大。与此同时，研究发现，CEO 与高管团队的互补对企业社会责任的环境维度没有影响。Park 和 Hong（2017）对两名日本知名中小企业高管进行了深度访谈，研究结果表明，企业社会责任倾向较强的 CEO 更有可能影响公司的企业社会责任行为，并对企业业绩产生更大的影响。Li 和 Minor（2016）以 CEO 任期和 CEO 二重性来衡量 CEO 的权力，认为 CEO 的权力与企业社会责任的选择以及企业社会责任活动的水平呈负相关。

国内研究中，朱文莉和邓蕾（2017）以 2012～2014 年我国 A 股上市公司为样本，研究了女性高管对于企业社会责任履行的具体影响。研究结果发现，女性高管人数及比例与企业社会责任履行呈显著正相关关系；女性担任独立董事、女性高管持股比例分别与企业社会责任履行呈正相关关系，与此同时，女性高管兼任 CEO 和董事长与企业社会责任显著负相关，说明当女性高管职位配置不符合公司治理基本规范时，会抑制企业社会责任的履行。文雯和宋建波（2017）基于高阶梯队理论，以 2010～2014 年中国沪深 A 股上市公司数据，手工收集高管个人的背景信息，实证检验了高管个体的海外背景对于企业社会责任的具体影响，研究结果表明，高管团队的海外背景对企业履行社会责任产生显著影响，相较于无海外背景的高管企业，拥有海外背景的高管企业其社会责任评分表现更高，尤其是当企业拥有海外背景的高管比例更高时，企业社会责任表现更为优异。赵璐（2017）将公司 CEO 薪酬作为一个独立的变量检验其对企业社会责任的影响，基于 2009～2013 年的沪深两市 A 股上市交易的制造业公司的相关数据，研究结果发现，上市公司 CEO 薪酬和托宾 Q 值与企业社会责任信息指数呈现正相关。

（二）企业社会责任的影响效应

绩效问题一直以来是管理学界所探讨的基本问题之一。尽管企业社会责任思想自提出以来就被学界和企业界广泛探讨与关注，从企业社会责任的工具视角来看，尤其是对于企业社会责任究竟带来何种程度的效应这一问题的回答意味着其对履行社会责任的基本目的回答，然而不容忽视的现实是由于对企业社会责任效用的看法不一，尤其是在实证研究过程中的作用大小不尽一致，长期以来，尽管因探讨的变量有别、视角不一、行业偏差或工具误差而导致对企业社会责任效应的不同解释，但学术界围绕企业社会责任的绩效与作用开展着持续的研究。从效用本身来看，由于效用既有主观的心理感受，又暗含实际的行为的后果，因而对于企业社会责任绩效的研究也离不开主客观效用的两大方面，在主观方面主要表现为企业社会责任与人力资源管理、市场营销学的结合，主要探讨企业社会责任履行对员工的组织行为如离职倾向、工作满意度、工作态度，对顾客的消费忠诚度与满意度等主观心理变量的影响，对企业本身的声誉口碑与企业品牌或企业价值的影响。在客观方面主要表现为对企业的财务绩效、企业的产品或服务的竞争力以及组织内员工的个人工作绩效的影响。最近两年，学术界对于企业社会责任效应问题的研究，继续沿着企业社会责任对于财务绩效的影响与非财务绩效这两条主线展开，且越来越多的研究对企业社会责任绩效的主观领域（非财务绩效）

的探讨更为多见。

1. 财务效应

学术界对于企业社会责任与企业财务绩效关系的研究长期以来处于争议之中，究其原因，在实证研究过程中由于选取的研究对象差异、样本不同以及视角差异等因素，对于企业社会责任与企业财务绩效的关系问题的研究结论大致可分为正向影响、负向影响以及双向互动等相关关系，也有研究发现，二者呈现"U"形和倒"U"形关系的结论。

在近两年国外的研究中，Chen、Wen（2017）探讨了企业社会责任与创意产业的财务绩效之间的关系。运用动态 DEA 方法，对 53 家创意公司在 2010~2013 年的纵向效率绩效进行了评估，在绩效评估结果的基础上采用回归分析来确定公司的社会责任是否影响了财务业绩。实证结果表明，包括动态图像、出版、广播在内的内容媒体相关业务，是绩效增长的领导者，回归结果表明，企业社会责任对创意产业的财务绩效有显著的积极影响。Albi 和 Cau（2017）基于 KLD 和 Compustat 数据库的 562 家美国公司样本，其中，359 家是跨国公司，203 家仅在美国本土运营，评估了美国国内本土公司和跨国公司的企业社会责任（CSR）对企业财务绩效的影响，研究结果表明，企业社会责任能力的提高和企业社会责任的减少都与企业财务绩效呈正相关关系。研究结果还表明，与美国本土企业相比，企业社会责任更有利于跨国公司的财务绩效表现。Hannah（2017）研究调查了罪恶公司（指的是那些在有争议的行业中经营的公司，包括酒精、烟草、赌博、成人娱乐、火器、军事和核能的生产和销售）的企业社会责任问题，研究基于 KLD 数据库结合 COMPUSTAT 和证券价格研究中心从 1991~2010 年的 337 家罪恶类型的公司数据，发现当企业参与企业社会责任项目时，罪恶类型的公司增加了营销的广告支出，但这些为企业社会责任而做的努力往往会增加特殊风险。Mohamed（2017）通过使用全球样本，研究企业社会责任的表现是否会对现金持有的价值产生影响，研究结果发现，投资者为拥有企业社会责任较高评级的公司所持有的现金赋值更高，揭示了企业社会责任的绩效对现金持有的价值产生了积极的影响。Dirk（2017）基于 2005~2014 年欧洲地区公司 7924 个面板数据，研究了企业治理与企业社会责任、价值创造与企业避税之间的相关关系，发现并没有找到证据证明避税是创造价值的证据，对于社会和环境特征较低的公司而言，价值创造与有效税率之间存在着正向关系。Priyanka（2016）从 2004~2005 年到 2013~2014 年 10 个财政年度的标准普尔 BSE CARBONEX 指数（2014 年 3 月 31 日）所包含的所有公司的财务数据研究了企业社会责任对印度企业绩效的影响，面板数据回归分析结果表明，企业社会责任对印度企业价值的影响非常显著。此外，研究结果表明，企业社会责任绩效不仅会影响企业绩效，还会影响企业未来几年的绩效。企业社会责任表现的趋势也被分析，以评估公司在一段时间内是否有所改善。配对 t 检验和 Wilcoxon 签名等级测试结果表明，样本公司的企业社会责任绩效在研究期间显著提高。

国内的研究中，徐士伟和陈德棉（2017）运用组织学习等理论进行分析，以 2000～2013 年度收购方与转让方均为沪深 A 股上市公司的 90 个并购事件为研究样本，采用稳健回归方法检验资本市场对转让方企业社会责任的反应。研究发现，转让方对股东责任、对员工责任、对政府责任均与收购方股票市场预期显著正相关；对债权人责任、对供应商责任与收购方股票市场预期的关系未通过显著性检验。陈益云和林晚发（2017）利用 2010～2015 年交易所上市公司发债数据为研究样本，实证检验了企业社会责任与发债主体信用评级，研究结果发现，企业承担社会责任能够显著提高其发行主体的信用评级，而且企业社会责任与信用评级之间的关系没有受到股权性质的影响。宋岩和滕萍萍（2017）以沪深两市 A 股制造业上市公司为研究对象，基于 2010～2014 年的面板数据探讨企业社会责任对应计和真实盈余管理的不同影响，研究结果发现，制造业上市公司会同时进行应计和真实盈余管理两种方式，且企业社会责任与应计盈余管理、真实盈余管理均呈显著的负相关关系。冯丽艳和肖翔（2016）研究了我国经济环境下积极承担社会责任对企业风险的影响效应，选取 2010～2014 年作为研究期间，以我国 A 股主板上市公司为研究样本，研究发现，在我国经济环境下，积极承担社会责任有助于降低企业风险，无论是国有企业，还是非国有企业，良好的企业社会责任表现均能够对企业风险发挥降低作用。曹兴和张伟（2016）以 2013～2015 年跨国供应链上市企业为样本，分析尽责与未尽责管理下企业当期及滞后期企业社会责任对财务绩效指标托宾 Q 值和资产报酬率的影响。研究结果表明，尽责管理下当期法律、客户责任与托宾 Q 值呈负相关关系；当期供应商、员工责任与托宾 Q 值呈正相关关系；当期客户责任与资产报酬率呈负相关关系；股东责任与资产报酬率呈正相关关系；供应商、员工、股东、伦理和慈善责任对企业绩效存在滞后效应。

2. 非财务效应

近两年，国内外学术界持续围绕企业社会责任的非财务价值效应进行研究，研究的领域主要围绕企业人力资源管理、消费者行为、创新管理与企业社会责任的交叉型研究问题进行研究，探讨的主要关系集中于企业社会责任与组织公民行为、员工组织承诺与员工创新行为以及与消费者忠诚度、满意度等直接或间接关系，使企业社会责任所探讨的非财务价值效应等研究议题逐渐宽泛与多元。同时也有相关研究探讨了企业社会责任对企业声誉以及企业创新能力的直接或间接效应。

在国外的研究中，Isabell（2017）认为，企业社会责任活动通过强化利益相关者关系来提高企业价值，但是许多公司也参与了企业的社会责任缺失行为（Corporate Social Irresponsibility，CSI），这可能会导致利益相关者对企业社会责任的行为绩效做出不真诚的评价，其研究探讨了社会责任缺失行为对公司企业社会责任价值效应的作用，初步的研究结果表明，企业社会责任的积极实值效应明显减弱。Wade 和 Henry（2017）认为，客户参与度和企业社会责任都与客户忠诚度有关，研究应用效用理论来开发和测试一种基于企业社会责任主动性偏好的新理论模型，以了解企业社会责任平台上企业与客户忠诚度之间的关系，研究还发现了企业社会责任计划与顾客忠诚度之间存在显著的相关关系，并且受到顾客的年龄和性别影响。Prodromos 和 Chatzoglou（2017）认为，企业社会责任是一个对全球和地方组织越来越重要的概念，但在组织边界内外仍然缺乏对其完全作用的理解，他们基于 80 个大型私营希腊组织样本，采用新开发的结构化问卷，运用"结构方程建模"技术对企业社会责任实施的影响效应研究假设进行了检验，企业社会责任的实施似乎对"员工承诺""客户满意度"和"公司声誉"产生了积极的影响。Huang 和 Cheng（2017）探讨了顾客对服务品质及企业社会责任的认知程度如何随时间的推移而产生影响，研究数据采集了来自中国台湾餐馆客户的数据，运用潜增长曲线模型进行实证检验，研究结果表明，顾客对服务质量和企业社会责任的感知影响着消费者对公司的识别，与服务质量相比，顾客感知的企业社会责任对消费者对公司识别的推广影响更大，研究认为，当服务公司将其投资重点从高服务质量转移到提高消费者对企业社会责任的承诺时，关系投资更有效。Richa（2017）基于印度经营的公共和私营部门制造和服务公司的 187 名商业专业人士组成的微观样本，研究了员工企业社会责任在工作中对其参与程度的影响，采用层次线性回归分析方法对研究假设进行检验发现，企业社会责任与性别对员工敬业度的影响并不显著；Dev（2017）基于 1991~2006 年 13917 个美国公司的样本数据，发现在成功的创新之后，更具创新性的公司表现出高度的企业社会责任表现，意味着企业的创新水平显著影响着企业的社会责任，具有潜在增长机会的公司，从注册专利的数量和被引用的数量上可以明显看出，通过战略性地投资于企业社会责任活动，可以从中获益。Kim（2017）通过对美国消费者的全国性调查，论证了企业社会责任沟通因素对消费者企业社会责任知识、信任和企业声誉的影响的积极作用，研究结果表明，企业社会责任信息化的积极影响是持久的，并且独立于消费者的身份认同水平，而企业社会责任沟通中的个人相关性、透明度和真实语气的积极影响随着识别层次的增加而加剧。Cha 和Yi（2017）对品牌咖啡店的 237 名实际顾客进行了测试，对品牌咖啡店的品牌识别，对企业社会责任—品牌 fit（Csr - Brand Fit）对品牌忠诚度的影响进行了研究，结果表明，社会责任与品牌的匹配契合度加强了个人和社会品牌的识别，从而提高了消费者的服务品牌忠诚度。研究结果还表明，与社会认同相比，个人认同感对服务品牌忠诚度的影响更大。当客户参与公司的企业社会责任活动时，个人与社会认同的影响就会更大。Yon（2016）在对40 家公司的 1249 名员工进行了抽样调查的基础上探讨了企业社会责任对员工态度（情感承诺和工作满意度）的影响，采用层次线性模型分析了关系社会资本在企业社会责任与员工态度之间的中介作用，以及沟通在这一关系中的调节作用。结果表明，社会责任对情感承诺和工作满意度具有积极的影响，这是由关系社会资本完全调节的，研究结果表明，通过"做好事"的关系社会资本，公司可能会"做得很好"。

国内的研究中，齐丽云和李腾飞（2017）以 ISO 26000 和 GRI 指南为基础将企业社会责任划分为八个维度，对中国 203 家企业进行调研并获得相应的数据，采用结构方程模型的方法，探讨多元化和专业化战略下企业社会责任对企业声誉的影响，研究结果表明，除经济责任对情感声誉、环境责任对认知声誉影响不显著外，其他责任维度（劳动实践、公平运营、消费者责任、责任治理、环境责任和社区发展）对企业声誉都具有显著影响。王站杰和买生（2017）通过对 50 家企业的 448 份有效调查问卷进行层级回归分析，研究结果表明，组织公平氛围显著负向影响员工离职意愿，组织凝聚力在组织公平氛围与员工离职意愿间呈完全中介效应，企业社会责任调节了组织公平氛围和组织凝聚力与员工离职意愿的关系。李文茜和刘益（2017）

以 419 家高新技术行业上市公司 2012～2014 年的数据，实证分析研究了高新技术企业的研发投入、技术创新产出、企业社会责任与企业竞争力之间的关系，研究发现，高新技术企业可以通过积极履行社会责任来提升其技术创新产出转化为企业竞争力的效率，且高新技术企业的广告投入强度能够有效地增强企业社会责任对于技术创新产出向企业竞争力转化效率的促进作用。马晨和周祖城（2017）发展了一个员工自尊通过影响企业社会责任归因，并基于 465 份有效数据的纵向研究设计的实证检验结果表明，相对低自尊员工而言，感知的企业社会责任对高自尊员工的工作满意度、情感承诺的正向影响效应更强。罗津和贾兴平（2017）基于工具性利益相关者理论和社会资本理论对 212 家制造企业的问卷调查，发现企业社会责任行为有助于企业与其利益相关者建立密切而长期的关系，进而获得技术创新所需要的信息和资源，企业社会责任行为与技术创新的正向关系受到竞争强度的负向调节影响，市场不确定性则会促进企业社会责任行为与技术创新的关系。

（三）企业社会责任披露

企业通过报告的披露与利益相关者进行沟通并影响着企业与利益相关者的关系，企业通过披露相关社会责任信息（如定期发布企业社会责任报告）能够使企业的利益相关者获取企业社会责任履行信息，若企业社会责任未能及时披露，则有可能削弱投资者、消费者等利益相关者对企业的信心，甚至影响企业的声誉与产生经济损失，因此，企业社会责任信息披露尤为重要。因此，企业社会责任信息披露成为近两年来企业社会责任领域的研究热点，并主要集中在企业社会责任信息披露的前因后果方面。

1. 企业社会责任信息披露的前置因素

企业社会责任的披露水平与披露的内容质量受到组织内外部环境的影响。从内部环境因素来看，企业社会责任披露水平受到公司特征（企业性质、企业规模）、内部治理结构（股东结构、独立董事、持股比例）以及企业的财务绩效（盈利水平、财务杠杆）等方面的影响；从外部的环境因素来看，企业社会责任的披露质量受到所处的经济法律环境背景、行业属性与行业规制以及外部利益相关方的影响。从我国对于企业社会责任信息披露的研究历程来看，国内对于企业社会责任的研究起步较晚，而对于企业社会责任披露的实践则较为滞后，因为对于企业社会责任披露的研究目前尚停留于企业社会责任信息披露的前置因素与影响后果等方面。

国外研究来看，Mahdi（2017）基于 2009~2014 年在德黑兰证券交易所（TSE）的 125 家上市公司探讨上市公司董事会结构及公司所有权对上市公司的社会责任披露的影响，实证研究表明，管理者、投资者和其他利益相关者，如果企业主是由不同的群体构成的，即机构所有权、管理和家族所有权，它不会影响年度报告中的社会责任披露。Dias（2016）调查了全球金融危机（GFC）在 2005 年、2008 年和 2011 年的年度报告和/或企业社会责任报告中对企业社会责任披露的影响程度，研究发现，在危机期间，企业社会责任披露的数量略有下降。然而，这并没有那么明显，因为它在加强与社会的交流，尤其是在腐败预防和社区参与方面的公司与社会之间的交流，受到了更大的影响，在金融危机时期，公司对利益相关者管理（尤其是社区关系）非常关注。Ehtazaz 和 Amjad（2016）运用内容分析法基于来自 2010~2014 年八个不同部门的 50 家公司的企业社会责任信息披露的年度和可持续性报告研究了公司治理要素与企业社会责任信息披露之间的关系，并对企业社会责任信息披露的差异进行了研究，并对其进行了检验。回归分析结果显示，在 2013 年企业社会责任自愿准则引入后，企业社会责任信息披露的程度有所增加。单向的方差分析表明，不同部门的企业社会责任信息披露程度不同，多元回归结果证明，独立董事、女性董事和董事会规模对企业社会责任披露的程度有积极影响。Ibrahim（2016）探讨了董事会多元化特征的影响，即独立、性别、年龄、国籍等因素对企业社会责任披露程度的影响，面板数据分析结果显示，在研究期间，董事会多元性越强，企业社会责任的披露程度有所提高，研究结果还揭示了企业社会责任信息披露与董事会多元化变量之间存在积极而显著的关联效应。

从近两年国内研究来看，国内研究集中于从产权制度、管理者特征与外部监督规制等视角探讨对企业社会责任披露的影响。余玮和郑颖（2017）以 2008~2013 年中国 A 股上市公司作为研究样本，通过分析金字塔控股结构中最终控制人性质，将上市公司细分为中央国企、地方国企和民营企业，研究控股股东和外资股东对上市公司社会责任报告披露的影响，发现民营企业社会责任报告的质量更高，而地方国企社会责任报告的质量最差。仅在中央国企和民营企业中，外资股东对于企业社会责任的披露有显著的正向影响。王士红（2016）以中国沪深 A 股上市公司 2009~2014 年强制披露企业社会责任的企业为研究对象，依据高层梯队理论实证分析了高管团队的不同特征对企业社会责任披露的影响，研究结果表明，高管团队中女性比例对企业社会责任披露有显著的正向影响，而高管团队平均任职年限对企业社会责任披露有显著负向影响，高管团队的年龄、教育水平对企业社会责任影响不显著。张晓盈、杨榛（2017）以2009～2014年我国重污染行业上市企业为研究样本，实证检验了媒体监督对企业社会责任信息披露的影响及作用机制，研究结果表明，我国重污染行业上市企业社会责任信息披露的差异较大，整体水平偏低，媒体监督能显著提高企业社会责任信息披露水平。王开田和蒋琰（2016）以2009～2013年发布企业社会责任报告的上市公司为研究样本，采用润灵环球指数评估社会责任信息披露水平，在控制住内生性后进行研究，外部政策制度性对于企业社会责任信息披露没有产生显著影响，企业的内在特征因素能够显著影响社会责任信息披露。

2. 企业社会责任信息披露的影响后果

就我国企业社会责任信息披露实践而言，我国企业社会责任信息披露主要是应规公布与自愿公布两种形式，披露的意愿形式不同对于企业社会责任信息披露的影响效应也不一致。目前，国内外对于企业社会责任信息披露的影响后果的研究集中于探讨对企业财务绩效的影响以及企业经营风险的影响。

国外研究中，Raida、Hamadi（2017）关注了2007～2012年11家突尼斯上市银行的年报，以及2013年12月在其网站上发布的信息，研究发现，银行的财务杠杆与企业社会责任披露之间存在正关系，此外，银行规模、外资持股和审计师类型与上市银行的企业社会责任披露无关。从国内的研究来看，宋献中和胡珺（2017）以2009～2014年沪深A股上市公司为样本，分别从社会责任信息披露的信息效应和声誉保险效应两条路径考察了对股价崩盘风险的影响。研究发现，社会责任信息披露与未来股价崩盘风险显著负相关，说明企业披露社会责任信息降低了未来股价崩盘风险。钟马和徐光华（2017）基于2010～2013年上市公司数据，对社会责任信息披露与公司投资效率的关系进行分析，发现披露社会责任的公司投资效率更高，尤其是在过度投资情境下。同时发现公司财务信息质量较差的公司中，社会责任信息披露对投资效率的提升效应更为显著。郑培培和任春艳（2017）采用实验研究方法，以国内某重点大学管理学院MBA学生为投资行为被试对象，考察社会责任信息披露的投资决策相关性影响，实验结果表明，企业社会责任信息披露水平本身并没有过多的信息含量，不会对个体投资者投资的可能性产生显著的作用，企业社会责任信息披露水平对投资可能性的作用取决于媒体报道的性质。钱明和徐光华（2016）以我国 A 股上市公司为样本，考察了民营企业与国有企业的社会责任信息披露、会计稳健性及融资约束之间的相关关系，研究发现，社会责任信息披露对于民营企业的融资约束产生显著影响，且这种影响主要体现在民营企业中，但在国有企业中并不显著。

（四）第三次工业革命与企业社会责任

由于企业社会责任的履行方式、价值创造范式与工业革命背景下的社会价值创造范式息息相关，尤其是企业社会责任的正当性以及适当性等问题深刻内嵌于每一次工业革命的价值创造范式背景之下。自进入 21 世纪以来，以互联网、物联网、大数据与人工智能为代表的新兴技术不断改变与重塑着企业的经营方式与价值创造范式，引发了企业生产生活方式的重大改变，但是这些生产方式和生活方式的变化也带来一系列新的社会问题，因而也必将给企业社会责任带来新的研究课题。

在国内的研究中，肖红军和李先军（2017）研究了三次工业革命与企业社会责任的演化脉络，认为工业革命的发展，推动了企业社会责任理念和认识不断进步，也推动了企业履责方式、履行行为的不断丰富，工业革命与企业社会责任表现出共同演进的历史逻辑，并得出了第三次工业革命背景下企业社会责任发展的新趋势，主要表现在社会责任理念、企业的履责方式、履责议题、履责管理与履责主体等方面发生了重大变化。周立军和王美萍（2017）认为，互联网高速发展的同时，互联网企业社会责任问题日益凸显，并成为社会责任研究中值得关注的领域，以 2012～2014 年 96 家互联网上市公司为样本，探讨了互联网企业财务绩效对社会责任履行水平的影响，以及在企业生命周期不同阶段的影响差异和规律。结果显示，互联网企业的财务绩效对其社会责任绩效产生正向影响；邵剑兵和刘力钢（2016）从演化经济学视角出发，利用企业基因遗传理论所搭建的分析框架，对互联网企业履行社会责任的演进过程进行深入剖析，并以阿里巴巴集团为研究对象，系统阐述了企业不同成长阶段中三种基因遗传机制的具体表现；肖红军（2017）认为，在"互联网＋"背景下，平台化履责越来越成为领先企业实践社会责任的新范式，在将企业履责方式划分为独立自履、合作自履、价值链履责推动和平台化履责四种范式基础上，分析了平台化履责对传统履责范式在社会治理方式、价值创造方式、社会责任边界和社会责任管理上的超越，并构建了综合社会问题类型、企业社会回应策略与企业影响力范围的平台化履责范式的适用情境模型，基于"平台基础—实现方式"区分出企业实施平台化履责的六类战略。阳镇和许英杰（2017）认为"互联网＋"为企业社会责任履行带来全面而深刻的影响，主要表现在对企业社会责任履责主体、履责动力、履责范式、履责议题、履责沟通、履责管理带来全面性的深刻变革，并着重分析了"互联网＋"战略背景下如何影响企业社会责任战略、社会责任履行理念、社会责任履行工具、社会责任落地议题，并为"互联网＋"背景下企业履行社会责任提出了新的融合路径。晁罡和林冬萍（2017）以典型双边市场 HY 集团商业地产业务为研究对象进行嵌套式纵向案例研究，分析平台企业在各发展阶段对双边用户的社会责任行为模式，提出了平台企业社会责任杠杆天平模型，即平台企业在不同的市场环境下，通过社会责任行为平衡双边用户的相对地位。

参 考 文 献

[1] 曹兴，张伟，李笑冬，李文．尽责管理下跨国供应链企业社会责任对财务绩效影响的实证研究 [J]．系统工程，2016，34（10）：68-75.

[2] 晁罡，林冬萍，王磊，申传泉．平台企业的社会责任行为模式——基于双边市场的案例研究 [J]．管理案例研究与评论，2017，10（1）：70-86.

[3] 冯丽艳，肖翔，程小可．社会责任对企业风险的影响效应——基于我国经济环境的分析 [J]．南开管理评论，2016，19（6）：141-154.

[4] 傅超，吉利．诉讼风险与公司慈善捐赠——基于"声誉保险"视角的解释 [J]．南开管理评论，2017，20（2）：108-121.

[5] 贺爱忠，李雪．在线品牌社区成员持续参与行为形成的动机演变机制研究 [J]．管理学报，2015（5）：733-743.

[6] 黄敏学，廖俊云，周南．社区体验能提升消费者的品牌忠诚吗——不同体验成分的作用与影响机制研究 [J]．南开管理评论，2015（3）：151-160.

[7] 蓝海林．中国企业集团概念的演化：背离与回归 [J]．管理学报，2007，4（3）．

[8] 李炳夏. サムソンの戦略人事［M］. 东京：日本経済新闻出版社，2012.

[9] 李婷婷，李艳军. 基于品牌社群的营销管理研究述评［J］. 管理现代化，2013（5）：59 - 61.

[10] 李文茜，刘益. 技术创新、企业社会责任与企业竞争力——基于上市公司数据的实证分析［J］. 科学学与科学技术管理，2017，38（1）：154 - 165.

[11] 廖建桥，王西，余楠楠. 对员工恐惧程度的影响及相关性分析［J］. 商业经济与管理，2005（9）：63 - 68.

[12] 廖建桥，王西，余楠楠. 年龄、学历及其中介变量［J］. 中国人力资源开发，1999（6）.

[13] 罗伯特·K. 殷. 案例研究：设计与方法［M］. 重庆：重庆大学出版社，2010.

[14] 罗津，贾兴平. 企业社会责任行为与技术创新关系研究——基于社会资本理论［J］. 研究与发展管理，2017，29（4）：104 - 114.

[15] 马晨，周祖城. 感知的企业社会责任对员工态度的影响：自尊的调节效应［J］. 系统管理学报，2017，26（2）：295 - 303，310.

[16] 毛志宏，金龙. 公司治理、企业社会责任与会计信息相关性［J］. 当代经济科学，2016，38（06）：112 - 121，126.

[17] 牛雄鹰，时勘. 企业裁员沟通与被裁失业人员再就业关系的概念模型［J］. 华东经济管理，2009（10）.

[18] 牛雄鹰，时勘. 中国国有企业裁员过程及其影响因素的案例研究［J］. 对外经济贸易大学学报，2002（4）.

[19] 齐丽云，李腾飞，郭亚楠. 企业社会责任对企业声誉影响的实证研究——基于战略选择的调节作用［J］. 科研管理，2017，38（7）：117 - 127.

[20] 钱明，徐光华，沈弋. 社会责任信息披露、会计稳健性与融资约束——基于产权异质性的视角［J］. 会计研究，2016（5）：9 - 17，95.

[21] 任枫. 品牌社群形成机理研究——基于品牌社群融入的视角［J］. 河北经贸大学学报，2013（6）：104 - 109.

[22] 任月君，张凯华. 公共压力、公司治理与环境成本的相关性研究［J］.

财经问题研究,2016（10）：93 – 100.

[23] 宋献中，胡珺，李四海. 社会责任信息披露与股价崩盘风险——基于信息效应与声誉保险效应的路径分析 [J]. 金融研究，2017（4）：161 – 175.

[24] 宋岩，滕萍萍，秦昌才. 企业社会责任与盈余管理：基于中国沪深股市 A 股制造业上市公司的实证研究 [J]. 中国管理科学，2017，25（5）：187 – 196.

[25] 田阳，王海忠，王静一. 虚拟品牌社群与品牌依恋之间关系的实证研究 [J]. 经济管理，2010（11）：106 – 114.

[26] 王帆，倪娟. 公司治理、社会责任绩效与环境信息披露 [J]. 山东社会科学，2016（6）：129 – 134.

[27] 王开田，蒋琰，高三元. 政策制度、企业特征及社会责任信息披露——基于降低融资成本的研究视角 [J]. 产业经济研究，2016（6）：78 – 88，99.

[28] 王士红. 所有权性质、高管背景特征与企业社会责任披露——基于中国上市公司的数据 [J]. 会计研究，2016（11）：53 – 60，96.

[29] 王晓川，陈荣秋，江毅. 网络品牌社群中的创新活动及其前因与后效研究 [J]. 管理学报，2014（4）：577 – 584.

[30] 王新新，薛海波. 消费者参与品牌社群的内在动机研究 [J]. 商业经济与管理，2008（10）：63 – 69.

[31] 王站杰，买生，李万明. 组织公平氛围对员工离职意愿的影响——企业社会责任被中介的调节效应模型 [J]. 科研管理，2017，38（8）：101 – 109.

[32] 魏丽坤，陈维政. 中国企业裁员实践的关键管理要素——分析与反思 [J]. 经济管理，2015（2）.

[33] 文雯，宋建波. 高管海外背景与企业社会责任 [J]. 管理科学，2017，30（2）：119 – 131.

[34] 吴德军. 公司治理、媒体关注与企业社会责任 [J]. 中南财经政法大学学报，2016（5）：110 – 117.

[35] 肖红军，李先军. 工业革命与企业社会责任：共同演化的视角[J]. 经济与管理研究，2017，38（3）：101 – 113.

[36] 肖红军. 平台化履责：企业社会责任实践新范式 [J]. 经济管理，

2017，39（3）：193 - 208.

[37] 肖星，王琨. 关于集团模式多元化经营的实证研究——来自"派系"上市公司的经验证据 [J]. 管理世界，2006（9）.

[38] 修宗峰，周泽将. 地区幸福感、社会资本与企业公益性捐赠 [J]. 管理科学，2016，29（2）：146 - 160.

[39] 徐士伟，陈德棉，乔明哲. 企业社会责任对市场预期的影响——基于并购中的组织学习视角 [J]. 北京理工大学学报（社会科学版），2017，19（1）：99 - 107.

[40] 薛海波，王新新. 品牌社群影响品牌忠诚度的作用机理研究——基于超然消费体验的分析视角 [J]. 工业经济，2009（10）：96 - 107.

[41] 薛海波. 品牌社群的组织界定与形成机理研究 [J]. 外国经济与管理，2011（10）：33 - 41.

[42] 薛海波. 品牌社群作用机理理论研究和模型构建 [J]. 外国经济与管理，2012（2）：51 - 57.

[43] 阳镇，许英杰. "互联网 +" 背景下企业社会责任变革趋势与融合路径 [J]. 企业经济，2017，36（8）：38 - 45.

[44] 余玮，郑颖，辛琳. 企业社会责任报告披露的影响因素研究——基于控股股东和外资股东视角 [J]. 审计与经济研究，2017，32（2）：78 - 87.

[45] 詹姆斯·N. 巴伦，戴维·M. 克雷普斯. 战略人力资源——总经理的思考框架 [M]. 北京：清华大学出版社，2005.

[46] 张礼涛，王建玲. 上市公司内部控制质量对企业社会责任履行水平的影响 [J]. 西北大学学报（哲学社会科学版），2016，46（5）：55 - 62.

[47] 张晓盈，杨榛，钟锦文. 媒体监督与企业社会责任信息披露——基于重污染行业的经验数据 [J]. 财会月刊，2017（27）：9 - 14.

[48] 张正勇，戴泽伟. 财务透明度、市场化进程与企业社会责任报告鉴证效应 [J]. 管理科学，2017，30（2）：132 - 147.

[49] 赵璐. CEO 薪酬、公司市场表现与企业社会责任——基于制造业上市公司的实证研究 [J]. 学习与探索，2017（5）：150 - 155.

[50] 郑培培，任春艳，郭兰. 社会责任信息披露、媒体报道与个体投资者的投资决策——一项实验证据 [J]. 经济管理，2017，39（4）：37 - 50.

［51］ 郑小勇，魏江. Business Group、企业集团和关联企业概念辨析及研究范畴、主题、方法比较 ［J］. 外国经济与管理，2011（10）.

［52］ 钟马，徐光华. 社会责任信息披露、财务信息质量与投资效率——基于"强制披露时代"中国上市公司的证据 ［J］. 管理评论，2017，29（2）：234 – 244.

［53］ 周立军，王美萍，杨静. 互联网企业财务绩效与社会责任绩效的关系研究——基于生命周期理论 ［J］. 投资研究，2017，36（1）：121 – 130.

［54］ 周志民，郑雅琴. 从品牌社群认同大品牌忠诚的形成路径研究——中介与调节效应检验 ［J］. 深圳大学学报，2011（6）：84 – 90.

［55］ 朱文莉，邓蕾. 女性高管真的可以促进企业社会责任履行吗？——基于中国 A 股上市公司的经验证据 ［J］. 中国经济问题，2017（4）：119 – 135.

［56］ Adjei M.，Noble S.，Noble C.. The Influence of C2C Communications in Online Brand Communities on Customer Purchase Behavior ［J］. Journal of the Academy of Marketing Science，2010（5）：634 – 653.

［57］ Algesheimer R.，Dholakia U. M.，Herrmann A.. The Social Influence of Brand Community：Evidence from European Car Clubs ［J］. Journal of Marketing，2005（3）：19 – 34.

［58］ Alikaj A.，Nguyen C. N.，Medina E.. Differentiating the Impact of CSR Strengths and Concerns on Firm Performance：An Investigation of MNEs and US Domestic Firms ［J］. Journal of Management Development，2017，36（3）：401 – 409.

［59］ Almeida H.，Wolfenzon D.. A Theory of Pyramidal Ownership and Family Business Groups ［J］. Journal of Finance，2006，61（6）：2637 – 2680.

［60］ António Dias，Rodrigues L. L.，Craig R.. Global Financial Crisis and Corporate Social Responsibility Disclosure ［J］. Social Responsibility Journal，2016，12（4）：654 – 671.

［61］ Appelbaum S. H.，Donia M.. The Realistic Downsizing Preview：A Multiple Case Study，Part1：The Methodology and Results of Data Collection ［J］. Career Development International，2001（6/3）：128 – 148.

［62］ Appelbaum S. H.，Everard A.，Hung T. S.. Strategic Downsizing：Critical SuccessFactors ［J］. Management Decision, 1999, 37 （7）: 535 – 552.

［63］ Appelbaum S. H. , Lopes R. , Audet L. , Steed A. , Jacob M. , Augustinas T. , Manolopoulos D. . Communication during Downsizing of a Telecommunications Company ［J］. Corporate Communications An International Journal, 2003 （6）: 73 – 97.

［64］ Arouri M. , Pijourlet G. . CSR Performance and the Value of Cash Holdings: International Evidence ［J］. Journal of Business Ethics, 2017, 140 （2）: 263 – 284.

［65］ Bagozzi R. P. , Dholakia U. M. . Antecedents and Purchase Consequences of Customer Participation in Small Group Brand Communities ［J］. International Journal of Research in Marketing, 2006 （1）: 45 – 61.

［66］ Bebchuk L. A. , Kraakman R. , Triantis G. G. . Stock Pyramids, Cross – ownership, and Dual Class Equity ［M］// Morck, R. （ed. ）, Concentrated Corporate Ownership. Chicago, IL: Chicago University Press.

［67］ Belk R. W. , Tumbat G. . The Cult of Macintosh ［J］. Consumption, Marke2ts and Culture, 2005 （3）: 205 – 217.

［68］ Berthon P. , Pitt L. F. , McCarthy I. , Kates S. . When Customersget Clever: Managerial Approaches to Dealing with Creative Consumers ［J］. Business Horizons, 2007 （1）: 39 – 47.

［69］ Bies R. J. . Are Procedural Justice and Interactional Justice Conceptually Distinct? ［C］. Greenberg, J. and Colquitt, J. A. （eds）, Handbook of Organizational Justice, Lawrence Erlbaum Associates, Mahwah, NJ, 2005: 85 – 112.

［70］ Bilgram V. , Bartl M. , Biel S. . Successful Consumer Co – Creation: the Case of Nivea Body Care ［J］. Marketing Review St Gallen, 2011 （28）: 34 – 42.

［71］ Boorstin D. J. . The Americans: The Democratic Experience ［M］. New York: Vintage, 1974.

［72］ Buysschaert A. , Deloof M. , Jegers M. , Rommens A. . Is Group Affiliation Profitable in Developed Countries? ［M］. Belgian Evidence. Corps Gov. Int Rev. 2008; 16: 504 – 518.

［73］ Cameron K. S.. Strategies for Successful Organizational Downsizing ［J］. Human Resource Management, 1994, 33（2）: 189 – 211.

［74］ Carney M., Gedajlovic E. R., Heugens Ppmar, Van Essen M., van Oosterhout J. H.. Business Group Affiliation, Performance, Context, and Strategy: A Meta – analysis ［J］. Academy of Management Journal, 2011, 54（3）: 437 – 460.

［75］ Cascio W. F.. Downsizing: What Do We Know? What Have We Learned? ［J］. Academy of Management Executive, 1993, 7（1）: 95 – 104.

［76］ Cha M. K., Yi Y., Bagozzi R. P.. Effects of Customer Participation in Corporate Social Responsibility（CSR）Programs on the CSR – Brand Fit and Brand Loyalty ［J］. Cornell Hospitality Quarterly, 2015, 57（3）.

［77］ Chakrabarti A., Singh K., Mahmood I.. Diversification and Performance: Evidence from East Asian Firms ［J］. Strategic Management Journal, 2007, 28（2）: 101 – 120.

［78］ Chandler A. D. Strategy and Structure: Chapters in the History of American Enterprise ［J］. Massachusetts Institute of Technology: Cambridge, USA.

［79］ Chandler A. D. The Visible Hand ［M］. Belknap Press, Cambridge, MA, 1997.

［80］ Chang S., Hong J.. How Much Does the Business Group Matter in Korea? ［J］. Strategic Management Journal, 2002（23）: 265 – 274.

［81］ Chang Y. K., Oh W. Y., Park J. H.. Exploring the Relationship between Board Characteristics and CSR: Empirical Evidence from Korea ［J］. Journal of Business Ethics, 2015, 140（2）: 1 – 18.

［82］ Chatzoglou P., Chatzoudes D., Amarantou V., et al. Examining the Antecedents and the Effects of CSR Implementation: An Explanatory Study ［J］. EuroMed Journal of Business, 2017, 12（2）: 189 – 206.

［83］ Chaudhary R.. Corporate Social Responsibility and Employee Engagement Can CSR Help in Redressing the Engagement Gap. ［J］. Social Responsibility Journal, 2017, 13（2）: 323 – 338.

［84］ Chung C. N. Markets, Culture, and Institutions: The Emergence of Large Business Groups in Taiwan, 1950s – 1970s ［J］. Journal of Management Studies, 2001, 38（5）: 719 – 745.

［85］ Claessens S. , Djankov S. , Lang, L. H. P. The Separation of Ownership and Control in East Asian Corporations ［J］. Journal of Financial Economics, 2000 （58）: 81 – 112.

［86］ Cova B. , Pace S. , Park D. J.. Global Brand Communities Across Borders: The Warhammer Case ［J］. International Marketing Review, 2007 （3）: 313 – 329.

［87］ Cova B. , Pace S.. Brand Community of Convenience Products: New Forms of Customer Empowerment: the Case "My Nutella The Community" ［J］. European Journalof Marketing, 2006 （9/10）: 1087 – 1105.

［88］ Cui V. , Ding S. , Liu M.. Revisiting the Effect of Family Involvement on Corporate Social Responsibility: A Behavioral Agency Perspective ［J］. Journal of Business Ethics, 2016: 1 – 19.

［89］ De Meuse K. P. , Vanderheiden P. A. , Bergmann T. J.. Announced Layoffs: Their Effect on Corporate Financial Performance ［J］. Human Resource Management, 1994, 33 （4）: 509 – 530.

［90］ Denrell J. , Fang C. , Winter S. G.. The Economics of Strategic Opportunity ［J］. Strategic Management Journal, 2003, 24 （10）: 977 – 990.

［91］ Devine K. , Reay T. , Stainton L. , Collins – Nakai R.. Downsizing Outcomes: Better a Victim than a Survivor ［J］. Human Resource Management, 2003, 42 （2）: 109 – 124.

［92］ Fehre K. , Weber F.. Challenging Corporate Commitment to CSR: Do CEOs Keep Talking about Corporate Social Responsibility （CSR） Issues in Times of the Global Financial Crisis? ［J］. Management Research Review, 2016, 39 （11）: 1410 – 1430.

［93］ Garg P.. CSR and Corporate Performance: Evidence from India ［J］. Decision, 2016, 43 （4）: 333 – 349.

［94］ Gertner R. H. , Scharfstein D. S. , Stein J. C.. Internal Versus External Capital Markets ［J］. Quarterly Journal of Economics, 1994 （109）: 1211 – 1230.

［95］ Ghoshal S. , Hahn M. , Moran P.. Organizing for Firm Growth: The Interaction between Resource – accumulating and Organizing Processes ［M］// Competence, Governance, and Entrepreneurship: Advances in Economic

Strategy Research, Foss N. , Mahnke V. （eds. ）. Oxford University Press：Oxford, UK, 2000：146 – 167.

[96] Greenhalgh L. , Lawrence A. T. , Sutton R. L. . Determinants of Work-force Reduction Strategies in Declining Organization ［J］. Academy of Management Review, 1988, 13 （2）：145 – 161.

[97] Guillén M. . Business Groups in Emerging Economies：A Resource Based View ［J］. Academg of Management Journal, 2000 （43）：362 – 380.

[98] Guo C. , Giacobbe – Miller J. K. . Understanding Survivors'Reaction to Downsizing in China ［J］. Journal of Managerial Psychology, 2012, 27 （1）：27 – 47.

[99] Hou C. E. , Lu W. M. , Hung S. W. . Does CSR Matter? Influence of Cor-porate Social Responsibility on Corporate Performance in the Creative Indus-try ［J］. Annals of Operations Research, 2017 （2）：1 – 25.

[100] Huang M. H. , Cheng Z. H. , Chen I. C. The Importance of CSR in Form-ing Customer – Company Identification and Long – term Loyalty ［J］. Journal of Services Marketing, 2017, 31 （1）：63 – 72.

[101] Hui C. , Lee C. , Rousseau D. M. . Psychological Contract and Organiza-tional Citizenship Behavior in China：Investigating Generalizability and Instrucmentality ［J］. Journal of Applied Psychology, 2004, 89 （2）：311 – 321.

[102] Ibrahim A. H. , Hanefah M. M. . Board Diversity and Corporate Social Responsibility in Jordan ［J］. Journal of Financial Reporting & Account-ing, 2016, 14 （2）：279 – 298.

[103] Jarvis W. , Ouschan R. , Burton H. J. , et al. . Customer Engagement in CSR：A Utility Theory Model with Moderating Variables ［J］. Journal of Service Theory and Practice, 2017, 27 （4）：833 – 853.

[104] Jensen M. Agency Costs of Free Cash Flow, Corporate Finance, and Takeovers ［J］. American Economy Review, 1986 （76）：323 – 329.

[105] Keller K. , Lehmann D. . Brands and Branding：Research Findings and Future Priorities ［J］. Marketing Science, 2012 （6）：740 – 759.

[106] Khanna T. , Palepu K. . Why Focused Strategies May Be Wrong for Emer-ging Markets ［J］. Harvard Business Review, 1997, 75 （4）：41 – 51.

[107] Khanna T. , Palepu K. . Is Group Affiliation Profitable in Emerging Markets? An Analysis of Diversified Indian Business Groups [J] . Journal of Finance, 2000, 55 (2): 867 – 891.

[108] Khanna T. , Palepu K. . Policy Shocks, Market Intermediaries, and Corporate Strategy: The Evolution of Business Groups in Chile and India [J] . Journal of Economics and Management Strategy, 1999, 8 (2): 271 – 310.

[109] Khanna T. , Palepu K. . The Future of Business Groups in Emerging Markets: Long Run Evidence from Chile [J] . Academy of Management Journal, 2000, 43 (3): 268 – 285.

[110] Khanna T. , Rivkin J. W. . Estimating the Performance Effects of Business Groups in Emerging Markets [J] . Strategic Management Journal, 2001, 22 (1): 45 – 74.

[111] Khanna T. , Yafeh Y. . Business Groups in Emerging Markets: Paragons or Parasites? [J] . Journal of Economic Literature, 2007, 45 (2): 331 – 372.

[112] Kiesewetter D. , Manthey J. . Tax Avoidance, Value Creation and CSR – A European Perspective [J]. Corporate Governance International Journal of Business in Society, 2017 (5): 803 – 821.

[113] Kietzmann J. H. , Hermkens K. , McCarthy I. P. , Silvestre B. S. . Social Media? Get Serious! Understanding the Functional Building Blocks of Social Media [J] . Business Horizons, 2011 (54): 241 – 251.

[114] Kim H. , Hoskisson R. , Wan W. . Power Dependence, Diversification Strategy, and Performance in Keiretsu Member Firms [J] . Strategic Management Journal, 2004 (25): 613 – 636.

[115] Kim H. , Kim H. , Hoskission R. E. . Does Market – Oriented Institutional Change in an Emerging Economy Make Business – Group – Affiliated Multinationals Perform Better? An Institution – Based View [J] . Journal of International Business Studies, 2010, 41 (7): 1141 – 1160.

[116] Kim H. S. . Examining the Role of Informational Justice in the Wake of Downsizing from an Organizational Relationship Management Perspective [J]. Journal of Business Ethics, 2009, 88 (2): 297 – 312.

［117］ Kim J. H. , Bae Z. T. , Kang S. H. . The Role of Online Brand Community in New Product Development: Case Studies on Digital Product Manufacturers in Korea ［J］. International Journal of Innovation Management, 2008（3）: 357 – 376.

［118］ Kim S. . The Process Model of Corporate Social Responsibility（CSR）Communication: CSR Communication and Its Relationship with Consumers' CSR knowledge, Trust and Coporate Reputation Perception ［J］. Journal of Business Ethics, 2017: 1 – 17.

［119］ Kozinets R. V. . Utopian Enterprise: Articulating the Meanings of Star-Trek's Culture of Consumption ［J］. Journal of Consumer Research, 2001（6）: 67 – 88.

［120］ Kwong J. , Leung K. . A Moderator of Interaction Effect of Procedural Justice and Outcome Favorability: Importance of the Relationship ［J］. Organizational Behavior and Human Decision Processes, 2002, 87（2）: 278 – 299.

［121］ Lee K. , Peng M. , Lee K. . From Diversification Premium to Diversification Discount During Institutional Transitions ［J］. J. World Bus. , 2008（43）: 47 – 65.

［122］ Leff N. H. . Industrial Organization and Entrepreneurship in the Developing Countries: the Economic Groups ［J］. Economic Development and Cultural Change, 1978, 26（4）: 661 – 675.

［123］ Lenz I. , Wetzel H. A. , Hammerschmidt M. . Can Doing Good Lead to Doing Poorly? Firm Value Implications of CSR in the Face of CSI ［J］. Journal of the Academy of Marketing Science, 2017, 45（4）: 1 – 21.

［124］ Leventhal G. S. . What Should be Done with Equity Theory? New Approaches to the Study of Fairness in Social Relationships ［C］//Gergen, K. J. , Greenberg, M. S. and Willis, R. H. （eds）, Social Exchange: Advances in Theory and Research, Plenum Press, New York, NY, 1980: 167 – 218.

［125］ Lins K. , Servaes H. . Is Corporate Diversification Beneficial in Emerging Markets? ［J］. Financ Manage, 2002（31）: 5 – 31.

［126］ Lone E. J. , Ali A. , Khan I. . Corporate Governance and Corporate Social

Responsibility Disclosure: Evidence from Pakistan [J]. Corporate Governance, 2016, 16 (5): 785 – 797.

[127] Mahmood I. P., Zhu H., Zajac E. J.. Where Can Capabilities Come from? Network Ties and Capability Acquisition in Business Groups [J]. Strategic Management Journal, 2011, 32 (8): 820 – 848.

[128] Martin J., Sayrak A.. Corporate Diversification and Shareholder Value: A Survey of Recent Literature [J]. J Corp Finance, 2003 (9): 37 – 57.

[129] Mascarenhas O., Kesavan R., Bernacchi M.. CustomerValue – Chain Involvement for Co – Creating Customer Delight [J]. Journal of Consumer Marketing, 2004 (4): 486 – 496.

[130] Mathwick C., Wiertz C., Ruyter K. D.. Social Capital Production in a Virtual P3 Community [J]. Journal of Consumer Research, 2008 (4): 832 – 849.

[131] Maurer N., T. Sharma. Enforcing Property Rights through Reputation: Mexico's Early Industrialization (1878 – 1913) [J]. The Journal of Economic History, 2001, 61 (4): 950 – 973.

[132] McAlexander J. H., Schouten J. W., Koening H. F.. Building Brand Community [J]. Journal of Marketing, 2002 (1): 38 – 54.

[133] Mckee – Ryan F. M., Kinicki A. J.. Coping Job Loss: A Life – Facet Perspective [J]. International Review of Industrial and Organizational Psychology, 2002 (17): 1 – 29.

[134] Meyer M., Milgrom P., Roberts J.. Organizational Prospects, Influence Costs, and Ownership Changes [J]. Journal of Economics and Management Strategy, 1992 (1): 9 – 35.

[135] Mishra D. R.. Post – Innovation CSR Performance and Firm Value [J]. Journal of Business Ethics, 2017, 140 (2): 285 – 306.

[136] Mishra K. E., Spreitzer, G. M., Mishra A. K.. Preserving Employee Morale during Downsizing [J]. Sloan Management Review, 1998, 39 (2): 83 – 95.

[137] Mousavi S., Roper S., Keeling K. A.. Interpreting Social Identity in Online Brand Communities: Considering Posters and Lurkers [J]. Psychology and Marketing, 2017 (4): 376 – 393.

[138] Muniz A. B. , O'Guinn T. C. . Brand Community [J]. Journal of Consumer Research, 2001 (4): 412 – 432.

[139] Muniz A. M. , Schau H. J. . Religiosity in the Abandoned Apple Newton Brand Community [J]. Journal of Consumer Research, 2005 (3): 737 – 747.

[140] Myerson R. B. . Optimal Coordination Mechanisms in Generalized Principle – agent Problems [J] . Journal of Mathematical Economics, 1982 (10): 67 – 81.

[141] Oh H. , Bae J. , Kim S. J. . Can Sinful Firms Benefit from Advertising Their CSR Efforts? Adverse Effect of Advertising Sinful Firms' CSR Engagements on Firm Performance [J]. Journal of Business Ethics, 2017, 143 (4): 1 – 21.

[142] Parente T. C. . Corporate Social Responsibility: Perceptions of Directors in Brazil [J] . Management Research Review, 2016, 39 (11): 1472 – 1493.

[143] Park Y. J. , Park Y. , Hong P. C. . Clarity of CSR Orientation and Firm Performance: Case of Japanese SMEs [J]. Benchmarking: An International Journal, 2017, 24 (6): 1581 – 1596.

[144] Paterson J. , Cary J. . Organizational Justice, Change Anxiety and Acceptance of Downizing: Preliminary Tests of an AET – Based Model [J]. Motivation and Emotion, 2002, 26 (1): 83 – 103.

[145] Payne A. , Storbacka K. , Frow P. , Knox S. Co – creating Brands: Diagnosing and Designing the Relationship Experience [J]. Journal of Business Research, 2009 (3): 379 – 389.

[146] Payne A. , Storbacka K. , Frow P. . Managing the Co – Creation of Value [J]. Journal of the Academy of Marketing Science, 2008 (1): 83 – 96.

[147] Piller F. T. , Vossen A. . Customer Co – Creation: Open Innovation with Customers. A Typology of Methods for Customer Co – Creation in the Innovation Process, In New Forms of Collaborative Innovation and Production on the Internet, An Interdisciplinary Perspective [M]. University Press Göttingen, Göttingen, 2010: 31 – 61.

[148] Pistoni A. , Songini L. , Perrone O. . The How and Why of A Firm's Ap-

proach to CSR and Sustainability: A Case Study of A Large European Company [J]. Journal of Management and Governance, 2016, 20 (3): 655 - 685.

[149] Prahalad C. K. , Ramaswamy V. . Co - Creation Experiences: The Next Practice in Value Creation [J]. Journal of Interactive Marketing, 2004 (3): 5 - 14.

[150] Rajan R. , Servaes H. , Zingales L. . The Cost of Diversity: The Diversification Discount and Inefficient Investment [J] . Journal of Finance, 2000, 55 (1): 35 - 80.

[151] Ramaswamy K. Li M. , Petitt B. S. . Why Do Business Groups Continue to Matter? A Study of Market Failure and Performance among Indian Manufacturers [J] . Asia Pacific Journal of Management, 2012, 29 (3): 643 - 658.

[152] Reimer M. , Doorn S. V. , Heyden M. L. M. . Unpacking Functional Experience Complementarities in Senior Leaders' Influences on CSR Strategy: A CEO - Top Management Team Approach [J]. Journal of Business Ethics, 2017 (5): 1 - 19.

[153] Robinson S. L. . Trust and Breach of the Psychological Contract [J]. Administrative Science Quarterly, 1996, 41 (4): 574 - 599.

[154] Rousseau D. M. . Psychological Contracts in Organizations: Understanding Written and Unwritten Agreements [M] . Sage, Newbury Park, CA, 1995.

[155] Rust K. G. , Mckinley W. , Moon G. , Edwards J. C. . Ideological Foundations of Perceived Contract Breach Associated with Downsizing: an Empirical Investigation [J]. Journal of Leadership and Organizational Studies, 2005, 12 (1): 37 - 52.

[156] Sautet F. , An Entrepreneurial Theory of the Firm [M] . Routledge: London, UK, 2000.

[157] Scharfstein D. , Stein J. . The Dark Side of Internal Capital Markets: Divisional Rent - Seeking and Inefficient Investments [J] . Journal of Finace, 2000 (55): 2537 - 2564.

[158] Schau H. J. , Muniz J. A. , Arnould E. J. . How Brand Community Prac-

tices Create Value ［J］. Journal of Marketing, 2009 （9）: 30 – 51.

[159] Schouten J. W. , McAlexander J. H. , Koenig H. F. . Transcendent Customer Experience and Brand Community ［J］. Journal of the Academic Marketing Science, 2007 （3）: 357 – 368.

[160] Sicilia M. , Palazon M. . Brand Communities on the Internet: A Case Study of Coca – Cola' s Spanish Virtual Community ［J］. Corporate Communications: An International Journal, 2008 （3）: 255 – 270.

[161] Siegel J. , Choudhury P. . A Reexamination of Tunneling and Business Groups: New Data and New Methods ［J］. Review of Financial Studies, 2012, 25 （6）: 1763 – 1798.

[162] Singh M. , Nejadmalayeri A. , Mathur I. . Performance Impact of Business Group Affiliation: An Analysis of the Diversification – Performance Link in a Developing Economy ［J］. Journal of Business Review, 2007 （60）: 339 – 347.

[163] Skarlicki D. P. , Barclay L. J. , Pugh S. D. . When Explanations for Layoffs are not Enough: Employer' s Integrity as a Moderator of the Relationship between Informational Justice and Retaliation ［J］. Journal of Occupational and Organizational Psychology, 2008, 81 （1）: 123 – 146.

[164] Spreitzer P. E. , Mishra A. K. . To Stay or To Go: Voluntary Survivor Turnover Followingan Organizational Downsizing ［J］. Journal of Organizational Behavior, 2002, 23 （6）: 707 – 729.

[165] Stein J. . Internal Capital Markets and the Competition for Corporate Resources ［J］. Journal of Finance, 1997 （52）: 111 – 133.

[166] Stika L. J. , Winquist J. , Hutchinson S. . Are Outcome Fairness and Outcome Favorability Distinguishable Psychological Constructs? A Meta – Analysis Review ［J］. Social Justice Research, 2003 （16）: 309 – 341.

[167] Stulz R. M. . Managerial Discretion and Optimal Financing Policies ［J］. Journal of Financial Economics, 1990 （26）: 3 – 27.

[168] Suh Y. J. . The Role of Relational Social Capital and Communication in the Relationship between CSR and Employee Attitudes: A Multilevel Analysis ［J］. Journal of Leadership & Organizational Studies, 2016, 23 （4）.

[169] ThorneLois L. S. , Mahoney K. , Gregory K. , Convery, S. . A Comparison of Canadian and U. S. CSR Strategic Alliances, CSR Reporting, and CSR Performance: Insights into Implicit – Explicit CSR [J]. Journal of Business Ethics, 2017, 143 (1): 85 – 98.

[170] Upshaw L. , Taylor E. . Building Business by Building a Master Brand [J]. Brand Management, 2001 (6): 417 – 426.

[171] Van Emmerik I. J. H. , Bakker A. B. . Explaining Employees' Evaluations of Organizational Change with the Job – demands Resources Model [J]. Career Development International, 2009, 14 (6): 594 – 613.

[172] Weakland J. H. . Human Resources Holistic Approach to Healing Downsizing Survivors [J]. Organization Development Journal, 2001, 19 (2): 95 – 169.

[173] Weitzman M. L. . Hybridizing Growth theory [J]. American Economic Review, 1996, 86 (2): 207 – 212.

[174] Young M. , Peng W. , Ahlstrom D. , Bruton G. , Jiang Y. . Corporate Governance in Emerging Economies: A Review of the Principal – Principal Perspective [J]. Jourral of Management Study. Manage Stud, 2008 (45): 196 – 220.

[175] Zhao J. , Rust K. G. , Mckinley W. , Edwards J. C. . Downsizing, Ideology and Contracts: A Chinese Perspective [J]. Chinese Management Studies, 2010, 4 (2): 119 – 140.

（王钦、刘湘丽、肖红军、赵剑波、张崔）

第八章　国资国企改革研究最新进展

自中共十八届三中全会做出了深化国有企业改革的战略部署后，我国出台了以 2015 年 9 月 13 日《中共中央—国务院关于深化国有企业改革的指导意见》为代表的用以深化改革的"1 + N"政策文件，至 2017 年中后期，已经累积到了"1 + 22"。从实践层面来看，近年来深化改革仍以完善制度体系和谨慎推进改革试点为主要特点，成熟的理论成果数量并不多。本章将从深化国资国企改革的政策思路、国有企业治理与管理问题、国有企业面临的国际规则挑战这三个方面来综述有代表意义的研究成果。

一、深化国资国企改革的政策思路

本部分综述两类研究成果：一方面，国有企业的改革与发展，到底对经济增长产生什么样的影响。这是研究者们一直热衷于讨论的议题。荣兆梓批驳了公有制与资本不相兼容论，他认为，公有资本主导的市场经济是解释中国经济持续快速增长的关键性因素。赵燕和宫芳论述了国有企业对经济增长的"双刃剑"式的作用。周业安和高岭从企业制度视角梳理了有关国有企业性质、效率等问题的争论。张铭慎和刘泉红论证了国有企业改革所带来的经济增长红利。陈诗一论述了改革通过纠正国有与非国有部门间存在的相当程度的资源误配，带来巨大的增长潜力。伍戈和郝大明从企业规模、效益和风险三个方面对比了国有企业与民营企业的运行水平，揭示了深化改革的必要性和迫切性。

另一方面，呈现了一些对现行政策与重点实践问题予以讨论的研究成果。吕丽云列举了影响国有大企业改革与发展的复杂因素。李国海的研究强调了反垄断法应对国有企业做出明确与具体的豁免规定。张文魁认为，现行国资管理体制阻碍了混合所有制的发展，对国有企业公司治理也产生了不良影响，需要加快改革。李建标和王高阳等认为，混合所有制经济的健康发展，需要一个相对长的自然过程。杜坤指出，需要研究和解决国有资本经营预算与一般公共预算、社会保险基金预算如何相互衔接的问题。戚聿东和肖旭认为，应加强国有经济预算的硬约束，提高国有垄断企业的利润上缴比例，对国有资本收益在政府与国有企业之间的分配做出更加公平与合理的安排。韩瑞霞和胡波、胡青建议，关注国有企业股权投资的监管问题。

（一）国有企业改革发展与经济增长

荣兆梓（2017）指出，资本关系是市场经济的普遍现象。我国社会主义市场经济即是以公有制为主体、由公有资本主导的市场经济，也普遍采取资本主权的企业形式。公有资本的强大积累功能与增进人民福祉结合，实现了中国经济多年来的持续快速增长。他认为，中国特色社会主义利用公有资本的创新动力和对资本主义危机的"免疫力"，证明了社会主义的历史合法性。在中国现阶段的政治经济文化环境里，公有资本主导确实发挥了其促进经济增长与社会福利的积极作用，但是，这并不等于在其他的情境下，公有资本主导一定会发挥推动社会经济发展的积极作用。客观地讲，公有资本与国有企业一样，都是一种制度工具。我们不应该简单地下论断，国有企业数量多或少就一定好或不好；也不应该简单地下论断，公有资本主导就一定好或不好。

赵燕和宫芳（2017）指出，国有企业作为一种特殊的企业，从宏观效应看，一方面，发挥着宏观经济的"稳定器"的功能；另一方面，国有企业又对经济增长有拖累效应。这一表述中有关特殊企业的思想及对国有企业性质的讨论，来自金碚（1999，2002）、黄速建和余菁（2006）；拖累效应的思想来自刘瑞明和石磊（2010）的国有企业的双重效率损失和"增长拖累"。赵燕和宫芳还从微观机制入手，讨论了国有企业如何作用于投资、劳动力、FDI等经济因素。周业安和高岭（2017）围绕国有企业的性质、效率、改革路径和治理结构四个方面梳理了有关的理论争论，他们指出，分歧主要是因为人们对国有企业作为一种制度安排的性质的理解以及对其社会性程度的看法存在差异，需要一个更理想的理论基础来解释国有企业与非国有企业共存共进的客观现实。

张铭慎和刘泉红（2017）指出，深化改革以发展混合所有制经济为核心，同时协调推进国资管理体制、国有经济布局等方面的改革，可以更好地释放国有企业改革的增长红利。他们的实证研究认为，1979～2013 年，国有企业改革对经济增长年均贡献度为 0.14 个百分点，其间，国有企业改制上市对经济增长的贡献度曾达到 0.4 个百分点。预计"十三五"时期，在延续已有制度惯性的基准情境下，国有企业改革对经济增长的贡献度将为 0.12 个百分点，完全落实改革部署则有望达到 0.3 个百分点。

陈诗一（2017）的研究出发点是国有与非国有部门间存在相当程度的资源误配，他运用理论模型数值模拟得出的结论是，国有与非国有部门间的资源误配引致产出、全要素生产率以及企业市场进入率分别下降 43%、19% 与 65%；扣除"市场摩擦效应"后，国有与非国有部门间的资源误配净效应仍分别引致产出、全要素生产率以及企业市场进入率下降 31%、12% 与 53%。他的研究还运用 1998～2007 年的工业企业数据库与 270 个地级市统计数据进行了实证分析，也支持了其理论模拟结果。基于这项研究，他认为，如果深化改革，既提高国有部门生产效率，又进一步理顺、优化两部门间的资源配置，中国经济还有在一段较长时间内保持平稳较快增长的巨大潜力。

伍戈和郝大明（2017）从企业规模、效益和风险三方面，对比了国有企业和民营企业的主要经济数据。他们指出，1998 年以来，随着市场化改革的不断推进，国有企业相对民营企业而言，在企业数量、资产规模、吸收就业等方面的重要性，都呈现持续下降态势。在绩效方面，从 2011 年开始，国有工业企业资产回报率连续多年下降。近年间的国有企业资产回报率更是处于 2001 年以来的新低水平，几乎回到了国有企业改革之前的"原点"。2008 年，受刺激政策的影响，国有企业的负债水平上升很快，近年来，国有企业资产负债率持续攀升、现处于与 1999 年相接近的水平，也几乎回到改革前的"原点"。

（二）针对现行政策与重点实践问题的讨论

吕丽云（2017）指出，新一轮改革能否提升国有大企业业绩还未可知。首先，一项重要举措是央企重组。合并之后的企业集团的规模可能使国内外竞争对手相形见绌，但也很有可能加剧其在财务和组织方面的弊病。不少央企的运营效率低于全国企业平均水平，也低于地方国企平均水平。一些领域的央企重组，可能会带来尖锐的反垄断的矛盾。其次，是企业负责人的任免管理体制。有的企业负责人长期服务和担任领导，是有行业经验的技术或管理专家，但有可能形成本位主义和阻碍改革深化的力量；企业负责人岗位轮换制度、减薪、外部选聘、联合任命，这些制度都会影响到国有企业负责人的激励与约束。最后，是国有企业内部的复杂因素。国有大企业普遍是结构复杂的半市场化组织，内部的信息沟通成本非常高，还在积极推进全球化扩张。这些因素都给国有大企业运营管理带来艰巨的挑战。

李国海（2017a，2017b）指出，各国在处理反垄断法与国有企业关系方面存在两种不同的立场，导致各国反垄断法在适用于国有企业方面存在两种不同的选择，大多数国家（地区）的反垄断法覆盖了国有企业，但也有少数立法将国有企业置于反垄断法适用范围之外。从国外经验看，大多数国家或地区的反垄断法覆盖了国有企业，未给予国有企业普遍豁免，但存在主要适用于国有企业的具体豁免。具体豁免的情形主要包括：国有企业的垄断行为不属于市场行为或经济行为；国有企业不具有独立地位；国有企业处于特殊管制行业或战略行业；国有企业承担具有主权属性的职能；国有企业承担具有公共服务属性的业务；国有企业受其他特别法规制。各国或地区一般采用功能标准而不是机体标准来考量其反垄断法是否豁免国有企业。我国《反垄断法》适用于国有企业，但也包含主要适用于国有企业的豁免规定，但立法条文较为模糊，造成了反垄断法实施的不确定性。李国海建议，由国务院反垄断委员会制定《反垄断法豁免国有企业指南》，以使相关规定具体化。

张文魁（2017）指出，当前国资监管体系对国有企业的公司治理和公司经营造成了不良影响。发展混合所有制经济是国企改革的重要突破口，但在实际改革过程中混合所有制"遇冷"，国企改革进程慢于预期，其根本原因在于现行国资监管体系与混合所有制难以兼容。他认为，建立健全国资监管体系的本意是推行政企分开，实现国企的所有权与经营权相分离，但实践结果与初衷背道而驰。他建议，推行混合所有制改革，建立真正的现代企业制度，应对国资监管体系进行根本性改革，改革的方向是"去监管、行股权、降比重"。

李建标和王高阳等（2017）运用比较制度实验方法，检验了国有资本和非国有资本在垄断产业混合所有制改革中的行为博弈情况。他们认为，国有资本与非国有资本是在不同的运作体制和行为认知的框架上发展而来的，因此，两者的混合开始会遇到较大困难，如混合所有制企业中可能会出现不同的权力认知取向。只有经过较长时期的认知和行为的协调，尤其是坚持市场在混合所有制经济发展中的主导地位，才能获得混合所有制改革的实际绩效。

杜坤（2017）指出，预算法和其他财政法律没有就国有资本经营预算与一般公共预算、社会保险基金预算如何相互衔接的问题，做出明确的规则指引。国有资本经营预算衔接面临法律规则缺位的窘境，这不但使政府财政行为无所适从，还会影响有限财政资源的配置效率。他认为，国有资本经营预算应当具备资本性和社会性功能，以此为根基科学合理地设计国有资本经营预算与其他预算在资金流动、科目设置、流转比例等方面的法律规则。

戚聿东和肖旭（2017）认为，随着国有企业的不断发展壮大，政府在信息方面的劣势日益凸显，国有企业的代理成本逐渐提高，现行的国有企业利润分配制度存在预算范围不完整、执行不规范等问题，需要推进制度创新。他们建议，进一步加强国有经济预算硬约束；提高国有垄断企业的利润上缴比例；更加注重不同国有企业、不同委托人之间的关系及其所影响的国有企业利润分配的公平性问题，以妥善协调国有资本收益在政府与国有企业之间的分配情况。

韩瑞霞和胡波（2017）考察了我国国有企业投资于股权投资的情况以及当前国资监管框架中针对国有企业参与股权投资基金的监管情况。他们指出，一方面，对国有企业参与的公司型股权投资基金存在监管过严的问题；另一方面，对国有企业参与的有限合伙型股权投资基金存在监管过松的现象。他们建议，基于股权投资基金自身运营特点，进一步完善国有企业投资于股权投资基金的监管环境。胡青（2017）指出，国有企业需要加强股权投资风险的管理，注重风险管理模式的创新应用。

二、国有企业治理与管理问题

本部分将综述与国有企业治理与管理相关的研究。一方面，是我国国有企业治理中的特殊性问题，具体涉及党组织参与企业治理、金字塔结构的治理效应等。另一方面，是国有企业高管薪酬激励、职工福利与在职消费的问题。

（一）我国国有企业在治理中的特殊性问题

有三篇文献探讨了党组织在国有企业治理中发挥的积极作用。还有两篇文献涉及金字塔股权结构对国有企业公司治理的影响，这两项研究均认为，金字塔股权结构有助于实现国有企业的分权自治。另外三篇文献分别研究了国有企业集团总部功能、国有企业经营者的需求、构建中国特色现代国有企业制度体系的有关问题。

1. 党组织在国有企业治理中发挥的作用

马连福（2017）梳理了党组织在国有企业治理中的作用变化的四个阶段。他指出，党组织有机嵌入国有企业治理结构，主要有党组织内嵌于公司治理结构和内嵌到公司治理结构两种模式，前一种模式不改变公司治理结构，主要采用"双向进入、交叉任职"或"一身两责"的领导体制，后一种模式会改变公司治理结构，即要通过修改国有企业章程，明确落实党组织在国有企业法人治理结构中的法定地位，确立"四会一层"（党委会、股东会、董事会、监事会、管理层）和党委领导、董事会战略决策、监事会独立监督、高级管理层全权经营的现代国有公司治理结构。

黄文锋、张建琦和黄亮（2017）基于团队非正式社会结构的视角，集中研究我国国有企业董事会党组织治理对董事会非正式等级的影响，进而探究董事会非正式等级与公司绩效之间的关系及其情景边界。其实证研究表明，董事会党组织治理对董事会非正式等级平等化具有显著的正向影响，但一般情况下，董事会非正式等级平等化对公司绩效的正向影响却不显著。进一步的研究发现，只有在面临高环境不确定性时，国有企业董事会非正式等级平等化才正向显著影响公司绩效。这意味着，国有企业组织内部运作机制能够为创新国有企业党组织发挥政治核心作用的途径与方式提供机会，但国有企业党组织优势在董事会的发挥单凭"双向进入、交叉任职"的形式仍不够充分，还需与组织内外部环境相匹配。

程博、宣扬和潘飞（2017）指出，国有企业党组织治理能够增加国有企业对高质量审计的需求，会产生积极的信号传递效应。其实证研究表明，党组织通过"双向进入、交叉任职"参与国有企业经营决策的制度安排，有助于推动国有上市公司选择规模较大的会计师事务所；且这一现象在公司业绩较好以及党委书记政治升迁动机较强时更加明显。

2. 金字塔股权结构对国有企业公司治理的影响

苏坤（2016）的研究指出，国有金字塔层级的延长降低了政府干预程度，有助于提高企业决策权和经营活力，提升国有企业风险承担水平；而且，与中央政府控制企业相比，地方政府尤其是市、县级政府控制企业国有金字塔层级对公司风险承担的促进作用显著更大。同时，他还考察了国有金字塔层级如何影响企业风险承担与企业价值的相关性。他认为，随着国有金字塔层级的延长，政府干预程度降低，企业价值相对较高，提高公司风险承担有利于增加企业价值，在国有金字塔层级与企业价值间的关系中，风险承担发挥着显著的中介作用。

周静和辛清泉（2017）使用2004~2013年我国国有上市公司数据，考察了国有企业金字塔层级如何影响经理激励契约，以及这种影响在不同政治关联的情况下是否存在差异。其研究发现，国有企业的金字塔层级越长，经理薪酬与会计业绩的相关性越强，经理更可能因糟糕的会计业绩而被更换；同时，在经理没有政治关联的样本中，上述现象更加明显。上述结果说明，国有企业金字塔结构是政府放权的一种制度安排，降低了国有企业面临的政治成本。其研究还发现，对于业绩良好的企业，金字塔层级过长可能导致经理拥有过度权力，从而出现操纵薪酬的现象。

3. 其他相关研究

黄玉梅和储小平（2017）运用扎根理论对广州越秀集团的总部功能进行了案例研究，他们发现，国有企业集团总部的价值创造不仅包括一般总部的价值创造维度，还包括资源整合、体制突破、惯例改变、管控适应等独特维度。年志远和许家瞻（2017）研究了国有企业经营者的六种主要需求，它们分别是业绩需求、自我价值补偿需求、职业发展需求、权力需求、职位和生活安全需求以及声誉需求。程承坪（2017）指出，建立中国特色现代国有企业制度，有助于解决当前国有企业普遍存在的法人治理结构不规范、党建工作薄弱、国有资产监管水平不高等较为突出的问题。他认为，中国特色现代国有企业制度由国有企业党的领导制度、中国特色国有资产监管制度、中国特色国有企业公司治理制度和中国特色国有企业管理制度四个部分构成。

（二）国有企业职工福利、高管薪酬与在职消费

以下的综述涉及三方面的研究成果：一是针对国有企业职工工资福利的研究。一般认为，国有企业职工福利好于全部企业的平均水平。郭磊、周岩和苏涛永的研究证实了这一点，即国有企业在参保企业年金时更积极。盛丹和陆毅的研究表明，改制会降低国有企业尤其是竞争性领域国有企业的工资水平。二是针对国有企业高管薪酬的研究。研究者关注了国有企业高管的超额薪酬与近年来实行的限薪政策的成效问题。任广乾研究了国企高管的超额薪酬的影响因素。呼建光、肖萌和姜思宇认为，有关国企高管的限薪政策是必要的，社会公众是支持限薪政策的。常风林、周慧和岳希明的研究认为，2009 年的限薪令是无效的，而 2015 年的限薪令是有效的，且地方国有企业的限薪效果更显著。张楠和卢洪友认为，尽管该政策没有降低国有企业高管货币薪酬，但有效减缓了货币薪酬的增长幅度，职工工资没有受到"限薪令"的影响。他们还认为，地方国有企业在职消费显著增加，有可能成为国企高管获得隐性薪酬的替代性选择。三是有关在职消费受"八项规定"的影响。梅洁和葛扬认为，该政策有效遏制了在职消费的增长态势。叶康涛和臧文佼认为，"八项规定"之后，国企费用显著下降，但其下降的持续性较低，费用率下降并没有与公司业绩上升同步，而且，企业可能通过会计技术处理来部分规避"八项规定"的监管。

1. 国有企业职工福利与改变因素

郭磊、周岩和苏涛永（2017）以 2013 年全部上市公司为样本，考察所有制对企业年金参保的影响。其研究表明，所有制显著影响企业年金参保。依实际控制人划分，国有企业的参保概率比非国有企业高 20% 以上；依股权结构划分，国有股比重与参保概率正相关，国有股控股的企业参保概率比其他企业高 12.3% ~ 30%；依实际控制人性质划分，中央政府控制的国有企业参保概率比地方政府控制的国有企业高 17.6% ~ 23%。盛丹和陆毅（2017）将 De Loecker 和 Warzynski（2012）对不完全竞争的测算拓展到劳动力市场，构建指标测算了企业层面劳动者的工资议价能力，在此基础上运用 1999 ~ 2007 年工业企业数据库，考察了国有企业改制对劳动者工资议价能力的影响。其实证结果表明：国有企业转制降低了劳动者的工资议价能力，并且国有企业改制的影响具有行业差异：在差异化产品、劳动密集型和高竞争程度行业，国有企业改制会较大程度地降低劳动者的工资议价能力，

而在同质性产品、资本密集型和垄断行业，其影响并不明显。

陈霞、马连福和丁振松（2017）选取 2006～2013 年沪深两市 A 股上市公司为样本，分析了不同类别国有企业高管薪酬激励对公司绩效影响的差异。其研究结果表明，在竞争类国有企业中，高管薪酬激励能够显著促进公司绩效，而公共服务类国有企业和特定功能类国有企业的高管薪酬激励效果不显著；与非国有企业相比，竞争类国有企业的高管薪酬激励对公司绩效的促进作用更大；随着政府控制力的增强，竞争类国有企业高管薪酬激励效果受到抑制。他们建议，为提升国有企业薪酬激励机制的有效性，政府应当逐步放宽对竞争类国企的控制力度。

2. 国企高管薪酬

任广乾（2017）研究了国企高管的超额薪酬问题，他选取了 50 家国企上市公司作为研究样本，对国企高管超额薪酬实现路径进行了实证研究，发现国企总经理领取了超过民企总经理的超额薪酬，并且国企高管超额薪酬的实现路径受到任职时间、政府投资力度、总经理股权、是否有政治关联、是否在其他公司任职等因素的影响。他认为，国有企业所有者虚位导致了经营者约束的软化，加上国企高管与所有者利益的不一致，才引发了国有企业在缺乏有效监督情况下的高管权力的扩大。

呼建光、肖萌和姜思宇（2017）研究了"限薪令"对金融市场国有上市公司的冲击事件，分别检验各单一事件和混合事件的市场反应。其研究发现，此次国有企业改革背景下对国有企业管理者薪酬的限制不是对企业活动的过度干预，而是有效的管制；并且，无论使用绝对薪酬水平还是超额薪酬水平，都发现国有上市公司的管理者薪酬水平越高，其市场反应越大。

常风林、周慧和岳希明（2017）以 2009 年《关于进一步规范中央企业负责人薪酬管理的指导意见》为研究对象，考察政府限制性薪酬政策对国有企业高管薪酬的影响。他们基于不同股权性质的双重差分实证结果表明，无论是企业整体层面还是总经理个人层面"限薪令 2009"在统计上都是无效的，年度差分效应也显示该政策无效，稳健性检验同样表明"限薪令 2009"未能限制中央企业负责人薪酬过快增长。最后，采用类似研究方法的分析认为"限薪令 2015"政策有效抑制了国有企业负责人薪酬的过快增长，限薪效果集中于地方国有企业，薪酬下降幅度为 3%～6%。

张楠和卢洪友（2017）针对"限薪令"的研究认为，该政策对国有企业高管起到了正向的规范效应。尽管该政策没有降低国有企业高管货币薪酬，但有效减缓了货币薪酬的增长幅度，职工工资没有受到"限薪令"的影响。从中央与地方国有企业来看，"限薪令"出台后，地方国有企业在职消费显著增加，有成为其高管获得隐性薪酬的替代性选择的可能，中央企业在职消费增加不明显。

3. "八项规定"对在职消费的影响

2012年12月4日出台了"八项规定"，近年来，屡有研究成果尝试评价在职消费政策的干预效果。梅洁和葛扬（2016）利用双重差分模型，检验了"八项规定"对国有控股上市公司管理层在职消费的干预效果。其研究结果表明，该政策尽管未能显著降低国企管理层在职消费的绝对量和对主营业务收入的侵占，但却有效遏制了这两项指标进一步增长；对于在职消费不同的分位数水平，该政策的遏制作用存在显著差异。即对于在职消费绝对量增长越快的样本，该政策发挥的遏制效果越突出。

叶康涛和臧文佼（2016）从上市国有企业消费性现金支出费用化或资本化的角度，考察了"八项规定"的实施效果。他们的研究发现，"八项规定"实施后，国有企业的消费性现金支出计入当期管理和销售费用的比例显著下降，而计入本期存货科目的比例显著上升。其进一步研究发现，"八项规定"之后，国企费用下降的持续性较低；同时，这种费用率下降并没有导致下一年度的公司业绩上升。这表明，"八项规定"实施后，国有企业有可能通过改变消费性现金支出的会计科目归类，来部分规避"八项规定"的监管。

三、国有企业面临的国际规则挑战

随着中国"一带一路"倡议的推行以及国有企业加快"走出去"，越来越多的研究成果关注到了国有企业在海外开展经营活动时面临的国际规则的各种压力与挑战。这涉及有关国有企业性质的认定，国有企业是公共机构身份还是私人投资者身份，国有企业是否补贴提供者或拥有"政府权力"等法律争议；也涉及国有企业主权豁免、增进国有企业透明度等具体规则方面的问题。综合研究者们的建议，中国应结合对以美国为代表的发达国家推动新规则的应对以及"一带一路"国家国有企业制度的现状和发展需求，积极构建与完善符合我国国有企业国情的国际规则体系。

刘雪红（2017）探讨了国有企业私人投资者身份认定的有关问题。如果某一国有企业具有私人投资者身份，则该国有企业可诉请国际投资仲裁保护。ICSID 对国有企业私人投资者身份认定问题采取宽松立场。投资保护协定，传统上会通过投资者界定条款来解决对国有企业仲裁救济保护的问题。但新兴的双边和区域投资协定通过"竞争中立"条款塑造国有企业的私人投资者身份。ICSID 仲裁实践中采用的"商业活动检测法"也逐渐由低标准朝综合评判行为性质和目的等多元要素之高标准发展——这一实践和发展趋向对中国国有企业参与国际投资活动和内部的改革具有启示意义。

蒋奋（2017）指出，国有企业定性问题，本是国有企业商业属性之争。美国在与中国的多边经贸规则博弈中，主张将国有企业视为公共机构，因为有关公共机构的条约解释不符合 WTO 的《补贴与反补贴措施协定》的规定，而未获得 WTO 上诉机构的支持。美国又试图通过推动多边经贸规则重构，将国有企业定性为补贴提供者或补贴受益人，从而区别于私人企业。美国的做法，披着国际法外衣，其实质却是制度歧视。中国需要以 WTO 为核心，运用非歧视的多边贸易规则加以反制。

陈卫东（2017）论述了中美是围绕如何界定作为补贴提供者的"公共机构"展开法律论战的。在这个过程中，中方挑战了美国对华反补贴的国有企业公共机构身份认定的做法。界定《补贴与反补贴措施协定》下的"公共机构"，有"政府控制说"和"政府权力说"两种方法。在后一种方法运用时，对"政府权力"的内涵和范围尚缺乏明确的界定。他突出了中方强调的"有意义的控制"的提法，以区别于美方强调的"控制的形式特征"的提法，并引用印度诉美国的"碳钢案"和中国诉美国"反补贴税案"来予以阐述。他指出，中美双方有关国有企业的公共机构身份与补贴提供者问题的法律论争，其核心在于两国对于如何处理政府与企业的关系的理念与立场的根本差异，因此，这一论争将在相当长的时期反复持续存在。

毛真真（2017）论述了国有企业补贴国际规则有从传统补贴规则转向非商业支持规则的发展趋向。如果非商业支持规则这一新范式成立、真正成为国有企业补贴的国际规则的标准模板，将十分不利于我国国有企业开展对外贸易。这是因为，非商业支持规则诸多规定与《补贴与反补贴措施协定》重合，并简化了认定补贴构成的步骤，放宽了不利影响及损害的相关规定，事实上扩大了《补贴与反补贴措施协定》的适用范围。对此，我国国有企业需要积极应对。

梁一新（2017）探讨了国有企业主权豁免的有关问题。目前，美国FSIA、英国SIA和UN公约对国有企业主权豁免资格的界定在主体地位及举证责任方面存在显著差别。其中，美国模式不但存在法理缺陷，且对中国可能产生不利影响。中国没有专门的主权豁免立法，仅仅通过外交声明等方式确定"国家绝对豁免＋国企不豁免"的立场。梁一新建议，应该借鉴UN公约和英国SIA，突出国有企业主权豁免"主权权力"行使这一本质属性。同时针对美国模式对我国的不利影响，可以考虑在中美BIT谈判中，明示放弃国企主权豁免的方式换取国企在美国的公平公正待遇的议价空间。

徐昕（2017）指出，美国主导的《跨太平洋伙伴关系协定》（TPP）第17章围绕国有企业本身设置横向议题并完成了谈判。新谈判的规则对中国国有企业而言具有较强的针对性，诸多现有做法受到约束和调整。具体涉及三个方面：一是非歧视待遇和商业考虑，即缔约方应确保其国有企业在从事商业活动时遵循商业考虑和提供非歧视待遇。二是非商业性援助，既限制缔约方对国有企业提供非商业援助，也限制国有企业之间的交叉援助。三是透明度，包括公开国有企业名单的义务、提供相关国有企业信息的义务、提供相关政策或项目信息的义务。徐昕认为，尽管《跨太平洋伙伴关系协定》短期内生效无望，但美国仍有可能通过其他路径推广这套规则。

傅宏宇和张秀（2017）指出，国有企业在"一带一路"国家的国民经济和社会发展中发挥着重要作用，是参与区域经济合作的重要主体。现有国企国际法律规范是基于传统国企理论构建，不能完整反映"一带一路"国家国企制度现状和发展需求。中国与印度、俄罗斯等"一带一路"沿线典型国家的国企法律制度及实践相似，国企基本经济社会职能和发展目标趋同。他们认为，构建与完善"一带一路"国家国企法律制度的重要原则，是基于沿线国家共识，坚持所有制中立、强调国企社会责任、促进包容性增长和可持续发展。

参 考 文 献

[1] 常风林，周慧，岳希明. 国有企业高管"限薪令"有效性研究 [J].

经济学动态，2017（3）.

[2] 陈诗一 . 资源误配、经济增长绩效与企业市场进入：国有与非国有部门的二元视角 [J] . 学术月刊，2017（1）.

[3] 陈卫东 . 中美围绕国有企业的补贴提供者身份之争：以 WTO 相关案例为重点 [J] . 当代法学，2017（3）.

[4] 陈霞，马连福，丁振松 . 国企分类治理、政府控制与高管薪酬激励——基于中国上市公司的实证研究 [J] . 管理评论，2017（3）.

[5] 程博，宣扬，潘飞 . 国有企业党组织治理的信号传递效应 [J] . 财经研究，2017（3）.

[6] 程承坪 . 当前国企改革的方向：建立中国特色现代国有企业制度 [J]. 学习与实践，2017（2）.

[7] 杜坤 . 国有资本经营预算衔接法律机制的构建——以功能定位再思考为主线 [J] . 武汉大学学报（哲学社会科学版），2017（1）.

[8] 傅宏宇，张秀 . "一带一路"国家国有企业法律制度的国际构建与完善 [J] . 国际论坛，2017（1）.

[9] 郭磊，周岩，苏涛永 . 所有制影响企业年金参保的实证研究 [J] . 管理评论，2017（4）.

[10] 韩瑞霞，胡波 . 国有企业投资的股权投资基金监管问题研究 [J] . 中国物价，2017（2）.

[11] 呼建光，肖萌，姜思宇 . 国有企业高管限薪：有效管制还是过度干预 [J] . 当代经济科学，2017（3）.

[12] 黄文锋，张建琦，黄亮 . 国有企业董事会党组织治理、董事会非正式等级与公司绩效 [J] . 经济管理，2017（3）.

[13] 黄玉梅，储小平 . 深化改革背景下中国国有企业总部的价值创造维度 [J] . 经济管理，2017（5）.

[14] 蒋奋 . 反补贴语境下的国有企业定性问题研究 [J] . 上海对外经贸大学学报，2017（1）.

[15] 李国海 . 反垄断法适用于国有企业的基本理据与立法模式选择 [J] . 中南大学学报（社会科学版），2017（4）.

[16] 李国海 . 论反垄断法对国有企业的豁免 [J] . 法学评论，2017（4）.

[17] 李建标，王高阳，李帅琦，殷西乐 . 混合所有制改革中国有和非国有

资本的行为博弈——实验室实验的证据 [J]. 中国工业经济，2016 (6).

[18] 梁一新. 论国有企业主权豁免资格——以美国 FSIA、英国 SIA 和 UN 公约为视角 [J]. 比较法研究，2017 (1).

[19] 刘雪红. 论国有企业私人投资者身份认定及启示——以 ICSID 仲裁申请人资格为视角 [J]. 上海对外经贸大学学报，2017 (3).

[20] 吕丽云. 披荆斩棘：央企改革攻坚 [J]. 金融市场研究，2017 (2).

[21] 马连福，王佳宁. 党组织嵌入国有企业治理结构的三重考量 [J]. 改革，2017 (3).

[22] 毛真真. 国有企业补贴国际规则对比研究——从传统补贴规则到非商业支持规则 [J]. 河北法学，2017 (5).

[23] 梅洁，葛扬. 国有企业管理层在职消费的政策干预效果研究——基于 2012 年"八项规定"出台所构建的拟自然实验 [J]. 经济学家，2016 (2).

[24] 年志远，许家瞻. 国有企业经营者需求实证研究 [J]. 经济体制改革，2017 (1).

[25] 戚聿东，肖旭. 国有企业利润分配的制度变迁：1979～2015 年 [J]. 经济与管理研究，2017 (7).

[26] 任广乾. 国有企业高管超额薪酬的实现路径及其约束机制研究 [J]. 西南大学学报（社会科学版），2017 (2).

[27] 荣兆梓. 生产力、公有资本与中国特色社会主义——兼评资本与公有制不相容论 [J]. 经济研究，2017 (4).

[28] 盛丹，陆毅. 国有企业改制降低了劳动者的工资议价能力吗？ [J]. 金融研究，2017 (1).

[29] 苏坤. 国有金字塔层级对公司风险承担的影响——基于政府控制级别差异的分析 [J]. 中国工业经济，2016 (6).

[30] 伍戈，郝大明. 数说国企之"变" [J]. 金融市场研究，2017 (2).

[31] 徐昕. 国有企业国际规则的新发展——内容评述、影响预判、对策研究 [J]. 上海对外经贸大学学报，2017 (1).

[32] 叶康涛，臧文佼. 外部监督与企业费用归类操纵 [J]. 管理世界，2016 (1).

［33］张铭慎，刘泉红．国有企业改革的增长红利——释放机理与"十三五"效应预测［J］．经济与管理研究，2017（7）．

［34］张楠，卢洪友．薪酬管制会减少国有企业高管收入吗？——来自政府"限薪令"的准自然实验［J］．经济学动态，2017（3）．

［35］张文魁．国资监管体制改革策略选择：由混合所有制的介入观察［J］．改革，2017（1）．

［36］赵燕，官芳．国有企业对宏观经济影响的研究述评［J］．西安财经学院学报，2017（3）．

［37］周静，辛清泉．金字塔层级降低了国有企业的政治成本吗？——基于经理激励视角的研究［J］．财经研究，2017（1）．

［38］周业安，高岭．国有企业的制度再造——观点反思和逻辑重构［J］．中国人民大学学报，2017（4）．

（余菁）

第九章　集成企业与组件企业间的
知识分工：文献综述

一、为什么要关注企业间知识分工问题

伯格伦（Berggren，2013）提出产品设计模块化和集成技术复杂化使产业组织结构和企业间分工形式变得更具动态性和多样性。菲克松和帕克（Fixson、Park，2008）认为，在高度模块化、复杂化的产业架构中，集成企业与组件（模块或零部件）企业之间的分工不仅限于产品的生产制造环节，而是从生产制造领域延伸到了产品设计开发领域。更重要的，集成企业与组件企业之间的知识分工结构并非生产分工结构的简单"映射"——虽然集成企业自己并不生产组件，而是从组件供应商那里采购这些组件，但是集成企业自身也会对外购的部分组件开展研究开发活动，集成企业通过研发努力掌握部分组件的概念设计、产品设计甚至是细节设计的知识。集成企业通过掌握超出自身生产范围之外的知识，来增强其架构创新和集成能力。也就是说，虽然从生产和交易的角度看，集成商和组件供应商之间的分工边界是清晰的，但在知识分工的层面，集成企业和组件企业的知识基础既有区别又存在交叉重叠。

交易费用经济学或产权经济学等主流企业理论对于理解企业间分工问题提供了重要的洞见，但是迄今为止，主流的企业边界或者企业间分工问题研究主要围绕"产品交易"的企业间分工问题展开。也就是说，在主流企业

理论的世界里，知识分工与交易分工是一回事，企业间的知识分工完全由交易分工决定，因而知识分工与生产制造分工存在简单的"映射"关系。显然，基于主流企业理论的企业间分工问题研究无法回答类似于"为什么集成企业虽然不生产组件但也要开展部分组件产品的设计研发"以及"为什么组件企业虽然不从事终端集成但也要掌握一部分架构知识"的知识分工问题。与主流企业理论不同，植根于管理学范畴的、基于资源和能力的企业边界问题研究将企业间知识分工视为决定企业竞争能力的重要因素，并从产品架构特征、技术成熟度、知识基础的类型、创新的突破性程度等视角出发对企业间知识分工的影响因素进行了系统的研究，从而大大深化了学术界对于企业间关系问题的理解。

基于这样的认识，本章试图对近年来有关集成企业与组件企业之间知识分工的前沿研究成果进行系统的梳理和评介，以期引起国内研究人员对于企业间知识分工问题的关注。本章写作的目的，除了希望能够唤起国内学术界在中国情境下推进相关理论的发展外，也希望在准确引介相关理论的基础上促进国内学术界和应用问题研究者能够恰当地运用这些理论解释和回答中国经济改革实践所面临的重大现实问题。例如，近年来国内一些学者和应用问题研究人员常常针对我国制造业"关键设备或核心零部件受制于人"的问题，提出要加快推进这些设备或零部件的国产化。如果按照这样的逻辑推演下去，是不是实现中国制造强国梦想的战略路径就是让本土企业通过生产边界的无限扩大不断实现进口替代？就是让我国的产业结构变得包罗万象？对全球制造业领先企业和制造强国的细致分析和简单观察显然都不能支持这样的政策逻辑——GE、三星、苹果等领先企业大量外包关键设备和核心零部件的生产，甚至是设计开发。厘清认识偏差的关键，在于从知识分工而不是生产分工的角度理解相关现象。解决"受制于人"的问题，或者更准确地说，提高我国制造业企业讨价还价能力（降低成本）和集成创新能力（促进创新）的关键，在于掌握关键设备或核心零部件的知识，而不是构筑大而全的业务结构或产业结构。

二、知识分工问题的理论内涵

知识分工问题的思想源头可以追溯到早期的奥地利经济学派。哈耶克（2003）在题为"经济学与知识"的著名演讲中提出，知识分工是经济学研究的核心问题。但是，哈耶克所指的知识分工主要是"专业化"意义上的知识分工，即通过自发扩展的合作秩序形成边界清晰的知识交易关系。奥地利学派传统下的研究基本延续了这样的知识分工问题理解。例如，贝克尔（Becker，1992）就认为，知识分工体现的是企业间知识结构的专业化，其结果是企业之间的相互依赖。按照贝克尔的理论，企业间的知识分工有两种类型，一种是非核心的边缘知识的分工，另一种是核心知识的分工。但不管哪一种分工，该传统下的研究都在强调由于企业之间的知识储备"不同"，因而企业之间需要通过知识的交流、合作促进新知识的形成。与奥地利学派对知识分工问题的理解不同，本章所指的知识分工并不预设企业之间应当"专业化"于某个知识领域；相反，我们认为，出于利益最大化的考虑，具有交易关系的两个企业完全有可能存在重叠交叉的知识领域。企业间的知识分工是否存在交集，完全是企业内生选择的结果。

冯·希普尔（VonHippel，1990）第一次明确提出，知识分工问题不同于劳动分工问题，企业间知识分工的动机除了降低成本，还有企业战略等其他因素的考虑；在产品外包的过程中，知识分工比劳动分工更重要。"知识分工和劳动分工是不同的"这一观点在20世纪90年代得到了国内外学者的普遍认同。福斯和格兰特等（Foss，1996；Grant，1996；Fixson，2005；Hoetker，2005；Zirpoli，2009）学者认为，在完整的产品开发过程中，知识分工和劳动分工存在于不同的阶段，劳动分工更多地涉及产品制造环节，知识分工更多地涉及产品设计开发环节。

与知识分工直接相关的两个概念是知识边界和知识依赖。考加特（Kogut，1992）提出企业知识边界的概念，认为企业知识的增长不仅要依靠组织内部知识的积累，而且要利用企业边界之外的知识，只有这样才能进行有效的知识整合。法恩和惠特尼（Fine、Whitney，1996）提出，集成企业可以在具体的生产、制造任务方面依赖组件企业，但在产品关键知识方面不能依靠组件企业；设备依赖并不会损害企业的核心竞争力，但知识依赖则会抑制企业的能力积累和构建。法恩（Fine，1998）进一步把设备依赖的概念扩展为能力依赖，他指出，一家企业对另一家企业的能力依赖（Dependence for Capacity）和知识依赖（Dependence for Knowledge）是不同的。能力依赖是指企业有能力完成组件的生产任务，但是由于成本、效率等原因而把相关组件的生产活动外包给其他企业；知识依赖是指企业在产品技术和知识方面依赖外部企业，企业不具备生产所需的技术和知识。对企业来说，能力依赖的风险是可以规避的，例如，企业可以通过自由竞争等方式来降低对某一特定组件供应商的依赖；而知识依赖一旦形成，企业就会面临失去讨价还价能力甚至核心竞争力的风险。因此，知识依赖带来的战略风险远大于能力依赖。

有关企业间知识分工或知识边界的解释大致上可以分为三类：一是成本节约说。例如，布鲁索尼和帕轮斯帕（Brusoni、Prencipe，2001；2009；2011）认为，模块化背景下企业知识分工的动机是为了节约成本、提高效率。二是讨价还价能力说。例如，武石彰（Takeishi，2002；Nagaoka、Takeishi，2008）认为，集成企业之所以需要保留已经外包出去的组件知识，是为了避免被组件企业技术锁定，失去在产业链中讨价还价的能力。三是价值创造能力说。例如，格兰特等（Grant，1996；Kapoor、Adner，2012）学者认为，企业间知识分工的出发点是为了获得持续的竞争优势，表现为对现有技术和知识的运用能力，以及通过整合现有技术和知识来创造新知识的能力。

金姆等（Kim、Lee、Cho，2016）研究表明，不断深化的知识分工一方面导致企业技术研发的高度专业化，另一方面也对企业间的技术协调和集成提出了更高的要求。即企业的知识边界会影响企业的技术集成能力，企业的技术集成能力也会反过来影响企业的知识边界，原因是作为知识边界和战略绩效调节变量的技术集成能力能够强化企业集成多元技术的正面效应，而弱化企业过度技术多元化的负面效应。亚当斯和布鲁索尼（Adams、Brusoni，2013）从产业层面看，这些集成企业通常在部门创新体系中承担着知识和信息治理者的核心功能。迪比亚乔（Dibiaggio，2009）研究表明，集成企业在架构方面的创新比组件企业更有优势，集成企业对产品创新的贡献更大。格兰特（Grant，1996）从企业层面看，集成企业掌握的产品架构知识是企业最为重要的能力，也是组织持续竞争优势的来源；组件企业提供的组件是为了满足集成企业的需求，组件企业的知识需要与集成企业的知识互补才能够实现价值。正是由于这些原因，虽然理论上讲企业间知识分工问题存在于任何两个企业之间，但目前有关企业间知识分工的研究主要是从集成企业的立场展开。

三、集成企业与组件企业间知识分工的影响因素

集成企业和组件企业的知识分工边界由什么因素决定呢？目前，该领域的成果主要从产品架构的模块化程度、技术生命周期、知识基础的性质和技术创新的突破性程度四个角度开展研究。

（一）产品架构的模块化程度

克拉克和藤本隆宏（Clark、Fujimoto，1991）的研究发现，随着产品架构模块化程度的提高，产品设计和生产外包的程度越来越高，供应链协调能力成为整车集成企业的重要能力。为了加强组件、特别是专用性零部件的设计能力，整车集成企业不仅要掌握架构知识，而且要掌握相关的组件知识。乌尔里希（Ulrich，1995）认为，产品架构是产品物理模块和功能模块相互联系在一起的机制，并且认为架构知识是有关系统功能以及系统中不同模块作用于系统功能的知识。桑切斯和马奥尼（Sanchez、Mahoney，1996）认为，产品架构可以分为模块化架构和一体化架构两种类型，模块化架构产品对集成企业的架构知识水平要求更高。在模块化产品的生产中，技术接口相关的技术和知识已经变得相当成熟和标准化，蕴藏于各个模块产品零部件中的知识也很容易实现有效的转移与交流。此时，集成企业、组件企业之间的知识划分和任务划分呈现出较强的同步性，组件企业专注于组件知识，集成企业专注于架构知识，双方的知识可以被明确地划分。

产品的模块化程度既可以理解为外生给定，也可以理解为企业内生选择的结果。因此，即便在同一行业中，不同企业开发的产品的模块化程度也会存在差异，因而知识分工的特征也会表现不同。例如，菲克松（Fixson，2008）的研究表明，同样是轿车，美国的汽车产品模块化程度更高，而日本的汽车产品一体化程度更高。武石彰（Takeishi，2002）通过比较研究发现，日本整车企业的做法是减少组件企业的数量，要求组件企业更多地参与到产品开发中来，某些整车企业甚至可能将一些重要零部件完全委托给组件

企业代为设计、开发，整车制造商主要通过协调和整合各个零部件之间的知识和生产来保持自己在供应链中的主导地位，掌握系统层面的架构知识是日本整车企业竞争力的主要来源；美国整车制造商则更多地掌握核心零部件知识，并将供应商主要置于生产配套的功能，以此保障集成企业在供应链中的谈判地位。鲍德温和亨克尔（Baldwin、Henkel，2015）的研究也显示，在产品一体化程度高而模块化程度较低的情况下，组件企业和集成企业具有更强的动力和能力获得对方的知识，因此，提升产品设计的模块化程度是企业保护自身核心技术的重要战略手段。

（二）技术生命周期

休恩泰勒（Huenteler，2016）提出，在产业演进的过程中，技术路线的发展并不是一个单一方向的持续改进过程，产业知识基础有可能在不同的知识系统间发生非连续性的转换，企业需要通过培育或吸收新知识以不断地改变自身的技术结构，从而适应产业知识基础的变化。相应地，在模块化背景下，随着架构技术成熟度的变化，组件知识对于集成企业的重要性也会发生变化。麦耶斯（Myers，1996）从产品架构成熟度的角度分析企业间知识分工问题，他认为知识分工带来的重要收益是能够缩短学习时间、节约学习成本，而产品架构越成熟，知识分工带来的边际成本节约越大，即产品架构越成熟，企业间的知识分工越趋向于企业间的生产分工收敛；相应地，对于新兴的产品架构技术，集成企业越需要掌握更多的组件知识。类似地，亨德森和克拉克（Henderson、Clark，1990）也认为，在产品技术发展的初期，产品的系统架构尚未确立，主导产品架构的设计规则并未形成，各企业竞相尝试不同的技术路线，这时的组件知识和架构知识对集成企业和组件企业来说都很重要。而一旦主导设计出现、产品架构确定之后，就意味着某一特定的产品架构在行业内得到了广泛认可而成为主导技术，主导架构技术形成后，组件知识相对于架构知识的重要性提高，这时集成企业的任务重点就是在稳定的产品架构下通过不断完善产品组件来提升其产品竞争力。奥佛尔（Afuah，2001）的研究强调集成企业的知识整合能力，而不是企业间的知识分工。他认为，通过与组件企业频繁的知识互动，从而实现架构知识和组件知识的纵向集成，是集成企业的重要能力。在产品发展的早期阶段，技术的隐性知识较多，技术开发的不确定性较大，对集成企业垂直整合组件企业知识的能力要求更高。随着技术成熟度的提升，知识垂直整合能力的作用下降。

李和维洛索（Lee、Veloso，2008）运用专利分析方法对汽车排放控制技术的研究同样显示，在产品生命周期的早期，集成企业和组件企业关于组件和架构的知识分工并不明确，集成企业和组件企业都将自己的知识范围向对方扩展。随着产品技术越来越成熟，集成企业和组件企业的知识分工越来越清晰，企业间的知识分工和生产分工的"映射"关系越来越显著。在常规情况下，集成企业的知识边界大于其生产边界，而组件企业的知识边界与生产边界相对更为对称；然而一旦外部不确定性发生（如技术变革或政府管制），集成企业和组件企业的知识边界就会扩展。因此，企业知识边界的调整可以视为对技术生命周期中成熟度变化和外部不确定性变化的策略性反应。

不同于亨德森和克拉克所认为的架构知识的成熟必定会提升模块知识重要性的观点，阿罗拉和甘巴尔代拉（Arora、Gambardella，1994；1997）认为，通用模块和专用模块有可能相互转化，因此组件知识的重要性并不一定是单调变化的；如果组件开发所需要的隐性知识能够在产业内扩散，则专用组件会转变为通用组件，导致组件的资产专用性下降，在这种情况下，即便架构知识趋于成熟，组件知识的重要性也会下降。也就是说，架构知识成熟度对组件知识重要性的影响并非是单调的，模块的专用性成为架构知识成熟度影响集成企业是否需要掌握组件知识的调节变量。

布鲁索尼和帕轮斯帕（Brusoni、Prencipe，2011）的研究从之前产品层面的知识边界问题进一步推进到了企业的知识边界问题。他们的研究发现，即便在企业层面也不存在集成企业的组件知识随技术成熟单调减少的关系。他们的案例研究显示，飞机发动机集成企业一方面为了充分利用外部组件企业的专业性和灵活性，从而不断把组件的生产甚至研发外包出去，另一方面为了获得有关组件的隐含知识，从而提升产品整体的功能和性能，集成企业又不断地增强内部的组件知识。但总体上，集成企业的知识范围大于企业的生产范围。随着技术的发展成熟，飞机发动机集成企业把越来越多的组件制造和研发外包出去，但是内部仍保有已经外包出去的组件的部分开发知识。

（三）知识基础的性质

福斯（Foss，1996）认为，产品所涉及的知识基础的复杂程度会影响企业的知识边界。当产品的技术基础具有较高的复杂性，特别是产品更新换代的频率较高时，集成企业具有较强的动机开展组件研发，或者与组件企业开展合作以更好地利用其高度专业化的组件知识。集成企业与其组件供应商不仅仅开展以任务为导向的沟通，还共同合作、共同解决零部件升级过程中遇到的问题。集成企业和组件企业之间形成一种基于知识交换的合作关系。藤泽尔曼和王（Tunzelmann、Wang，2000）也认为，产品知识基础的复杂性会影响企业间的知识分工。当产品知识基础的复杂性较低时，集成企业和组件企业之间的知识分工程度较高，且通常是集成企业掌握较多的组件知识；集成企业不仅拥有架构知识，而且掌握较多的设计相关的组件知识，集成企业的知识范围覆盖了组件企业的知识范围，组件企业只拥有与生产相关的组件知识，企业间的知识分工模式是组件企业按照集成企业设定的组件知识为集成企业提供定制化的零部件，集成企业与组件企业之间的分工更多地体现为生产分工的关系。当产品知识基础的复杂性较高时，集成企业要集成成千上万种零部件，因而不可能掌握所有零部件的开发、设计知识，为了提高零部件的开发绩效，集成企业必须与组件企业之间就组件和产品架构优化升级进行频繁的沟通交流，因而集成企业和组件企业都需要掌握对方的知识，企业间知识分工的程度较低。布鲁索尼（Brusoni，2005）将知识基础的性质区分为分析（Analysis）和合成（Synthesis）两种类型，前者主要是科学性的知识，后者主要是工程性的知识。较一般产品而言，复杂产品开发包含了更多的合成型知识，因而促使集成企业拓展有关组件的知识。

尼克森和詹勒（Nickerson、Zenger，2004）认为，不是知识集成的复杂性，而是知识基础的可分解性影响集成企业和组件企业之间的知识分工关系。他们将企业面临的技术问题划分为可再分解的问题、不可再分解的问题和可部分分解的问题三类，并在此基础上指出，可分解的技术问题涉及的知识集较小，集成企业可以和组件企业分别掌握不同的知识集，并形成明确的知识分工边界；可再分解的技术问题，主要对集成企业的架构知识要求更高；对于不可再分解的技术问题，集成企业不仅要掌握架构知识，而且要掌握足够多的组件知识。

（四）技术创新的突破性程度

布鲁索尼和帕伦斯帕（Brusoni、Prencipe，2011）指出，无论是产品组件改变还是架构改变所驱动的产品升级，都会涉及新知识的创造，企业知识管理的主要目的不仅是对现有知识进行利用和保护，而且要高效地生成新知识。因此，技术创新的新颖程度也会影响企业间的知识分工。武石彰

（Takeishi，2008）提出，在不涉及技术创新的项目合作中，集成企业和上游零部件组件企业的任务主要是如何更好地利用各自现有的知识，二者之间的知识分工较为明确。然而，一旦项目涉及新技术和新问题，就对集成企业的知识范围提出更高的要求，集成企业需要掌握更多的组件知识以提高解决新问题的能力。

卡普尔和阿德纳（Kapoor、Adner，2012）的研究发现，产品创新的突破性程度越高，越需要集成企业掌握更多的组件知识或者和组件企业开展更加积极的合作。霍特克（Hoetker，2005）认为，产品创新的新颖程度越高、不确定性越强，集成企业越倾向于内部掌握组件知识，以提高创新成功的概率；产品创新的新颖程度越低，集成企业越倾向于通过市场采购设计开发和制造外包的组件，这时集成企业的主要决策目标是降低成本。可以看出，在霍特克的框架中，交易成本理论与能力理论对知识分工问题的分歧不是不可调和的，两种理论相机成立——集成企业的最优知识边界决策的目标函数到底是最大化创新成功的可能性（能力考虑）还是最小化成本（成本考虑），取决于技术创新的突破性程度以及相应的不确定性大小。

罗伊和萨卡尔（Roy、Sarkar，2016）的研究为集成企业知识多元化有利于突破性创新的命题提供了进一步的经验证据。他们的研究以工业机器人产业为案例研究对象，发现工业机器人产业在由机械控制技术范式向数字控制技术范式转换的过程中，那些掌握了上游零部件知识的工业机器人集成企业更倾向于把研发资源聚焦于新产品且更容易获得突破性的新产品开发绩效，从而成功应对新技术范式的冲击。伯格伦（Berggren，2013）的研究也显示，即便是对于进入非连续性技术创新时期的成熟产业，集成企业也必须拓展自己的知识范围以增强自己的架构创新和集成能力。恩德（Ende，2013）研究表明，产品创新突破性程度越强，集成企业越需要掌握更多的零部件知识以更好地协调架构知识和零部件知识。

四、结语与展望

交易费用和产权理论等主流企业理论对企业边界问题的关注主要集中于"产品交易"的边界。对于企业的知识边界或企业间的知识分工问题，主流企业理论并不能提供有说服力的见解。在知识经济时代，企业的知识边界恰恰是决定企业核心能力的重要因素，企业间的知识分工成为产业组织结构最本质的特征。基于对产品技术模块化和复杂化趋势的共识，目前学术界主要从集成商和组件供应商的角度研究企业间的知识分工问题，而产品架构的模块化程度、产品技术的成熟度、知识基础的性质和技术创新的突破性程度被认为是影响集成商与组件供应商知识分工模式的主要影响因素。总体上看，产品架构的模块化程度越高，企业之间的知识分工越明确，且集成企业越倾向于掌握关键组件的设计开发知识，而将生产功能外包给组件企业；相应地，产品架构的一体化程度越高，企业间的知识分工越模糊，集成企业和组件企业知识交流与合作研发的积极性越高。产品架构技术的成熟度越低，组件知识对于集成企业保持竞争力的重要性越高，越需要集成企业掌握知识的垂直整合能力。当产品技术所基于的知识基础具有高度复杂性、合成性、不可分解性的特征，或者当产品创新的突破性程度越高时，集成企业越需要掌握更多的组件知识，或者与组件企业开展更加积极的合作。

有关企业间知识分工问题的学术研究，仍然处于被不断深化和拓展的进程中。通过"理论情境化"和"情境化理论"，中国学者很有可能从以下几个方面（但不限于）在该领域做出独特的贡献：一是分析集成企业掌握组件知识如何影响集成企业对组件企业的"依赖"关系；二是经典的集成企业知识边界之于生产边界的"非映射假说"在智能化、数字化、网络化的所谓新工业革命背景下是否仍然成立，如果成立的话，这些复杂装备集成商的知识边界相对于传统装备集成商有何变化；三是在中国情境下检验集成企业的知识重叠是出于成本节约动机还是基于促进合作研发的考虑。进一步地，通过相同产业（如汽车产业）的跨国比较，可以进一步解释有关我国企业知识边界决策的特征化事实。

需要强调的是，企业间知识分工研究有关企业间生产边界与知识边界的映射关系、集成企业对组件企业的知识依赖等问题的分析视角和研究发现，对于回答诸如"如何解决关键设备和核心零部件受制于人""如何由参与全球价值链向参与全球创新链跃迁"等中国制造业转型升级需要回答的重大现实问题，也提供了重要的理论洞见，具有鲜明的政策含义，值得引起我国应用问题研究者和政策制定者的极大关注。近年来，我国的部分加工组装企业通过引进设备逐步掌握了一些关键设备和零部件的制造工艺，看上去似乎解决了装备和零部件对外依赖的问题。但从知识分工的角度看，这些装备或零部件的概念设计、细节设计、检测和标准制定等关键能力仍然由国外供应商掌握，本土企业仍然不具备对装备和零部件进行持续开发和改进的能力。因此，比通过自主生产解决装备和核心零部件受制于人更重要的，是本土企业是否掌握了重大装备和核心零部件的设计知识。通过持续的自主技术开发和不断拓展自身知识逐步掌握集成全球创新链创新资源的能力，才是解决我国制造业关键装备和零部件受制于人的根本出路。

参 考 文 献

［1］ F. A. 冯·哈耶克. 个人主义与经济秩序［M］. 邓正来译. 上海：三联书店，2003.

［2］ Adams P. , Brusoni S. , Malerba F. . The Long – Term Evolution of the Knowledge Boundaries of Firms Supply and Demand Perspectives ［M］// Giovanni Dosi & Louis Galambos Edited, The Third Industrial Revolution in Global Business, NY：Cambridge University Press，2013.

［3］ Afuah A. . Dynamic Boundaries of the Firm：Are Firms better off Being Vertically Integrated in the Face of Technological Change ［J］. Academy of Management Journal，2001，44（6）：1211 – 1228.

［4］ Aroira A. , Gambardella A. , Rullani E. . Division of Labour and the Locus of Inventive Activity ［J］. Journal of Management & Governance，1997，1（1）：123 – 140.

［5］ Arora A. , Gambrdella A. . The Changing Technology of Technological Change：General and Abstract Knowledge and the Division of Innovative Labour ［J］. Research Policy，1994，23（5）：523 – 532.

［6］ Baldwin, C. Y. , Henkel J. . Modularity and Intellectual Property Protection ［J］. Strategic Management Journal，2015，36（11）：1637 – 1655.

［7］ Berggren C. , Bergek A. , Bengtsson L. , et al. Knowledge Integration & Innovation ［M］. UK：Oxford University Press，2013.

［8］ Brusoni S. , Jacobides M. G. , Prencipe A. . Strategic Dynamics in Industry Architectures and the Challenges of Knowledge Integration ［J］. European

Management Review，2009，6（4）：209 – 216.

［9］ Brusoni S. , Prencipe A. , Pavitt K. . Knowledge Specialization, Organizational Coupling, and the Boundariesof the Firm：Why Do Firms Know More Than They Make? ［J］. Administrative Science Quarterly, 2001, 46（4）：597 – 621.

［10］ Brusoni S. , Prencipe A. . Patterns of Modularization：The Dynamics of Product Architecture in Complex Systems ［J］. European Management Review, 2011, 8（2）：67 – 80.

［11］ Brusoni S. . The Limits to Specialization：Problem Solving and Coordination in' Modular Networks ［J］. Organization Studies, 2005, 26（12）：1885 – 1907.

［12］ Clark K. B. , Fujimoto T. . Product Development Performance：Strategy, Organization, and Management in the World Auto Industry ［J］. Harvard Business Review, 1991：31 – 46.

［13］ Dibiaggio L. , Nasiriyar M. . Knowledge Integration and Vertical Specialization in the Semiconductor Industry ［J］. European Management Review, 2009, 6（4）：265 – 276.

［14］ Ende J. , Jaspers F. , Rijsdijk S. A. . Should System Firms Develop Complementary Products? A Dynamic Model and an Empirical Test ［J］. Journal of Product Innovation Management, 2013, 30（6）：1178 – 1198.

［15］ Fine C. H. , Whitney D. . Is the Make – Buy Decision Process a Core Competence ［R］. MIT Working Paper, 1996.

［16］ Finec H. . Clockspeed：Winning Industry Control in the Age of Temporary Advantage. Reading ［M］ . MA：Perseus Books, 1998.

［17］ Fixson S. K. , Roy Liker J. K. . Modularization and Outsourcing：Who Drives Whom? – A Study of Generational Sequences in the U. S. Automotive Cockpit Industry ［J］. International Journal of Automotive Technology & Management, 2005, 5（2）：166 – 183.

［18］ Fixson S. K. , Park, J. K. The Power of Integrality：Linkages between Product Architecture, Innovation, and Industry Structure ［J］. Research Policy, 2008, 37（8）：1296 – 1316.

［19］ Foss N. J. . Knowledge – Based Approaches to the Theory of the Firm：

Some Critical Comments [J]. Organization Science, 1996, 7 (5): 470 – 476.

[20] Gary S., Becker, Kevin M., Murphy. The Division of Labor, Coordination Costs, and Knowledge [J]. The Quarterly Journal of Economics, 1992, 107 (4): 1137 – 1160.

[21] Grant R. M.. Prospering in Dynamically – Competitive Environments: Organizational Capability as Knowledge Integration [J]. Organization Science, 1996, 7 (4): 375 – 387.

[22] Henderson R. M., Clark K. B.. Architectural Innovation: The Reconfiguration of Existing Product Technologies and the Failure of Established Firms. [J]. Administrative Science Quarterly, 1990, 35 (1): 9 – 30.

[23] Hippel E. V.. Task Partitioning: An Innovation Process Variable [J]. Research Policy, 1990, 19 (5): 407 – 418.

[24] Hoetker G.. How Much You Know Versus How Well I Know You: Selecting a Supplier for a Technically Innovative Component [J]. Strategic Management Journal, 2005, 26 (1): 75 – 96.

[25] Huenteler J., Ossenbrink J., Schmidt T. S.. How a Product's Design Hierarchy Shapes the Evolution of Technological Knowledge – Evidence from Patent – Citation Networks in Wind Power [J]. Research Policy, 2016, 45 (6): 1195 – 1217.

[26] Kapoor R., Adner R.. What Firms Make vs What They Know: How Firms' Production and Knowledge Boundaries Affect Competitive Advantage in the Face of Technological Change [J]. Organization Science, 2012, 23 (5): 1227 – 1248.

[27] Kim J., Lee C. Y., Cho Y. Technological Diversification, Core – Technology Competence, and Firm Growth [J]. Ssrn Electronic Journal, 2016, 45 (1): 113 – 124.

[28] Kogut B., Zander U.. Knowledge of the Firm, Combinative Capabilities, and the Replication of Technology [J]. Social Science Electronic Publishing, 1992, 37 (7): 17 – 35.

[29] Lee J., Veloso F. M.. Interfirm Innovation under Uncertainty: Empirical Evidence for Strategic Knowledge Partitioning [J]. Journal of Product In-

novation Management，2008，25（5）：418 –435.

［30］ Myers P. S. . Chapter 1 – Knowledge Management and Organizational De-sign：An Introduction［J］. Knowledge Management & Organizational De-sign，1996，515（1）：1 –6.

［31］ Nagaoka S. ，Takeishi A. ，Noro Y. . Determinants of Firm Boundaries：Em-pirical Analysis of the Japanese Auto Industry from 1984 to 2002［J］. Journal of the Japanese & International Economics，2008，22（2）：187 – 206.

［32］ Nickerson J. A. ，Zenger T. R. . A Knowledge – Based Theory of the Firm – A Problem – Solving Perspective［J］. Organization Science，2004，15 （6）：617 –632.

［33］ Roy R. ，Sarkar M. B. . Knowledge，Firm Boundaries，and Innovation：Mit-igating the Incumbent's Curse During Radical Technological Change［J］. Strategic Management Journal，2016，37（5）：835 –854.

［34］ Sanchez R. ，Mahoney J. T. . Modularity, flexibility, and Knowledge Man-agement in Product and Organization Design［J］. Strategic Management Journal，1996，17（S2）：63 –76.

［35］ Takeishi A. . Knowledge Partitioning in the Inter – firm Division of Labor：The Case of Automotive Product Development［J］. Organization Science，2002，13（3）：813 –830.

［36］ Ulrich K. The Role of Product Architecture in the Manufacturing Firm［J］. Research Policy，1995，24（3）：419 –440.

［37］ Wang Q. ，Tunzelmann V. N. . Complexity and Functions of the Firm：Breadth and Depth［J］. Research Policy，2000，29（7 –8）：805 –818.

［38］ Zirpoli F. ，Camuffo A. . Product Architecture，Inter – Firm Vertical Coor-dination and Knowledge Partitioning in the Auto Industry［J］. European Management Review，2009，6（4）：250 –264.

（贺俊）

第十章　自然资源资产负债表编制
研究前沿综述

探索编制自然资源资产负债表，是党中央、国务院推动生态文明建设和生态文明体制改革做出的一项重大决策部署。2013 年 11 月，中共十八届三中全会通过的《中共中央关于全面深化改革若干重大问题的决定》（以下简称《决定》）首次提出，探索编制自然资源资产负债表。这既是自然资源资产负债表概念的首次提出，也是自然资源资产负债表首次被写入党的重要文件之中。以此重大时间节点为起点，探索编制自然资源资产负债表成为理论界、学术界、地方政府和社会公众普遍关注的理论研究热点和实践改革重点，探索编制自然资源资产负债表成为我国生态文明建设过程中极具中国特色的理论尝试和实践创新。本章主要就探索编制自然资源资产负债表的理论研究进展进行述评，并对现阶段我国自然资源环境信息披露制度研究进行简要总结，以期为我国自然资源国家治理体系和治理能力现代化建设提供理论基础和研究支撑。

一、探索编制自然资源资产负债表的最新研究进展

从已有的研究成果来看，以"自然资源资产负债表"为关键词，本章对 2017 年 8 月底以前在中国期刊网 SCI 来源期刊、EI 来源期刊、核心期刊、CSSCI 期刊四类进行精确匹配搜索，共获得文献共 95 篇。通过分析发现，在 2013 年中共十八届三中全会《决定》首次提出"探索编制自然资源资产

负债表"之前，关于"自然资源资产负债表"的提法或表述基本没有，"自然资源核算""资源环境核算""自然资源资产"等与之相关的表述称谓则相对较为常见，几乎所有与"自然资源资产负债表"相关的理论学术研究成果都集中在2014年及以后。由于自然资源资产负债表的提法较为新颖，而且第一次提出就是站在国家战略的高度，因此引起了理论界和实务界的高度关注；而且有理由判定，探索编制自然资源资产负债表在理论学术界的兴起，很大程度上受《决定》的政策导向影响。从已经公开发表的理论学术研究成果来看，目前国内外关于自然资源资产负债表的研究集中体现在以下几个领域：

（一）关于自然资源资产负债表的基本概念和内涵研究

什么是自然资源资产负债表？为什么要探索编制自然资源资产负债表？这是探索编制自然资源资产负债表的基础理论问题。2013年以来，关于自然资源资产负债表的基本概念、内涵特征、理论基础、编制依据、基本原则、可行路径、演进规律、现实意义等基础理论研究内容，是探索编制自然资源资产负债表的热点议题。李金华（2008）在对联合国国民经济核算体系（SNA）、社会和人口统计体系（SSDS）、环境和经济综合核算体系（SEEA）进行比较分析的基础上，提出了中国国民经济核算体系扩展延伸的思路和理论依据，即通过设计若干社会核算矩阵（SAM）和卫星账户（SA）可以建立中国泛国民经济核算体系，进而实现对环境资源和相关社会活动成果的核算。胡文龙（2014）认为，所谓自然资源资产负债表，就是利用会计学中的资产负债表工具，客观全面地反映生态责任主体在某一时点的自然资源静态存量的报表。姚霖等（2016）从自然资源资产核算的历程分析认为，自然资源资产负债表同资源环境核算是一脉相承的，自然资源资产负债表是我国资源环境核算发展的新阶段，自然资源资产负债表不仅具有资源资产核算的共性，还具备区别于资产负债表及环境经济核算的个性；科学定位自然资源资产负债表的功能，不仅要正确理解我国生态文明体制改革赋予自然资源资产负债表的政策旨愿，还需认识到它在实施自然资源资产确权、调查、监测、用途管制、自然资源资产离任审计与生态环境损害责任追究等自然资源资产管理改革环节中的关键性作用，故而尚需经历"借鉴、建构、实践"的资源环境核算本土化理论探索才能编制自然资源资产负债表（姚霖、黎禹，2016；姚霖，2016）。李金华（2016）以联合国SNA2008、

SEEA2003 和 SEEA2012 为理论依据，对中国自然资源资产负债表的理论基础、核心概念、一般表式和应注意解决的重要问题等进行了探讨。谷树忠（2016）重点对自然资源资产的概念、属性、分类进行探讨，并就自然资源资产负债表及编制的重点与基础，自然资源资产审计及其重点与方式等进行了系统讨论。陈艳利、弓锐和赵红云（2015）重点梳理了自然资源资产负债表编制的必要性、可行性、制约性以及目标性层面的相关理论，尝试对自然资源资产负债表涉及的关键概念进行厘定。胡文龙和史丹（2015）详细分析了编制自然资源资产负债表相关的 DPSIR 链理论模型、环境经济核算体系（SEEA2012）、国民经济核算体系（SNA2008）和国家资产负债表等理论基础，采用国家资产负债表的编制方法和技术手段，提出了自然资源资产、自然资源负债和自然资源净资产等报表要素。张宏亮等（2016）对环境、企业环境资产、环境负债的概念和范围进行了界定，并认为根据企业会计准则和环境经济核算的原则可以对企业环境资产和负债进行计量（估值）与核算。盛明泉和姚智毅（2017）基于政府视角，对自然资源资产负债表的构成要素进行了系统的剖析，深入探讨了自然资源产权、核算方法与计量模式等基本问题，拟定了基本编制框架。刘明辉和孙冀萍（2016）论证了"自然资源资产负债表"与会计学、统计学、环境学、资源学以及管理学等上位学科的关系，并认为"自然资源资产负债表"是一门横跨自然科学、社会科学和思维科学三大部类的，处于会计学、统计学、环境学、资源学以及管理学等诸多学科交叉、边缘地带的新兴应用学科。

（二）关于自然资源资产负债表的理论框架体系研究

如何编制自然资源资产负债表，众多学者也对自然资源资产负债表的主要内容、理论框架、报表体系、列报形式等方面进行了探索尝试。陈艳利、弓锐和赵红云（2015）尝试厘定了自然资源资产负债表涉及的关键概念，在借鉴自然资源资产负债核算国际经验的基础上，探索性研究了我国自然资源资产负债表编制的基本框架设计。姚霖（2016）认为，建构自然资源资产负债表理论体系需要厘清"编制意义、概念体系、核算框架"三个核心问题。高敏雪（2016）在理论上提出将自然资源实体与围绕管理所形成的自然资源使用权益分开，提出了一套包含"自然资源实体层面—自然资源经营权层面—自然资源开采权层面"三层架构的自然资源核算体系，最终在自然资源开采权益基础上设计出自然资源资产负债表。胡文龙和史丹

（2015）以 DPSIR 链理论模型、环境经济核算体系（SEEA2012）、国民经济核算体系（SNA2008）和国家资产负债表为理论基础，采用国家资产负债表的编制方法和技术手段，构建了以资产、负债和净资产为会计要素的自然资源资产负债表理论框架，以全面反映自然资源环境"家底"。李金华（2016）以联合国 SNA2008、SEEA2003 和 SEEA2012 为理论依据，设计中国自然资源资产负债表描述型一般表式和分析型一般表式，并探讨科学的资源资产耗减的计量方法，有助于解决好原始数据的采集、表格归并等重要技术问题。张宏亮等（2016）认为，企业环境资产负债表具有较强的编制可行性和很大的应用价值，从资产负债表编制的模式看，可以有两种思路和三种具体的列报方法。智静、乔琦和张玥（2016）综合分析了生态工业园区进行自然资源资产负债表编制的重要意义，结合国内外自然资源核算的相关经验，探讨了生态工业园区自然资源负债表的编制难点，阐明该类区域自然资源资产负债表的编制步骤以及现阶段核算范围、框架。封志明等（2016）认为，当前自然资源资产负债表正处在探索试编阶段，资源环境承载力评价正在由分类评价走向综合计量的关键节点。面向国家资源环境统计核算的业务化需求，有必要发展自然资源资产负债表编制与资源环境承载力评价的方法与技术体系，提出自然资源资产负债表编制和资源环境承载力评价的技术标准/规范，研发自然资源资产负债表编制与资源环境承载力评价的数字化业务平台。党的十八届三中全会提出的探索编制自然资源资产负债表和建立资源环境承载力监测预警机制双目标实现。孙玥璠、武艳萍和胡洋（2016）基于《编制自然资源资产负债表试点方案》提出的要求，在对国际标准和主要发达国家现有相关报表的比较基础上，提出了我国自然资源资产负债表多维度账户体系的构建思路。

（三）关于具体自然资源资产负债表的编制研究

对于森林、水、土地、矿产、空气等具体自然资源，不少学者也尝试提出了单项自然资源资产负债表的编制探索。耿建新和王晓琪（2014）认为，国际上通用的关于自然资源资产负债表的编制和运用基本适合我国的具体情况，并调整了现有的做法，尝试编制了土地资源账户，同时，提出了土地账户的表格样式、数据计量方式和考核指标。柴雪蕊等（2016）通过对企业资产负债表、国家资产负债表及综合环境经济核算与水资源资产负债表的比较，从水环境—经济核算体系 SEEA 着手，结合国外水资源核算的实践，对水资源资产负债表的核算对象、水资源负债等概念做了分析讨论，并探索编制出适合我国水情的水资源资产负债表框架。陈波和杨世忠（2015）对澳大利亚水会计准则的产生和构成，以及主要内容和理论依据进行了研究，并分析了我国现有水资源核算和财务会计核算存在的不足，分析了会计理论和制度在自然资源管理中的系统应用，并提出了澳大利亚水会计准则对我国水资源核算管理的启示。汪林等（2016）针对水资源存量及变动表中存在的一些技术问题，如水资源存量的意义及指标确定、降水形成的水资源与地表水和地下水资源关系、各类水体之间的转换与平衡关系、河湖生态耗水量的含义等，通过建立一套假定条件，基于相关技术标准和规范，结合具体实例，对这些问题加以剖析，以期使该表能够得到更好理解和应用。贾玲和甘泓等（2017）基于经济学、会计学、统计学资产负债表基本理论，针对具有可再生性、随机性和流动性特点的水资源，探讨了水资源负债是否存在、水资源资产与负债如何界定以及水资源资产负债的核算思路。张友棠和刘帅（2016）以水资源为例，构建水资源资产负债表的概念框架，进行了水资源资产负债表样表设计。朱婷等（2017）以京津冀地区林木资源为例，探索提出了自然资源资产负债表的会计主体、会计期间、计量方式和核算步骤等一整套林木自然资源价值核算方法和体系，并对京津冀地区的林木资源进行了实证分析。季曦和刘洋轩（2016）在国际通用的环境与经济综合核算体系的基础上，探索性地提出了矿产资源资产负债表的编制技术框架。刘大海（2016）等对海洋自然资源资产负债表内涵进行了解析。张复生和刘芷蕙（2016）认为，建立空气资源账户有利于摸清我国空气资源"家底"，有利于环境治理的监督、考核以及责任审计，是治理大气污染的基础性工作之一。借鉴国外经验，依据会计恒等式基本原理"期初存量＋本期增加量－本期减少量＝期末存量"，并借鉴自然资源资产负债表的编制方法编制空气资源质量变化账户、资产账户和负债账户，设计了各账户数据核算方式，从公众参与、标准完善、加强责任审计等方面提出了实施空气资源账户的初步构想。

（四）关于自然资源资产负债表的热点专题研究

作为一项制度创新活动，探索编制自然资源资产负债表面临着诸多困难与挑战，许多学者也从不同侧面进行了分析。例如，学术界普遍认为，自然资源负债的确认是编制自然资源资产负债表的难点。耿建新等（2015）认为，无论是SNA2008还是SEEA2012，均未提出自然资源负债这一概念，用上述项目表述自然资源负债不符合两大核算框架的现行规定，而且在目前的技术水平下，确认自然资源负债缺乏实际可行性，不主张进行自然资源负债核算。商思争（2016）结合法学和会计学上的负债概念，探索了自然资源负债的本质属性，依据会计信息系统理论和会计的受托责任观，借鉴审计学上的资产负债表项目认定概念，基于人与自然关系原理，探讨了自然资源负债的存在性、义务、完整性和计价认定。史丹和胡文龙（2015）认为，自然资源负债从经济本质上看是生态责任主体在某一时点上应该承担而没有承担的自然资源"现时义务"，该"现时义务"是人类在利用自然资源过程中所承担的能以货币计量、需以资产或劳务偿还的责任。黄溶冰等（2014）认为，资源环境负债是资源的耗减和环境的退化，蔡春等（2014）认为，环境负债的定义是对于已经损耗、破坏的自然资源或生态环境的一种补偿。高敏雪（2016）认为，无论从概念创新角度还是从编表功能角度，自然资源资产负债表的重点肯定是其中的"负债"，认为可以将资源利用缺口作为环境负债的一部分，也可以将资源环境管理红线的超出部分作为资源环境负债，即把资源过度消耗作为"负债"。张宏亮等（2016）认为，环境负债，有广义和狭义两种理解：从广义来看，它是一个主体经济活动带来的环境影响或环境退化的预计恢复、治理成本；从狭义来看，它是一个主体预计未来已确定或很可能发生的环境治理、恢复、使用等支出的价值。贾玲和甘泓等（2017）研究认为，广义的水资源负债是指人类经济活动会对水资源数量、水环境质量和水生态系统带来不利影响，包括水资源的过度消耗造成对水循环过程及水资源可再生能力的损害、向天然水体的过度排放造成水环境容量的降低、生态用水的过度挤占造成水生态系统服务功能的减少；狭义的水资源负债是指当经济体过度使用和消耗水资源时，形成的经济体和环境之间关于水资源的债权债务关系，是一种已经发生的并在涉水活动中形成的、针对水循环过程及其可再生能力损害须承担的补偿、恢复或修复的现时义务；水资源负债可以通过引入环境作为虚拟主体、明确水资源资产和经济体的水资源权益加以确认，将水资源权益作为判定水资源负债形成的临界点。向书坚和郑瑞坤（2016）探讨了自然资源负债确认的理论契合点，认为自然资源负债为经济主体对公共产权资源的过度使用、消耗而导致未来生产条件受阻、经济产出减少所必须承担的一种现时义务。这种现时义务表现为一种推定义务，其确认取决于公共产权资源承载力的临界点。

针对自然资源由实物量向价值量转化这一难题，史丹和王俊杰（2016）

介绍了国际上较为常用的几种自然资源经济价值评估方法及其相关应用，包括预防性支出法和替代成本法两种市场价值评估方法，意愿调查法、选择实验法、特征价格法和旅行成本法四种非市场价值评估方法，以及经常被忽略的级差地租理论在该领域的应用。孙玥璠和徐灿宇（2016）结合目前生态学、社会学等多学科研究成果，尝试基于"生态系统服务"概念探索通过对自然资源资产生态系统服务价值的量化来实现自然资源资产价值量核算的可能性。针对各地探索编制自然资源资产负债表的实践，姚霖（2016）认为，"理论体系亟待建构、核算技术有待规范及工作制度亟须落地"是阻碍自然资源资产负债表编制工作顺利推进的三大"瓶颈"。当前核算技术存在"统计标准不一、部门现有数据难以支撑编制需要、核算技术差异大"等问题，迫切需要规范数据统计标准、建立合理核算周期、完善资源统计制度与规范核算技术。胡文龙和王蕾（2017）认为，各地试编自然资源资产负债表在理论基础研究、基础数据收集、自然资源价值评估、自然资源负债认识分歧等方面面临重大挑战。

针对编制的自然资源资产负债表如何运用，一般认为，其主要用于对领导干部开展自然资源资产离任审计，促进自然资源资产科学管理和集约高效环保应用，以促进经济可持续发展。林忠华（2014）认为，领导干部自然资源资产离任审计是一种特殊的经济责任审计，也是一种特殊的资源环境审计。领导干部自然资源资产离任审计的目标是强化领导干部对生态文明建设的责任，促进建立生态环境损害责任终身追究制，推动实现科学发展、可持续发展。审计内容包括审计自然资源资产的法规政策执行情况、重大决策事项、管理情况和资产负债表。审计的实施路径应以生态文明建设决策责任、执行责任、监管责任的履行为主线，以政策审计、资金审计、项目审计、法规政策制度执行审计、监管审计和报表审计为抓手。自然资源资产离任审计是一个新兴的交叉学科研究领域，是环境审计与经济责任审计深度融合的产物，是一项具有中国特色的自然资源资产监管制度。蔡春和毕铭悦（2014）构建的自然资源资产离任审计理论体系包括自然资源资产责任主体与责任人的认定、目标责任的确立、资产负债表的编制、计量属性与计量方法的选择、确权认定、审计主体确定、审计准则的研究与制定、收益表的编制、审计目标与审计内容以及离任审计与任中审计的结合十大关键性问题。张友棠和刘帅（2016）通过对水资源管理责任体系的解析，基于水资源资产负债表建立了水资源责任审计评价体系。国家审计署《编制自然资源资产负债表与生态环境损害责任终身追究制研究》课题组（2016）探讨了奏好"编表""审计"和"追责"三部曲的机制机理和具体路径，为健全自然资源治理体系、防止自然资源过度消耗、促进经济发展方式转变、推动资源节约型和环境友好型社会建设、推进国家治理现代化提供一些思路和启示。马志娟和邵钰贤（2016）认为，当前自然资源资产离任审计主要面临四大难题：一是自然资源资产负债表编制困难；二是审计力量不足；三是事前控制力较低；四是问责追责依据和力度不够。

（五）关于自然资源资产负债表的政策体系进展

随着自然资源资产负债表理论探索的不断深入，指导实践层面探索编制自然资源资产负债表的政策制度也不断推出。2012 年以来，党中央、国务院已经在推进生态文明体制机制建设上做出了一系列重大决策部署，有序颁布实施了一系列与之密切相关的法规文件和政策措施，以指导推进自然资源资产负债表的实践探索。2013 年 11 月，《决定》首倡提出大力推进生态文明建设，探索编制自然资源资产负债表，中央全面深化改革小组专门下设了经济体制和生态文明体制改革专项小组。2013 年 5 月，环境保护部颁布并实施了《关于印发〈国家生态文明建设试点示范区指标（试行）〉的通知》，2013 年 12 月，国家发展和改革委员会等六部委联合下发了《关于印发国家生态文明先行示范区建设方案（试行）的通知》。2015 年 4 月，中共中央国务院《关于加快推进生态文明建设的意见》明确要求"探索编制自然资源资产负债表，对领导干部实行自然资源资产和环境责任离任审计"。2015 年 9 月，中共中央国务院印发《生态文明体制改革总体方案》时进一步提出"制定自然资源资产负债表编制指南"等具体要求，中央审议通过了国家统计局提出的《编制自然资源资产负债表试点方案》（以下简称《试点方案》）。2015 年 11 月，国务院办公厅正式印发了《试点方案》。2016 年 12 月，国土资源部、中央编办、财政部、环境保护部、水利部、农业部、国家林业局七部委联合颁布了《自然资源统一确权登记办法（试行）》（包括附件：《自然资源统一确权登记试点方案》和《自然资源登记簿》）。2017 年 1 月，国务院颁布了《关于全民所有自然资源资产有偿使用制度改革的指导意见》。从政策层面来看，作为生态文明制度建设的一项改革任务，探索自然资源资产负债表目前已实现了由"首倡"到"落地"、由"探索"到"试点"，探索编制自然资源资产负债表的政策体系已具雏形（见表 10 - 1）。

表 10 – 1 探索编制自然资源资产负债表的政策文件综述

颁布主体	颁布时间	文件名称	核心内容
十八届中央委员会第三次全体会议	2013 年 11 月	《中共中央关于全面深化改革若干重大问题的决定》	在"加快生态文明制度建设"一节中，首次提出探索编制自然资源资产负债表，并提出对领导干部进行自然资源资产离任审计
环境保护部	2013 年 5 月	《关于印发〈国家生态文明建设试点示范区指标（试行）〉的通知》	《国家生态文明建设试点示范区指标（试行）》制定了生态文明试点示范县（含县级市、区）建设指标和生态文明试点示范市（含地级行政区）建设指标，并对指标进行了详细阐释，以协调、指导和监督生态文明建设试点工作
发展改革委、财政部、国土资源部、水利部、农业部、林业局	2013 年 12 月	《关于印发国家生态文明先行示范区建设方案（试行）的通知》	在全国范围内选择 100 个代表性地区开展国家生态文明先行示范区建设。在"创新体制机制"主要任务中要求率先探索编制自然资源资产负债表，实行领导干部自然资源资产和资源环境离任审计；并要求把资源消耗、环境损害、生态效益等体现生态文明建设的指标纳入经济社会发展综合评价体系，并提高其考核权重
中共中央、国务院	2015 年 4 月	《关于加快推进生态文明建设的意见》	在"健全生态文明制度体系之政绩考核制度"部分，明确提出建立体现生态文明要求的目标体系、考核办法、奖惩机制。包括四方面内容：把资源消耗、环境损害、生态效益等指标纳入经济社会发展综合评价体系并增加考核权重；根据区域主体功能定位实行差别化考核；根据考核评价结果对生态文明建设成绩突出的地区、单位和个人给予表彰奖励；探索编制自然资源资产负债表，对领导干部实行自然资源资产和环境责任离任审计
中共中央、国务院	2015 年 9 月	《生态文明体制改革总体方案》	在"完善生态文明绩效评价考核和责任追究制度"部分，探索编制自然资源资产负债表明确要求：制定自然资源资产负债表编制指南，构建水资源、土地资源、森林资源等的资产和负债核算方法，建立实物量核算账户，明确分类标准和统计规范，定期评估自然资源资产变化状况。在市县层面开展自然资源资产负债表编制试点，核算主要自然资源实物量账户并公布核算结果
国务院办公厅	2015 年 11 月	《编制自然资源资产负债表试点方案》	本方案为贯彻落实党中央、国务院决策部署，指导试点地区探索形成可复制可推广的编表经验而制定，共包括"总体要求、试点内容、基本方法、试点地区、时间安排、保障措施"六个部分
国土资源部、中央编办、财政部、环境保护部、水利部、农业部、国家林业局	2016 年 12 月	《自然资源统一确权登记办法（试行）》	要求规范自然资源统一确权登记，建立统一的确权登记系统，推进自然资源确权登记法治化，推动建立归属清晰、权责明确、监管有效的自然资源资产产权制度。还包括两个附件：《自然资源统一确权登记试点方案》和《自然资源登记簿》

颁布主体	颁布时间	文件名称	核心内容
国务院	2017 年 1 月	《关于全民所有自然资源资产有偿使用制度改革的指导意见》	在"加大改革统筹协调和组织实施力度"中，要求协同开展资产清查核算。提出以各类自然资源调查评价和统计监测为基础，推进全民所有自然资源资产清查核算，研究完善相关指标体系、标准规范和技术规程，做好与自然资源资产负债表编制工作的衔接，建立全民所有自然资源资产目录清单、台账和动态更新机制，全面、准确、及时掌握我国全民所有自然资源资产"家底"，为全面推进有偿使用和监管提供依据

二、对自然资源资产负债表探索研究的简要述评

2013 年 11 月《决定》首次提出探索编制自然资源资产负债表以来，理论学术界、地方政府在理论研究和政策体系上对编制自然资源资产负债表进行了积极探索，取得了一系列理论共识。主要体现在以下几个方面：

（一）单一的"自然资源核算"向综合性"自然资源报表体系"构建渐成趋势

从自然资源信息披露的内容来看，目前对具体自然资源资产核算相对比较成熟，综合全面反映自然资源的"家底"，由单一的"自然资源会计核算"向综合性"自然资源环境报表体系"构建渐成趋势。这体现了现阶段自然资源环境综合管理的现实诉求，探索编制自然资源资产负债表就是在这一发展趋势下出现的。

发达国家如挪威、芬兰、美国、日本、加拿大等国家较早开展了自然资源的核算，研究成果显著。1978 年，作为第一批建立资源环境账户的国家之一，挪威最早开始了资源环境核算，其环境账户以国民经济为模型，作为决策者评估能源交替增长的工具。1987 年，挪威国家统计局和能源委员会提交了《挪威自然资源核算》的研究报告，自然资源环境核算重点在匮乏能源、渔业资源、森林资源、矿产资源、土地资源、水资源、空气污染物和

水污染物的核算。1985 年，荷兰中央统计局开始进行土地、能源、森林等方面的核算。芬兰的资源核算研究主要集中在森林资源和生态系统上，涵盖了森林资源核算、环境保护支出费用统计和空气排放调查，随后展开了大范围的环境价值核算研究。欧盟在总结挪威、芬兰两国实践经验的基础上，在对具体自然资源进行账户核算的基础上提出了包括环境账户的国民核算矩阵（NAMEA），单一的自然资源核算账户逐步向综合性资源环境报表体系演变。1993 年，美国建立了反映环境信息的资源环境经济整合账户体系。同期，日本开始进行本国 SEEA 的构造性研究，建立了较为完整的 SEEA 实例体系，并给出了 1985 年和 1990 年日本绿色 GDP 的初步估计（丁丁、周闯，2007）。联合国等五大机构共同编写的 SEEA（2012）由 7 个账户组成，包括矿产和能源资源、土地资产、土壤资源、木材资源资产、水生资源资产、其他生物资源和水资源资产。总的来看，自然资源核算已经受到世界各国的高度重视，发达国家和部分发展中国家政府都致力于把自然资源核算理论应用于实践的研究，建立本国的自然资源核算体系。目前，国民经济核算体系（SNA）和联合国环境经济核算体系（SEEA）对于矿产和能源资源、生物资源、水资源、环境资源、土地资源、空气污染等具体自然资源环境的会计核算在理论上已成体系，具体的自然资源环境（如矿产、能源、森林、水、土地等）在会计确认、计量、记录方面已经形成了较为明晰的会计核算规则、程序和方法。我国对于森林、水、土地、矿产、空气等编制具体自然资源资产负债表的探索，不少都借鉴了已有的单项自然资源确认、计量、记录等核算披露基本原则和操作方法进行探索。

在具体自然资源核算体系基础上，整合所有自然资源账户形成反映自然资源整体"家底"的综合性报表体系，日益成为宏观自然环境管理的迫切需要。早在 20 世纪 70 年代，Leontief（1970）和 Victor（1972）运用投入—产出模型对自然资源数量和价值量进行分析，把自然资源恢复量、残余物排放视作常规经济活动产品，把自然资源的消耗利用与产出纳入传统的投入—产出框架之中，建立了包含自然资源在内的国民经济投入—产出表。雷明继承 Leontief 的复合核算思想，把 SNA 为基础的国民经济主体核算和以实物量核算为基础的资源环境核算联系起来，建立了资源—环境绿色投入—产出表，从经济活动对资源环境的消耗和占用两个方面，反映经济系统和资源环境的关系（雷明、李方，2006）。杨世忠和曹梅梅（2010）提出了宏观环境会计核算体系框架构想，提出了环境资产变动表、环境资产负债表和环境损益表基本框架。在SEEA2012中心框架中，专门就"账户的整合与列报"阐述了一系列原则和基本理念，各国可根据上述原则和基本理念，并结合各国经济社会环境发展实际情况，编制出相应的自然资源环境相关报表体系。我国"自然资源资产负债表"概念提出之后，耿建新（2014）基于自然资源资产离任审计的角度，对我国自然资源资产负债表的编制与运用进行了初步探讨。封志明、杨艳昭和李鹏（2014）初步梳理了国内外自然资源核算研究历程和方法进展，讨论了基于自然资源核算编制自然资源资产负债表的框架设想与可能路径。胡文龙和史丹（2015）以DPSIR链理论模型、环境经济核算体系（SEEA2012）、国民经济核算体系（SNA2008）和国家资产负债表为理论基础，构建了自然资源资产负债表的理论框架体系。

（二）自然资源信息披露的综合性技术方法还存在重大缺陷

在自然资源信息披露的方法上，目前已有的自然资源环境核算更多强调分类方法和核算规则，主要是以解决具体自然资源核算为目的；为管理或披露目的而编制综合性的自然资源环境综合报表，目前仍然是以个别自然资源核算账户整合列报或运用投入—产出模型表为主，国家资产负债表方法与技术尚没有被引入资源环境综合报表编制中。

个别自然资源核算账户整合列报方法，强调资源环境综合报表根据管理或披露要求灵活选择具体自然资源账户进行整合，优点是灵活性强，应用方便，缺点是随意性强，缺乏权威性，这种方法在SEEA（2012）中较为典型。投入—产出表方法，强调资源环境综合报表运用经济系统的投入—产出关系来构建，优点是数据逻辑关系清晰，缺点是实际应用中过于复杂，适用性不强，比较典型的有Leontief（1970）、Victor（1972）、雷明和李方（2006）等。杨世忠和曹梅梅（2010）综合上述两种方法根据实际情况提出了宏观环境会计核算体系框架，但仍然无法反映自然资源的基本"家底"。可以发现，传统构建自然资源环境综合报表的方法技术无法满足宏观资源环境管理的现实需求，引入国家资产负债表方法与技术却有必要。"自然资源资产负债表"概念提出以后，如何运用资产负债表方法与技术来编制自然资源环境报表出现了许多理论分析和框架体系设计方面的探索性研究（耿建新，2014；张友棠、刘帅、卢楠，2014；胡文龙、史丹，2015；封志明、杨艳昭、李鹏，2014），有些研究还基于资产负债表的框架形式构建了自然资源资产负债表的框架体系（张友棠、刘帅、卢楠，2014；胡文龙、史丹，

2015；封志明、杨艳昭、李鹏，2014；耿建新，2014）。总体来看，这些研究尚处于自然资源资产负债表探索的初级阶段，没有实现自然资源环境核算与国家资产负债表方法的紧密结合，目前在逻辑严密性和现实可操作性上仍较缺乏。

（三）统一规范不同自然资源的信息披露方式面临较大挑战

在国别研究上，世界主要发达国家和地区都进行了自然资源环境核算和报表编制，我国在单一自然资源账户核算和报表信息披露方面仍存在"短板"；目前，在世界范围内反映整体自然资源"家底"的综合性报表尚缺乏统一规范的应用形式，构建可复制推广的自然资源环境综合报表体系仍是一大挑战。

挪威是较早开展自然资源核算和报表编制的国家，在1979年就开始了生物资源、水资源、环境资源、土地、空气污染的核算研究工作，建立起了包括鱼类存量核算、森林存量核算、空气排放、水排泄物、废旧物品再生利用、环境费用支出等项目的详尽统计制度，并在1987年提交了《挪威自然资源核算研究报告》（张芳，2011）。联邦德国统计局于1988年提出了《关于卫星账户体系的概念考察》的报告，1989年发布了《环境经济综合核算的概念发展》报告。法国自然资源核算委员会提出了有关环境资源的经济、社会和生态功能的核算原则和方法，建立了森林资源、动植物资源和内陆资源的试验性实物核算账户（雷明，2010）。目前，关于自然资源资产的单一会计核算和计量记录，理论研究相对成熟并在实践中逐步推广且已经成为主流的是联合国环境经济核算体系（SEEA2012）。但由于自然资源的物理特征、统计方法、核算体系等差异，目前仅有森林资源、矿产资源等个别自然资源有较为系统的报表体系予以反映，整体自然资源环境报表目前尚缺乏统一规范的应用形式和报表体系。

总体来看，我国探索编制自然资源资产负债表在理论学术研究中逐渐兴起，对后续进一步研究具有重要借鉴意义，并为最终编制出符合政策意图的自然资源资产负债表提供了理论基础和学术支撑。但既有研究存在如下严重不足：一是在研究主题上，对什么是自然资源资产负债表、自然资源资产负债表应该提供什么样的核心信息，目前仍然没有形成共识。自然资源资产负债表是一个全新概念，相关基础理论研究薄弱，尚没有建立一套相对成熟且可复制推广的自然资源资产负债表理论体系，自然资源资产负债表理论框架、报表体系、编制技术、可行路径等基本问题尚没有很好解决。建立在自然资源资产负债表基础上的自然资源资产离任审计，也是当前及今后一个时期亟须系统研究的理论和现实问题。二是在研究内容上，对水、土地、森林、矿产等具体自然资源的会计核算开展了较多研究，而站在宏观层面对整体自然资源进行报表披露的研究相对不足，如何综合性地反映自然资源"家底"？目前研究者关注相对较少。三是在研究方法上，大多研究者关注的还是单一的自然资源资产核算，通过个别自然资源账户整合列报、国家资产负债表和投入产出模型表等方法整合各种自然资源信息，从而综合反映整体自然资源的基本情况，尚需在理论和方法上进一步研究。四是在借鉴国际成功经验和惯例标准方面，目前我国自然资源核算与联合国环境经济核算体系（SEEA2012）还存在一定差距，有必要在自然资源账户核算上先补齐"短板"，再以此为基础探索综合性地反映国家自然资源"家底"的报表体系。这既是我国探索编制自然资源资产负债表的初衷，又是我国优化自然资源计量记录披露手段以更好地进行自然资源管理的良好契机。

探索编制自然资源资产负债表，是新形势下我国生态文明体制机制改革的一项重要任务，也是放眼未来开创社会主义生态文明新时代的基本要求，还是我国生态文明体制机制转轨时期完善国家自然资源治理体系、加强资源环境现代治理能力的一项伟大创新活动。综合来看，我国探索编制自然资源资产负债表的过程，既是政策设计顶层推动与实践方案基层试点相互结合、相互促进的过程；也是学术理论推演论证与实践经验归纳总结相互结合、相互促进的过程；还是政府宏观引导服务与民间大胆创新探索相互结合、相互促进的过程。在理论上和实践中积极探索编制自然资源资产负债表仍然任重道远。

（胡文龙）

区域篇

第十一章　区域经济学学科前沿报告

一、中国区域经济学发展态势

20 世纪 50 年代以后，区域经济学逐渐发展成为一门独立的学科。西方区域经济学始于区位理论，可以追溯到杜能提出的农业区位论（1826）、韦伯的工业区位论（1909）和廖什的市场区位论（1940）等。以 1978 年为界，中国区域经济研究和区域经济学的发展大体经历了两个时期。1978 年以前，在高度集中的计划经济体制下，基本上不存在相对独立的区域经济，当时的研究重点集中在生产力布局方面。1979 年以后，随着改革开放和经济体制的转轨，针对区域经济实践中出现的一系列新问题、新现象，区域经济的研究领域逐步拓展。总之，国内外的区域经济学科都是为解决区际差异、城乡差异等区域性经济问题而形成发展起来的。

地域分异是区域经济赖以存在的客观基础，区域经济学是一门以解决现实区域问题为导向，具有区域性、综合性和应用性的学科。生产要素的不完全流动性、经济活动的不完全可分性和产品与服务的不完全流动性称为区域经济的"三大基石"。在新常态背景下，进一步深化研究"三大基石"基础理论，运用区域经济理论解决实际发展问题，以及将实践经验提升到理论高度，完成理论创新是我国区域经济学学科发展的主要内容。

我国经济发展正处在结构调整、转型升级的关键阶段，区域发展中面临的新型城镇化、"三元"社会结构、三大战略、四大板块等问题，与西方发达国家的发展历程有很大不同，这对中国区域经济学而言既是新挑战，也是新机遇。扎根中国区域现实问题，突破传统西方区域经济学的局限和束缚，勇于创新，建立中国区域经济学理论框架与学科体系，以及为其他发展中国家提供先行经验和理论指导是中国区域经济学重要的学科使命。

当前，我国区域现实问题突出，区域经济学发展进入黄金时期。我国区域经济学在理论体系完善以及理论践行能力方面均存在不足，今后学科创新发展应基于以下几点：一是把握新常态、新时期、新理念，以区域协调发展战略为主体，促进地带间协同和城市群内部协同并举；二是继续坚持以现实问题为导向，注重区域格局重塑、产业有序转移以及要素流动机制等的整体与局部研究，不断进行理论创新和完善；三是加强学科的前沿性、开放性与兼容性，吸纳西方经济学、计量经济学、统计学、新经济地理学、空间经济学、城市经济学等相关学科最新研究进展，丰富区域经济学研究内容，借鉴和创新分析工具和方法，不断促进区域经济学的发展与成熟，使其逐步成为主流经济学之一。

二、中国区域经济热点问题研究

"十三五"时期，国家将促进区域协调发展继续放在突出位置，深入实施区域发展总体战略，以"一带一路"建设、京津冀协同发展、长江经济带发展为引领，中国区域经济发展进入一个新的时期。

当前，中国区域经济发展呈现八大特点：①地区经济超越传统区域板块，呈多维分化状态；②城镇化发展成为影响区域发展的一个关键因素；③新资源、新环境条件下，地区经济能够脱离既有基础重造而实现后来居先；④要素流动越来越倚重于区域的综合品质或综合环境；⑤在区域联动不断增强的态势中，隐性竞争日趋激烈；⑥支撑区域发展的功能平台得到广泛运用但作用弱化；⑦认识偏差导致某些调控政策在区域指导中出现"一刀切"；⑧促进区域协调发展的制度建设陆续展开但缺乏系统配套（范恒山，2017）。

（一）"一带一路"倡议

从全球价值链视角来看，中国目前已经具备攀升全球价值链中高端的条件。从宏观全局出发，"一带一路"建设要进行全球价值链布局，要让"一带一路"国家在全球价值链中共享中国发展成果，与中国企业互利共赢，在"一带一路"倡议上寻求全球价值链的合作；从微观主体来看，中国企业走出去更多的是价值链走出去，无论是低端环节的转移，还是以我为主的价值链布局和延伸，都能使相关国家得到全球价值链的红利（洪银兴，2017）。

就国际分工理论而言，国际分工模型的数学推演模拟显示，上下游产业的垂直关联依然是影响产业专业化分工的重要因素。当贸易自由度水平较低时，下游产业都存在违背比较优势原则的产业转移；当贸易自由度提高到一定水平时，比较优势开始发挥作用。"一带一路"倡议所提倡的互联互通的基础设施建设，有利于加快释放各国的比较优势，促进新的国际分工体系的形成。"一带一路"倡议的实质，是构建以中国为"雁首"，沿线国家为"雁身"的新的分工体系，这是以各国比较优势为基础、以不同国家间产业内分工为基本分工格局的新分工体系（安虎森，2017）。

从新时期全面开放新格局出发，"一带一路"促进我国区域经济发展东西双向开放。"一带一路"将我国区域经济发展方向由过去向东的单向开放转变为东西双向开放，助力我国中西部地区从开放的末端进入前沿。三年多以来，"一带一路"在助力我国中西部地区"走出去"、经济资源开发、借助国际国内两个市场、两种资源等方面都取得了显著成效。"一带一路"倡议并不仅仅在于与国外沿线国家发展规划进行战略对接，其建设与国内区域发展战略对接同样非常重要，"一带一路"对于京津冀协同发展、长江经济带的发展具有重要的引领作用；"一带一路"形成很多沟通连接我国区域经济发展的重要节点城市，并助力其重新确立自身功能定位，已成为推动中国区域均衡协调可持续发展的重要途径，同时协调划分中央与地方事权是未来"一带一路"实施的关键，应更多鼓励"一带一路"沿线国家与国内各地进行地方层面的合作，切实防止各地一哄而上的乱局，避免各地区间的恶性竞争（陈耀，2017）。

从区域经济格局演变视角来看，要把"一带一路"倡议、四大板块、城市群建设等各大战略举措有机结合在一起。一是通过"一带一路"建设形成新的增长点，助推三大支撑带的形成，构建全新的开放经济格局，拓展产业转移和消化过剩产能的新空间；二是加快东中西及东北四大板块发展，推动东部长三角、珠三角和环渤海地区，中部长江中游地区和中原经济区，西部成渝经济区和关中—天水经济区，东北中部地区等快速发展，形成多支点的空间骨架；三是以京津冀、长三角、珠三角、长江中游和成渝五大城市群为引领，以国家"十三五"规划明确的 21 个城市群为重点，推动区域经济快速增长；四是加快北京、上海、天津、广州、重庆、成都等国家中心城市和东北的沈阳、华东的南京、华中的武汉、华南的深圳、西北的西安等国家区域中心城市建设，引领全国及地理大区的发展；五是推进省会、计划单列市、地方中心城市等区域性中心城市建设，辐射带动周边地区发展（孙久文，2017）。

（二）京津冀协同发展

京津冀协同发展一方面要解决中国经济高速发展产生的"大城市病"问题，更重要的是探索人口经济高度密集地区如何实现优化发展，这也是京津冀协同的中心任务。京津冀协同发展不是简单的转移和复制，只有大城市群内部的合理分工和协同发展，才可能培育和建设具有国际影响力和国际竞争力的世界级城市群（陈耀，2017）。

方创琳（2017）从理论上提出了京津冀城市群协同发展的科学理论基础与科学规律。推进京津冀城市群协同发展应以协同论、博弈论、耗散结构理论和突变论作为科学理论基础，其中，协同论为核心理论。京津冀城市群的协同发展过程是一个博弈、协同、突变、再博弈、再协同、再突变的非线性螺旋式上升过程，每一次博弈—协同—突变过程，都将城市群的协同发展推向更高级协同阶段，并呈现出阶段性规律。具体包括协助阶段、协作阶段、协调阶段、协合阶段、协同阶段、协振阶段、一体化阶段和同城化阶段共 8 大阶段。

夏添和孙久文（2017）基于新都市主义的视角来审视北京的"首都城市病"。北京存在核心首都功能不突出，非核心首都功能与非首都功能扎堆冗余的现象，这导致北京以二环为核心向外扩张，呈现单中心城市结构和内城的拥堵。"新都市主义"虽然强调紧凑城市，但并非城市的拥堵和污染，而是功能的提升与综合，其解决之道就是 TOD 模式的中国化，这也是"新都市主义"中国化的表现。城市的再生是在原有城市发展结构基础上所做的合理调整，并不是推翻重来。将"新都市主义"开发模式能够运用到北京非首都功能疏解的过程中，可从两方面着手：一是巩固首都核心区的紧凑城市建设，保障首都职能的发挥和世界影响力的提升；二是建立次城区和外围郊区的微中心，实现精明增长。

李国平和罗心然（2017）运用实证分析方法对京津冀地区人口与经济的协调发展关系展开研究。从总量规模和空间分布两个维度出发，结果表明：在总量规模上，京津冀地区整体人口增长与经济增长的协调度较高，但各城市人口增长与经济增长的协调度存在较大差异。在空间分布上，从地理集中度来看，京津冀地区人口、经济地理集中度均呈现北部低、中南部高的分布特征，其中，北京、天津经济地理集中度高于人口地理集中度，河北多数城市人口地理集中度高于经济地理集中度；从重心来看，京津冀地区整体的人口与经济重心都向东北方向移动，且经济重心的移动幅度大于人口重心，两个重心偏离距离不断加大，此外，各城市的人口重心与经济重心也出现不同程度的分离。

（三）雄安新区建设

2017 年 4 月中央宣布设立河北雄安新区，雄安新区是继深圳经济特区和上海浦东新区之后又一具有全国意义的新区，是千年大计、国家大事。《中共中央、国务院关于设立河北雄安新区的通知》明确提出了其定位，即绿色生态宜居新城区、创新驱动发展引领区、协调发展示范区和开放发展先行区。雄安新区以"世界眼光、国际标准、中国特色、高点定位"为建设要求，同时，担负着两大重要使命，一是集中承接北京非首都功能疏解，二是要培育创新驱动新引擎，辐射带动河北发展。

国内学者们对雄安新区的设立意义、功能定位、产业定位、城市规划等问题展开了丰富的讨论和研究，也提出了很多具有建设性和创新性的观点。

深圳经济特区的设立是为了探索改革开放和现代化建设经验，上海浦东新区的建立是为了探索中国特色市场经济的发展规律，而雄安新区的设立也肩负着探索人口经济密集地区实现优化发展模式，有序疏解大都市区的非核心功能，"跳出北京建新城"，培育创新驱动新引擎，带动首都周边地区快速发展，打造具有国际竞争力的世界级城市群这些重大历史使命。雄安新区规划建设要处理好的几个重要关系如下：北京城市功能疏解集中承载地和首都功能拓展区的关系；与北京副中心和"通大新区"的功能定位关系；人才发展和首都功能拓展的关系；人口、资源、环境、发展的关系（杨开忠，2017）。

关于雄安新区的功能定位。雄安新区是北京非首都功能疏解的集中承载地，是北京、天津两个大都市的"反磁力中心"，是京津冀区域新的经济增长极（肖金成，2017）。从雄安新区的定位与使命出发，学者较为认同，不宜将雄安新区承接北京非首都功能疏解理解为承接北京的低端行业。因此，北京非首都功能疏解和雄安新区的承接是需要首先厘清的问题，这涉及首都功能的界定。北京定位（即政治中心、文化中心、国际交往中心与科技创新中心）并不等于首都功能，北京的部分文化功能和科技创新功能也是非首都功能，雄安新区将承接北京定位中的部分高端功能，北京和天津的部分文化功能与科技创新功能会转移至雄安新区（张可云，2017）。

关于雄安新区的产业定位。陈耀（2017）提出，将雄安新区产业发展的总体定位为"科创新城"，唯有在科技创新及高新产业发展上着力，才是唯一正确的选择，才能担负起培育新增长极、带动河北发展、引领京津冀产业结构优化的历史重任；同时，科技未必一定是首都功能，雄安新区的科创功能与北京的首都功能并不会冲突，按照产业内分工理论可以将一部分科技功能转移到雄安新区，北京保留科创功能的前端研发环节，而将科创功能中的后端转化环节转移到雄安新区，两地的科创功能会有一定交叉但分工清晰。

关于雄安新区的城市规划。目前，北京等"大城市病"的主要原因是城市的单中心的空间结构。因此，雄安新区需要从根本上改变这种单中心的规划思路，从建设组团式多中心的组合型城市出发，规划 3～5 个组团，每个组团 30 万～50 万人口，以快速交通工具联结各个组团（孙久文，2017）。雄安新区要构建面向京津冀一体化的快速捷运系统；实行负面清单制度，促进"三生"空间优化；实行以水定城，建设节水型生态新区（魏后凯，2017）。

（四）新一轮东北振兴战略

自 2003 年国家实施东北地区等老工业基地振兴战略以来，2003～2013年东北地区经历了快速增长的"黄金十年"，然而近年来随着国内外经济环境的变化，东北地区经济出现了所谓"断崖式"下跌、"板块塌陷"的困局。国内学者对新常态下的东北问题展开了多方面研究，包括东北振兴战略实施效果评价、新时期东北困境产生原因分析以及新一轮东北振兴战略新思路探讨等内容。

在实施东北振兴战略的前十年，东北地区经济获得了快速发展，取得了多方面的阶段性成果。不应把当前东北经济暂时陷入困境扩大化，并据此片面地认为东北振兴战略失败了（魏后凯，2017），同时也应该注意到，东北振兴战略的实施并没有从根本上解决东北区域经济发展的问题（樊纲，2017）。

学者从宏观经济、市场需求、产业结构、体制机制、人才流失等方面对东北困局的产生原因进行了多角度的解释，大多学者认同东北困局是周期性、结构性和体制性因素综合作用的结果，是内外、新旧因素在特定时空集中爆发的结果，其中，内在的结构性和体制性因素起着关键作用是共识最多的观点。

新一轮全面振兴东北老工业基地需要创新思路、长短结合、标本兼治。从产业结构、空间尺度、城市密度等方面看，我国东北老工业基地与美国制造业带存在许多相似之处或可比之处，美国制造业带衰落与振兴可以为新一轮东北老工业基地全面振兴提供镜鉴和启示（叶振宇、茹雪，2017）。新一轮东北振兴战略必须借鉴发达地区经验，重塑东北营商环境；提高非公经济比例，推进国有企业改革激发市场活力；正确认识和处理好制造业与服务业、制造业与新兴产业两大关系，再创制造业新优势；借助国家推进"一带一路"建设的契机，创新开放合作（陈耀，2017）。东北地区部分城市的单一结构城市发展问题，需要保持生产能力，减小生产规模，区别对待低迷的产业，引进和发展新兴产业，建立单一结构区域转型发展的长效机制，大力发展中小企业和小微企业（孙久文，2017）。

（五）长江经济带发展

长江经济带包含 11 个省市，以 21% 的国土面积，集聚了全国 40% 以上的人口和经济规模，人口与经济密度是全国平均水平的 2 倍。2014 年长江经济带建设上升为国家战略，成为国家新的三大区域发展战略之一。

尽管目前关于长江经济带的研究已经很多，但是对长江经济带的认识仍然存在诸多分歧。首先，由于目前长江经济带的概念、范围、背景和战略目标与之前比有很大不同，因此之前的很多观点需要被重新审视，不同时期的观点需要相互对照；其次，由于政府建设长江经济带的思路出现调整，目前学界对于未来长江经济带研究的重点存在不同判断，有的侧重航运和交通问题，有的侧重产业转移和产业间联系问题，还有的更注重生态补偿机制的建立；最后，目前长江经济带研究关于什么是经济带以及何谓协同这些基本概念仍然缺乏严谨的界定和统一的认识（王丰龙、曾刚，2017）。

长江经济带以"生态优先，绿色发展"为战略思路，在当前和今后相当长的时期，要把修复长江生态环境摆在压倒性位置，共抓大保护，不搞大开发。肖金成和刘通（2017）提出共抓大保护、齐建绿长廊的战略对策：实施主体功能区战略，优化空间开发格局；实施城镇化战略，以市场手段吸纳生态脆弱地区的人口；健全空间规划体系，编制"多规合一"的空间规划；工业进园区，优化产业结构和空间布局；促进上下游共治，建立生态补偿机制。

新时期推进长江经济带发展需要新思路。陆玉麒和董平（2017）提出长江经济带未来发展应立足于三大视角：基于流域视角的长江经济带要素耦合，基于双核视角的长江经济带空间布局，以及基于宜居视角的长江经济带人居环境。具体而言，长江经济带应立足流域经济本质，以三级流域为基本单元，通过社会经济类要素与资源环境类要素的综合集成分析和空间匹配耦合分析，提炼长江经济带的空间开发类型与特色。同时，应以"一带一路"倡议为背景，厘清长江经济带在全国发展的宏观战略地位；以双核结构模式为理论工具厘清长江经济带的基础设施格局和城镇演化机理。最后从环境宜居角度，厘清长江经济带的人居环境类型。

许多学者运用实证分析方法对长江经济带整体发展现状展开了探讨。刘欢和邓宏兵等（2017）利用空间面板数据构建空间计量模型，研究长江经济带人口城镇化空间差异的影响因素，结果表明，解决长江经济带人口城镇化发展的空间不均衡是推进长江经济带新型城镇化建设的重要任务。彭继增和邓梨红等（2017）依据产业梯度系数和产业相对梯度系数发现长江中上游地区承接的重点产业具有很高的相似度，因此，省际间展开激烈的竞争导致重复建设和产业结构化紊乱，严重阻碍了东部沿海地区的产业向长江中上游地区转移及产业结构的优化升级。同时，长江中上游地区承接东部沿海地区重点产业中，不少产业属于污染性产业。

参 考 文 献

[1] 陈耀."一带一路"助力中西部地区走向开放前沿 [J].中国发展观察,2017(9-10):32-34.

[2] 陈耀.京津冀协同发展不是简单的转移和复制 [N].中国经营报,2017-03-04.

[3] 陈耀.新一轮东北振兴战略要思考的几个关键问题 [J].经济纵横,2017(1):8-12.

[4] 陈耀.雄安新区:新常态下优化中国空间结构的战略棋局 [J].区域经济评论,2017(5):32-34.

[5] 范恒山.中国区域经济发展呈现八大特点 [J].区域经济评论,2017(3):6-8.

[6] 方创琳.京津冀城市群协同发展的理论基础与规律性分析 [J].地理科学进展,2017(1):15-24.

[7] 洪银兴,安虎森等."一带一路"战略与区域性中心城市建设 [J].江西师范大学学报(自然科学版),2017(2):1-4.

[8] 李国平,罗心然.京津冀地区人口与经济协调发展关系研究 [J].地理科学进展,2017(1):25-33.

[9] 刘欢,邓宏兵等.长江经济带市域人口城镇化的时空特征及影响因素 [J].经济地理,2017(3):55-62.

[10] 陆玉麒,董平.新时期推进长江经济带发展的三大新思路 [J].地理研究,2017(4):605-615.

[11] 彭继增,邓梨红等.长江中上游地区承接东部地区产业转移的实证分析 [J].经济地理,2017(1):129-133.

[12] 孙久文,姚鹏.单一结构地区转型的原因与路径探讨 [J].社会科学辑刊,2017(1):44-49.

[13] 孙久文.雄安新区的意义、价值与规划思路 [J].经济学动态,2017(7):6-8.

[14] 王丰龙,曾刚.长江经济带研究综述与展望 [J].世界地理研究,

2017（4）：62－71.

[15] 魏后凯. 东北经济的新困境及重振战略思路 [J]. 社会科学辑刊，2017（1）：26－32.

[16] 魏后凯. 推进雄安新区建设的若干战略问题 [J]. 经济学动态，2017（7）：10－12.

[17] 夏添，孙久文. 北京非首都功能疏解的思考与刍议 [J]. 北京社会科学，2017（7）：69－78.

[18] 肖金成，刘通. 长江经济带：实现生态优先绿色发展的战略对策[J]. 西部论坛，2017（1）：39－42.

[19] 肖金成. 关于河北雄安新区的功能定位 [J]. 经济与管理，2017（5）：6－7.

[20] 杨开忠. 雄安新区规划建设要处理好的几个重要关系 [J]. 经济学动态，2017（7）：8－10.

[21] 叶振宇，茹雪等. 东北老工业基地的历史镜鉴、现实困境与全面振兴 [J]. 发展研究，2017（1）：25－31.

[22] 张可云. 设立雄安新区的逻辑和十大关键问题 [J]. 区域经济评论，2017（5）：39－43.

（陈耀、倪君）

第十二章　地区产业非均衡发展与产业升级："雁阵模式"、产业集聚视角的综述

　　区域非均衡发展一直是区域经济学关注的研究热点，也是世界很多国家发展所关心的问题。按照理论发展动态来看，最早的区位理论更多地在探讨区域均衡发展问题，如杜能（1826）、韦伯（1909）、廖什（1940）等，该理论聚焦在成本或是市场对产业布局的影响，并寻求区域间均衡发展。与之相对应的是非均衡发展理论，并逐渐取代了区域均衡发展的理论，成为区域经济学与产业经济学研究的重点。非均衡发展理论主要分为两种：一种是以增长极理论为代表，其中包括中心—外围理论；另一种是以倒"U"形理论为代表。增长极理论由物理学的磁极理论引申开来，把空间看成立场，存在不同的增长点或是增长极，可以向周围空间扩散（佩鲁，1955）；缪尔达尔和赫希曼分别从"循环积累因果理论"和"极化涓滴"理论对其做了扩展和补充；弗里德曼（1966）沿着赫希曼的思路认为极化作用会形成"核心区"，"涓滴作用"会形成"边缘区"。威廉姆森（1965）用实证证明了经济发展与区域差异存在的倒"U"形现象，将时间变化引入区域非均衡发展问题中，说明经济发展引发的区域差距是不可逾越的现象，只能通过进一步的发展来不断缩小差距。与之相对应的特征事实主要分为地区间的经济发展差距、产业的地区间转移和同一地区内的产业集聚、产业升级，针对不同的现象衍生出不同的解释角度，目前，在我国较为流行的角度有两点：其一是产业集聚的度量、原因探究和经济增长影响，是"集聚"的角度；其二是"雁阵模式"，即从产业在地区间转移的时间、空间角度描述了地区非均衡发展问题，是一种"扩散"的角度。从我国对地区非平衡发展的问题研究来看，对产业集聚问题的关注要更早，聚焦于某地某产业的产业集聚情况的

研究。随着经济发展和产业结构的提升，我国产业升级问题已经到了地区间大范围转移或是产业重塑的新阶段，我国地区间发展的不平衡和要素资源禀赋的异质性，使一些学者认为"雁阵模式"可以用来解释中国地区之间的产业转移和升级问题。从学术研究上看，近年来国内外学术界对地区经济非平衡发展、产业地区分布的研究主要有以下几个角度：一是贸易和增长的角度；二是产业集聚、分散的区域经济学角度；三是地理学的纯测度工具的角度，都为我们深入分析地区间经济和产业发展不平衡问题提供了较为完备的框架和方法。鉴于我国目前对此问题的研究现状，本章从"雁阵模式"和产业集聚两个角度分别回顾研究地区非平衡发展、产业转移升级的文献，并对现有研究成果进行简要梳理。

一、"雁阵模式"理论

（一）"雁阵模式"的发展历程

日本经济学者赤松要（Kaname Akamatsu）在 1935 年总结日本发展过程的文章中，首次使用了"飞雁模式"这个名词，后于 1962 年将文章以英文形式发表，也将"飞雁模式"的日文名称换成英文名称——"Wild - Geese - Flying Pattern"，用以描述发达地区带动欠发达地区发展的后发经济起飞现象。赤松要的文章符合东亚国家"出口导向"政策的历史进程，他在文中提到的工业体系建立的过程，也与 Terutomo Ozawa（2011）不谋而合。Terutomo Ozawa 将从 1870 年至今的产业发展阶段分为资源禀赋驱动阶段（如纺织业）、规模经济驱动阶段（如钢铁、化学）、流水线驱动阶段（如汽车）、研发驱动阶段（如芯片、计算机行业）、互联网驱动阶段（如信息业）五个阶段，并将未来可能出现的阶段定义为绿色能源、绿色行业等。不同国家的产业处于何种阶段，可以按照 Terutomo Ozawa 的分类一一对应。

小岛清（Kiyoshi Kojima）于 2000 年的文章将"雁阵模式"的起源、理论延伸和地区政策做了综述，在这一文章中，他使用了"Flying Geese Model"的英文名称。他总结赤松要的理论只描述了产业升级中的两个过程：一是一个产业的升级历程——进口、生产、出口；二是整个产业体系的完备——初等品、消费品到资本品。他认为，还有第三种过程，按照国内投入要素的程度有选择地升级产业。他也总结了"雁阵模式"的三大理论基石：一是有选择的多样化产业升级路径；二是出口导向政策；三是经协商的专业化。虽然他将这三点看作"理论基石"，但更多体现的是政府的战略。小岛清的理论与Vernon（1966）的产品生命周期理论不谋而合，这种对产品发展变化的描述也比较符合世界各国出口产品的历史进程。

（二）"雁阵模式"的理论实质

从日本学者的研究可以看出，"雁阵模式"并不完全是一种经济学理论，更多的是在描述一种现象，同时它的立足点是为落后经济体的产业政策提供学术支持。对于地区不平衡发展的理论研究由来已久，国外其他学者虽然没有使用"雁阵模式"的字眼，但也是在用各种方法解释地区不平衡发展现象，其中，影响最为广泛的是国际贸易角度和增长角度。例如，Matsuyama（2002）的文章，从内生增长的角度为"雁阵模式"提供了理论支持。Alwyn Young（1991，1993）从"干中学"的角度，探讨了内生增长模型中的技术溢出对经济体的影响。他认为，发达国家的不发达产品与发展中国家的最发达产品展开竞争，贸易使两者存在不均衡的产业发展，发达国家依托"干中学"的技术外溢，将要素集中于高技术产品中；而由于贸易的比较优势条件，使在某些高端产品有优势的发展中国家，也会将生产要素集中于发达国家已不生产但还可贸易的低端产品中。这样使发达国家与发展中国家在产业链、地区发展中的地位处于不平衡，发达国家也剥夺了发展中国家的技术创新能力。除了内生增长方面，Grossman和Helpman（1991）从垂直增长和水平增长两个方面考察了质量提升对增长的影响，通过建立两种模型得出两种技术进步方式的简化形式一致的结论。这种将技术进步分开的理论研究方法为后来的实证研究提供了很好的角度。尤其是新地理经济学的开创者Krugman（1981，1990，1991，1994，1995），在规模报酬递增、不完全竞争、需求异质性等假设重新构建区域发展的框架，在空间的角度对全球不平衡发展有了更深刻的理解，已成为研究这一领域影响最为广泛的理论。以上这些理论也为地区产业非均衡发展做出了新的补充，并成为目前研究该问题的理论首选框架。

（三）"雁阵模式"的国内外研究情况

国外对于"雁阵模式"的实证研究多是建立在贸易领域，利用 RCA 的变化测度不同国家比较优势的变化。Dowling 和 Cheang（2000）即利用 RCA 的方法检验了 1970～1985 年日本、新工业经济体（亚洲"四小龙"）和东南亚联盟（不包新加坡）的出口变化情况，尤其是分析了 FDI 对新工业经济体和东南亚联盟不同的影响。他们的研究发现如下：①从时间上看，亚洲"四小龙"的经济发展主要是在 1970～1985 年，东南亚联盟国家的经济起飞主要发生在 1985～1995 年，从时间上看符合各个国家引进 FDI 的情况。②从各国出口、进口产品的变化来看，日本最先失去在劳动密集型产业的比较优势（如纺织业和服装制造业等）；亚洲"四小龙"最先从日本的产业转移中受益，虽然开始都以劳动密集型产业出口为主，但后来都进行了转型升级。类似利用 RCA 进行国际比较的还有 Dudley（2007），他通过比较中国和印度 10 个产业在 1990～2004 年的变化，分析两个国家的比较优势并做出对这两个国家的未来的产业发展预测。他的研究也表明，从成本角度研究产业转移有一定的局限性，成本变化是"雁阵模式"产业转移的必要而并非充分条件。除了直接使用 RCA 的方法，也有国外学者从贸易理论的角度进行比较研究，Schott（2004）利用美国 1972～1994 年的进口产品数据，实证检验新旧贸易理论对于贸易驱动因素的原因。他认为，在产品线内，传统的贸易理论发挥重要作用，产品的出口主要是由比较优势驱动的；而在不同产品之间，新贸易理论——不完全竞争假设的贸易理论——发挥了重要的作用；越是发达的国家，越能给本国的出口产品赋予异质性，越是不发达的国家，出口的产品越具有同质性。他的研究补充了"雁阵模式"中的产业链升级的过程。

我国对"雁阵模式"的研究较晚，介绍其理论的文章大多开始于 1998 年亚洲金融危机之后，越来越多的学者开始考察"雁阵模式"下的贸易间的不平衡性。最开始我国学者对"雁阵模式"的介绍带有批判的意味，基本认为出口导向型经济不会自动实现贸易平衡，产业升级需要内外各种因素一起推动。代表性的文献有王林生（1999）、郑琰（1999）、胡俊文（2000），这一阶段的文献基本认为"雁阵模式"是造成亚洲金融危机严重后果的内生性原因之一，并不将其延伸至我国的经济理论中。近几年来，我国地区间经济和产业发展的不平衡使越来越多的学者重新使用"雁阵模式"。张红（2011）将中国分为东部、中部、西部三个区域，认为地理邻近、具有资源禀赋和发展阶段差异、根据相对成本差异即可适用于"雁阵模式"。汪桥和张敏（2012）从我国"二元化"经济出发，认为创新可以使我国形成"雁阵式"地区产业升级。

国内实证角度影响最大的是蔡昉等（2009）的文章，文章通过比较中国六大区域制造业的全要素生产率和平均劳动报酬，得出中西部地区可以承接东部地区劳动密集型产业的预期的结论。虽然他们在文中认为各地的异质性是产生比较优势的来源，但无法证明西部地区承接东部地区的劳动密集型产业后是否会在国际贸易中取得比较优势，如果无法在国际贸易中取得比较优势，那么东部沿海地区的劳动密集型产业就不会往中西部地区转移；同时文章对"雁阵模式"的理解也仅限于地区和产业差异两个方面，对于产业链内部的差异和升级、地区产业升级的速度等问题都没有考察。Ruan 和 Zhang（2010）、曲玥等（2013）的研究也存在这种问题，他们主要聚焦于劳动密集型行业，虽然比较了地区间的成本差异，并且也在计量模型中加入了东部地区的虚拟变量，但是无法说明所有地区劳动密集型产业集聚程度下降的情况，因为存在所有地区的劳动密集型产业集聚程度同时下降的可能。纪玉俊和张鹏（2014）的研究结论与曲玥等相反，他们通过比较中国东部、中部、西部的制造业比较优势的情况说明东部地区劳动密集型产业已处于扩散状态，但中西部地区虽然有劳动力的比较优势但并没有增强相关扩散产业的产业承接，应该说，纪玉俊和张鹏（2014）通过分样本回归得出的结论更加符合我国劳动密集型产业转移的现状。张其仔（2014）的文章与以上不同，他指出了用成本来考察各地区是否满足"雁阵模式"的不足，利用产品空间的方法，测算了中国各省份的产品技术含量和连通性，从综合能力的角度出发考察省区之间的差异。他的研究结果显示，中国各地区的产业类型早已进入了资金密集型行业，这是与很多研究者最大的不同，结合产品空间方法考察产业升级也成为近期学术的热点，但计算方法略微复杂，如何使用更加新颖、简单的方法验证"雁阵模式"需要在未来的研究中引起更多的重视。

二、产业集聚

在使用"雁阵模式"的框架分析我国产业转移、升级之前，我国学术界对此问题的分析更多地聚集于产业集聚的概念、方法方面，尤其是测度工具的发展、使用，对于我们判断地区产业发展阶段、形态提供了准确的数量工具，也是需要研究产业布局的学者持续关注的问题。

（一）产业测度工具的文献综述

产业测度工具的发展历程，反映了经济学与地理学的研究领域和工具上逐渐相融合的过程。现在所公认的经济地理学的源头，可以追溯到 1826 年德国经济学家杜能提出的农业区位论。随着经济的发展和经济活动的密集，在同一块地理空间上的经济活动的测度成为研究发展的需要。除了被我们熟知的市场集中度测度外，有关区域化经济活动的产业测度工具被大量发明出来。

目前大量使用的测度工具按照所需要的数据类型、测度结果的优良特性可以被分为三种类型，也代表着测度工具发展的三个阶段，一般来说，产生时间越晚的测度工具越先进。如赫芬达尔指数（HHI）、区位商（LQ）等，多产生于 20 世纪第二次世界大战前后，最开始的雏形和使用过程并不限于产业集聚方面。例如，区位商最开始是作为衡量产业与人口分布的不相似程度的工具，由 Hoover（1936）发明。后来经过学者改进，将区位商的运用范围扩大到对外贸易领域，现在我们使用的区位商指数，也被称为"Hoover – Ballasa Index"。再如，胡佛指数（Hoover Index），最早被用于收入不平等领域，后来经过改进被使用在空间集聚测度中。空间基尼系数（Spatial Gini Index）的发明也具有同样的特点，它来源于基尼系数，最早是用来衡量收入和财富分布的经济学指标，后经 Krugman1991 年改进成为测度空间范围中要素不平等性的指标。赫芬达尔指数的发明更具有巧合性，它由赫芬达尔（Orris C. Herfindahl）于 1950 年的博士学位论文中正式发明，由于赫希曼（Albert Otto Hirschman）在 1945 年也提出了相似的指标，后来被称为赫芬达尔—赫希曼指数。除此之外，源自信息理论的熵指数（Entropy Index）、被视为熵指数特例的锡尔指数（Theil Index），都可以视为第一代产业集聚指标。第一代产业集聚测度并未区分产业集中和产业集聚，也没有深刻考察测度工具背后所代表的理论，只有区位商指数被认为是基于比较优势的指数，这还与区位商指数被运用到世界贸易中有关。并且第一代产业集聚指数多是使用宏观层面的数据，对微观数据的使用较少。

进入 20 世纪 90 年代之后，随着地理信息技术的发展和微观数据的流行，越来越多的学者从事新的测度工具的发明中来。例如，Ellison 和 Glaeser（1997）利用企业层面的数据，为了解决传统的集聚测度面临的企业规模对于测度结果的影响和行业间的可比性，结合空间基尼系数和赫芬达尔指数改进了的产业集聚测度方法，发明了 EG 指数。第二代指数比第一代指数的进步之处在于对集聚微观动因的把握，贺灿飞和潘峰华（2007）认为，EG 指数与第一代指数的不同在于企业的区位决策取决于某个区位的自然优势，即测度反映的理论内涵在于利用 Marshall 提出的区位集聚的"外部性"，类似的测度方法还有 MS 指数。虽然第二代指数与第一代指数相比，在方法上和结构中都取得了长足的进步，但仍然无法解决 MAUP，为了解决 MAUP，产生了第三代产业测度工具。

第三代产业测度工具以 DO 指数为代表，由 Duranton 和 Overman（2005）发明。他们利用地理信息系统（GIS），引入了企业的地理信息，将产业集聚从宏观尺度一下子缩小到微观个体尺度，方便对区域间企业的交互性做出准确的分析。Duranton 和 Overman 还认为，一个合格的测度工具要满足五个特点：一是行业间的可比性；二是能够控制集聚效应；三是能够控制集中效应；四是解决 MAUP 问题；五是能够对结果进行显著性检验。类似的测度方法还有 K 函数和 M 函数（刘春霞，2006）。虽然第三代产业测度方法是目前最为先进的方法，但由于其利用所有企业的信息，加大了运算难度。同时，由于此方法可以在距离上反映经济活动的集聚和分散的规模，此方法多运用于城市、区县级别的空间区域中，其方法本身也没有反映出相应的理论，应该说不适用于外部性和自然优势差别极大的省份、国家层面。但目前随着微观数据的普及和 GIS 技术的发展，越来越多的研究者开始使用 DO 指数研究产业问题，如袁海红、张华和曾洪勇（2014）利用北京地区企业的微观数据，发现各种类型的行业在北京市内聚集的距离远近；张延吉等（2017）沿着前者的思路分析了北京市三位数生产性服务行业的聚集态势和影响因素。未来可以预见，DO 方法的使用在经济类文献中会越来越普及，能够对城市范围的产业分布给出更为细致的发现和建设性建议。

（二）产业集聚影响因素的相关文献

产业集聚测度工具只是提供了判断产业集聚与否的方法，背后的影响因素是研究人员更为关注的角度。有关产业集聚影响因素的文献最早来自 Marshall（1921）的理论，即产业集聚的企业通过集聚能够享受三方面的好处：共享劳动力（Labor Market Pooling）、共享中间品市场（Input Sharing）和技术溢出（Knowledge Spillovers），这也被称为 MAR 外部性。外部性的角度也启发了很多学者研究产业集聚的影响因素。其中的代表有 Rosenthal 和 Strange（2001），他们使用的自变量除了代表 MAR 外部性的三个变量外，还使用了自然优势和产品航运成本，在州、县和邮政编码三个行政范围进行回归。结果发现，劳动力在所有三个范围都显著，技术（知识）溢出只在最小的行政区划范围内显著，其他三个变量在州范围显著而在小范围逐渐不显著。他们认为，技术（知识）的外溢效应较小，这与知识传播的特殊性有关。Jordi 等（2010）检验了不同行业、不同行政区划范围的 MAR 外部性对企业选址集聚的影响，他们认为技术溢出是最不具有空间溢出性的。Billings 和 Johnson（2013）发明了一种新的测度集聚的指数——共域化指数，除了检验 MAR 外部性外，还加入了邻近消费市场、交通基础设施两个自变量，他们的研究发现交通、邻近市场和技术溢出能够解释大部分的集聚原因。我国国内学者的研究有很多仿照 Rosenthal 和 Strange（2001）的思路，但是加入了他们认为比较重要的变量。路江涌和陶志刚（2007）利用动态面板回归的方法检验了我国产业集聚的影响因素，他们认为地方保护主义在很大程度上限制了中国制造业的集聚。贺灿飞等（2008）的研究中对产业集聚影响最为重要的变量是政策因素和制度因素。在邵昱晔（2012）的研究中，除了 MAR 外部性、运输成本、自然资源、金融工具外，还加入了对外开放程度的因素，结果表明，对外开放只对东部沿海地区的产业集聚产生影响。在中国学者的研究中，政策因素（制度因素）是非常重要的影响因素，学者大多选择国有企业产值比例或是利用外资额、开发区数量作为代理变量。在计量方法的运用中，我国的学者大多采用面板数据，因此多会选择面板或是动态面板的方法，比 Rosenthal 和 Strange（2001）使用截面数据更有说服力。

也有很多研究者没有在影响因素中加入外部性，或是专门研究某一因素对集聚效应的影响。例如，Gabe 和 Abel（2012）专门研究了知识对于产业集聚的影响，他们从 MAR 外部性中分离了劳动力共享这一因素，研究了不同受教育程度、不同工作经验的劳动者的专门知识和一般知识对产业集聚的作用。研究表明，只有专门化知识才能使集聚从劳动力共享中获得正效应。白重恩等（2004）专门研究了地方保护主义对集聚效应的影响，他们认为，地方保护主义阻碍了区域的专业化水平，他们的研究使后来的中国学者都把国有企业的比例（或是非国有经济的比例）作为一个重要变量加入模型中，这是研究中国经济问题独特的现象。Long 和 Zhang（2011）将产业集群和金融抑制联系起来，认为产业集群降低了我国中小企业融资的难度，因此促使中小企业在产业集群发达的地方集聚，他们的研究使金融抑制与产业集聚的关系受到关注。吴意云和朱希伟（2015）研究了产业政策对于产业集聚的影响，结果表明，地理集中和行业专业化在 2005 年前后由上升转为下降，省际产业同构现象加剧。蓝庆新和陈超凡（2013）利用空间计量的方法，检验了我国产业升级结构的影响因素，在他们的研究中，新兴城镇化、金融支撑、科技发展和市场化程度均对产业升级结构有显著的影响。王永齐（2012）总结了产业集聚机制的种种理论，将各研究学者的影响因素归纳为外部性影响理论、规模报酬递增理论，前一个理论是 Marshall（1921）的观点，后一个理论是 Krugman 新经济地理学的角度。在实证研究中，大部分学者将这两个理论内所提到的因素一起做检验，可以预见，我们对于产业集聚影响因素的研究也会更加清晰。

（三）产业集聚增长效应的相关文献

产业集聚的另一个研究热点在经济的增长效应方面，关于此问题的文献主要分为三种：一是产业集聚对劳动生产率的增长效应；二是产业集聚对外部性的增长效应；三是产业集聚对其他因素的增长效应。这方面的研究结合了新的测度方法和计量方法，也是将理论模型化为实际应用最多的一个研究角度。

1. 产业集聚对劳动生产率的增长效应

产业集聚对劳动生产率的增长效应，最经典的文献就是 Ciccone 和 Hall（1996）、Ciccone（2002）采用就业密度指代产业集聚指标，对劳动生产率的影响进行了研究和国际间对比。Ciccone 和 Hall 1996 年利用美国的数据测算出劳动生产率的就业密度弹性为 6%，Ciccone 2002 年利用西欧国家的数据测算出的就业密度弹性为 4.5%。其研究的理论含义在于利用地区的劳动力共享和知识外溢性。我国研究者对这一问题的研究大多沿袭 Ciccone 和 Hall 的范式，如范建勇（2006）的研究区分开了非农就业和农村就业，劳动生产率对就业密度的弹性系数达到了 8.8%，远超 Ciccone 等的测算结果，并且我国就业密度和人力资本两项可以解释地区间巨大的劳动生产率差异的 62%。他对于这个弹性系数的解释为中国的城镇化造成农村劳动力向城市流动，使非农产业的产出弹性远高于国际水平。陈良文等（2008）基于北京市微观数据的测算结果中，劳动生产率对就业密度弹性达到了 16.2%，比范建勇（2006）的研究高出了 1 倍，这可能与北京市较为发达的劳动力市场和使用微观数据有关，我们也可以看出地区间劳动生产率的巨大差异。李炜（2008）对我国所有地区的研究也显示了这一弹性高于国际水平的现象，他总结的原因为：我国集聚地区的行业间知识外溢性的边际效用较高；中间投入品提高了规模报酬。章元和刘修岩（2008）在模型中加入了交通密度变量，发现铁路基础设施确实能够促进城市经济增长，为解释变量加入了新的解释角度。孙浦阳等（2015）将非农总就业分为工业和服务业两组，利用动态面板计量分析方法研究了集聚效应对中国城市劳动生产率的影响，他们的研究发现，集聚初期拥塞效应占集聚效应的主导地位，而后是集聚效应逐步占据主导地位，他们的研究将集聚对劳动生产率的时间效应区分为短期和长期，使我们更好地理解集聚的时间作用。

2. 产业集聚对外部性的增长效应

Ciccone 模型有两个重要的特点：一是加入了土地面积；二是利用土地面积测算出就业密度（或是人口密度），还有的学者从柯布—道格拉斯生产函数出发，将集聚性看作技术水平的一部分，这样就改变了模型的设置，改由外部性角度考察对经济增长的影响。有的研究者会将技术水平分为专业化、多样化和竞争性，一般来说，专业化也即集聚效应，相同产业的企业在某一地区集聚多被认为是 MAR 外部性，不同产业的企业在某一地区的集聚被认为是 Jacob 外部性，竞争性被认为是 Porter 外部性。Lucio 等（2002）即采用了上文中的模型，研究了行业专业化、地区专业化、多样化和竞争性对经济增长的影响，他们使用了西班牙 1978～1992 年 26 个制造业的数据，结果发现，行业专业化和地区专业化对经济增长显著作用，专业化开始对经济增长的作用为负，到达一定程度后才会对经济增长有促进作用，多样化和竞争性对经济增长无明显的促进作用。国内与之类似的文献有薄文广（2007）、吴三忙和李善同（2011）。除了将外部性分为 MAR 外部性、Jacob 外部性和 Porter 外部性外，一些学者重点研究了专业化和多样化对经济增长的影响。潘文卿和刘庆（2012）在模型中加入了因变量的滞后项，除了集聚效应，还加入了交通设施变量和非国有经济比重的变量，通过对中国各省区2001～2007 年的面板分析表明，集聚效应对经济增长有正向的影响，反而加入的交通设施变量的影响为负，他们认为是集聚效应和交通基础设施同时加入自变量导致的，企业在某一定范围的大量集聚降低了对交通基础设施的依赖；非国有经济对经济增长的影响为正。李斌和刘子琳（2014）的文章在对生产性服务业的增长中加入了对专业化和多样化的非线性关系的讨论。

3. 产业集聚对其他变量的增长效应

除了集聚效应对生产率的影响外，很多学者考察了集聚对其他变量的影响情况。孙浦阳等（2012）研究了产业集聚对 FDI 的影响，他们将集聚性分为制造业集聚、服务业集聚和外资集聚度，控制了地区生产总值和人口增长率等指标，制造业集聚和外资集聚对城市 FDI 流入的影响为负，服务业集聚的影响基本为正。杨仁发（2013）将外部性与地区工资差距联系在一起，考察了 MAR 外部性、Jacob 外部性和 Porter 外部性对工资的影响，他的分析表明，对工资变量而言，Jacob 外部性有正向作用，但远小于 Porter 外部性的负向作用，MAR 外部性不显著。王永培和晏维龙（2014）将产业集聚与企业的避税效应联系到一起，认为相同行业的企业集聚加强了区域内企业的避税程度，但是不同地区的企业的避税策略各有不同。林灵等（2015）研究了产业集聚对人力资本投资的影响，他们的结果显示，产业集聚对人力资本提升作用只存在于中小企业中，即便企业没有对员工进行人力资本投资，集聚效应带来的知识溢出也会使得这些企业获得好处，提升企业的经济绩效。

产业集聚的增长效应是产业集聚领域的热点问题，伴随着产业集聚带来的各类溢出效应，可以使得区域内的企业受到各种正向的外溢性，虽然也有部分学者在分析中加入了对邻近区域的考察（孙浦阳等，2012），但对产业集聚的空间考察力度远远不够，应该加强对空间溢出效应的考察；在动态面板分析中，加入二次项也逐渐成为分析的常态，因为不同地区、不同行业的集聚效应有可能和因变量之间存在非线性关系。这些计量方法的采用，已经逐渐成为实证领域的通用方法。

4. 空间计量经济学在产业集聚研究中的运用

随着空间计量经济学的发展，越来越多的经济变量之间的空间溢出效应可以被有效考察，产业集聚研究也因为加入了空间计量经济学的技术可以说明更多的问题。在使用空间计量模型中，不仅要选择合适的方法（如 SAR、SEM、SDM 等），还需要对空间矩阵做出假设，一般使用的空间矩阵有三种：一是相邻矩阵，相邻的区域即为 1，不相近即为 0；二是距离的倒数或距离平方的倒数，按照省份重心的距离测算；三是经济距离，一般按照GDP、人口、产值等测算。焦艳等（2013）、金春雨和王伟强（2015）考察了高技术产业空间集聚的影响因素，焦艳等（2013）采用的是空间自回归模型考察长江三角洲16个城市的集聚效应影响因素，使用的空间矩阵为16个城市的空间距离矩阵和经济距离矩阵，结果表明，创新能力、知识溢出、消费者需求和政府行为均对高技术产业的集聚有正向影响，传统的交通运输变量对高技术产业的空间溢出效应作用不明显。金春雨和王伟强（2015）采用的是省级面板数据，空间权重矩阵为相邻矩阵，结果与焦艳等（2015）不太一致，他们的研究中人力资本、规模经济、运输成本和基础设施对集聚效应有正向影响，知识溢出等变量有负向影响。两者结果的不一致可能与行政范围的选择、空间权重的选择和集聚效应变量的选择有关，这也说明使用空间计量方法在考察产业集聚问题时，可以应对结论不一致的情况。谢雄军和何红渠（2014）用空间计量方法考察了产业集聚对各省增长率的空间溢出效应，通过局部自相关的LISA分析，将全国各省份集聚和经济增长的关系分为高高、高低、低高和低低四种，产业集聚对经济增长有显著的正向促进作用。于彬彬等（2015）考察了产业集聚对城市经济增长效率的影响，他们做了两种回归，一种是分区域的制造业集聚、生产性服务业集聚和制造业和服务业共同集聚对经济增长的影响；另一种是MAR外部性、Jacob外部性和Porter外部性对经济增长的影响，结果表明，制造业集聚对经济发展有先正后负的影响，生产性服务业仅对中部地区有正向的影响；MAR外部性和Porter外部性对经济增长的影响为负，Jacob外部性仅对东部地区有正向影响。省份和城市的划分，也使同样的效应得出不一样的结果。除了产业集聚问题，也有很多学者关注交通运输等基础设施建设对经济增长的空间外溢性（张学良，2012；张浩然、衣保中，2012；刘峰、张忠军，2014）。

参 考 文 献

[1] 艾萨德. 区域科学导论 [M]. 北京：高等教育出版社，1992.
[2] 奥古斯特·勒施. 经济空间秩序 [M]. 王守礼译. 北京：商务印书馆，2010.

[3] 白重恩，杜颖娟，陶志刚等．地方保护主义及产业地区集中度的决定因素和变动趋势 [J]．经济研究，2004（4）：29－40．

[4] 薄文广．外部性与产业增长——来自中国省级面板数据的研究 [J]．中国工业经济，2007（1）：37－44．

[5] 蔡昉，王德文，曲玥．中国产业升级的大国雁阵模型分析 [J]．经济研究，2009（9）：4－14．

[6] 陈长石，吴晶晶，刘和骏．转型期中国制造业产业集聚分布特征及动态演进——兼论EG指数衡量产业集聚的有效性 [J]．财经问题研究，2016（1）：25－33．

[7] 陈建军，胡晨光．产业集聚的集聚效应——以长江三角洲次区域为例的理论和实证分析 [J]．管理世界，2008（6）：68－83．

[8] 陈良文，杨开忠，沈体雁等．经济集聚密度与劳动生产率差异——基于北京市微观数据的实证研究 [J]．经济学（季刊），2009，8（1）：99－114．

[9] 陈良文，杨开忠．生产率、城市规模与经济密度：对城市集聚经济效应的实证研究 [J]．贵州社会科学，2007（2）：113－119．

[10] 陈诗一．中国工业分行业统计数据估算：1980～2008 [J]．经济学（季刊），2011（3）：735－776．

[11] 程中华，于斌斌．产业集聚与技术进步——基于中国城市数据的空间计量分析 [J]．山西财经大学学报，2014，36（10）：58－66．

[12] 戴平生．区位基尼系数的计算、性质及其应用 [J]．数量经济技术经济研究，2015（7）：149－160．

[13] 范剑勇，冯猛，李方文．产业集聚与企业全要素生产率 [J]．世界经济，2014（5）：51－73．

[14] 范剑勇，石灵云．产业外部性、企业竞争环境与劳动生产率 [J]．管理世界，2009（8）：65－72．

[15] 范剑勇．产业集聚与地区间劳动生产率差异 [J]．经济研究，2006（11）：72－81．

[16] 冯其云．贸易开放和技术进步是否导致区域就业不平衡——基于省域数据的空间面板计量分析 [J]．经济问题探索，2015（5）：47－53．

[17] 韩峰，洪联英，文映．生产性服务业集聚推进城市化了吗？[J]．数量经济技术经济研究，2014（12）：3－21．

［18］ 韩峰，赖明勇．市场邻近、技术外溢与城市土地利用效率［J］.世界经济，2016，39（1）：123－151.

［19］ 贺灿飞，董瑶，周沂.中国对外贸易产品空间路径演化［J］.地理学报，2016，71（6）：970－983.

［20］ 贺灿飞，谢秀珍，潘峰华.中国制造业省区分布及其影响因素［J］.地理研究，2008，27（3）：623－635.

［21］ 侯新烁，张宗益，周靖祥.中国经济结构的增长效应及作用路径研究［J］.世界经济，2013（5）：88－111.

［22］ 胡俊文.论"雁行模式"的理论实质及其局限性［J］.现代日本经济，2000（2）：1－5.

［23］ 胡立法.产品空间结构下的产业升级：中韩比较［J］.世界经济研究，2015（3）.

［24］ 纪玉俊，张鹏.我国区域经济协调发展的大国雁阵模式——一个产业集聚与扩散的视角［J］.产业经济评论，2014，13（1）.

［25］ 焦艳，石奇，王之军.基于空间计量经济学的高新技术产业集聚及其影响因素研究——以长江三角洲16个城市为例［J］.西华大学学报（哲学社会科学版），2013，32（6）：83－88.

［26］ 金春雨，王伟强.我国高技术产业空间集聚及影响因素研究——基于省级面板数据的空间计量分析［J］.科学学与科学技术管理，2015（7）：49－56.

［27］ 李世杰，胡国柳，高健.转轨期中国的产业集聚演化：理论回顾、研究进展及探索性思考［J］.管理世界，2014（4）：165－170.

［28］ 李小平，周记顺，王树柏.中国制造业出口复杂度的提升和制造业增长［J］.世界经济，2015（2）：31－57.

［29］ 李蕴雄，任永欢，贺灿飞.中国的地区企业进入与退出关联研究［J］.地理科学进展，2016，35（3）：349－357.

［30］ 林伯强，光晓.梯度发展模式下中国区域碳排放的演化趋势——基于空间分析的视角［J］.金融研究，2011（12）：35－46.

［31］ 林毅夫，若恩.东亚经济增长模式相关争论的再探讨［J］.经济研究，2007（8）：4－12.

［32］ 刘春霞.产业地理集中度测度方法研究［J］.经济地理，2006，6（5）：742－747.

[33] 刘峰，张忠军. 交通基础设施对制造业企业库存的降低效应研究——基于空间计量模型的实证分析 [J]. 工业技术经济，2014 (9)：79-87.

[34] 刘军，徐康宁. 产业聚集、经济增长与地区差距——基于中国省级面板数据的实证研究 [J]. 中国软科学，2010 (7)：91-102.

[35] 刘修岩，吴燕. 出口专业化、出口多样化与地区经济增长——来自中国省级面板数据的实证研究 [J]. 管理世界，2013 (8)：30-40.

[36] 刘修岩，殷醒民. 空间外部性与地区工资差异：基于动态面板数据的实证研究 [J]. 经济学（季刊），2009，8 (1)：77-98.

[37] 吕冰洋，余丹林. 中国梯度发展模式下经济效率的增进——基于空间视角的分析 [J]. 中国社会科学，2009 (6)：60-72.

[38] 罗丽娜. 东亚"雁阵模式"式微原因新析及启示 [J]. 特区经济，2006，210 (7)：167-169.

[39] 罗勇，曹丽莉. 中国制造业集聚程度变动趋势实证研究 [J]. 统计研究，2005，22 (8)：22-28.

[40] 马子量，郭志仪. 城市化发展中的产业升级：集聚推动、溢出效应与空间衰减基于西北地区的空间计量 [J]. 统计与信息论坛，2016 (2)：42-48.

[41] 年猛，王垚，焦永利. 中国制造业企业区位选择研究——集聚经济、市场导向与政策影响 [J]. 北京社会科学，2015 (1)：69-78.

[42] 潘文卿，刘庆. 中国制造业产业集聚与地区经济增长——基于中国工业企业数据的研究 [J]. 清华大学学报（哲学社会科学版），2012 (1)：137-147.

[43] 乔彬，李国平，杨妮妮. 产业聚集测度方法的演变和新发展 [J]. 数量经济技术经济研究，2007，24 (4)：124-133.

[44] 曲玥，蔡昉，张晓波. "飞雁模式"发生了吗？——对1998~2008年中国制造业的分析 [J]. 经济学（季刊），2013，12 (2)：757-776.

[45] 孙浦阳，韩帅，靳舒晶. 产业集聚对外商直接投资的影响分析——基于服务业与制造业的比较研究 [J]. 数量经济技术经济研究，2012 (9)：40-57.

[46] 孙浦阳，韩帅，许启钦. 产业集聚对劳动生产率的动态影响 [J]. 世界经济，2013 (3)：33-53.

［47］ 汪桥，张敏. 大国雁阵区域创新模型及路径选择 ［J］. 统计与决策，2012（18）：54 - 57.

［48］ 王春晖，赵伟. 集聚外部性与地区产业升级：一个区域开放视角的理论模型 ［J］. 国际贸易问题，2014（4）：67 - 77.

［49］ 韦伯. 工业区位论 ［M］. 北京：商务印书馆，1997.

［50］ 魏守华，汤丹宁，孙修远. 本地经济结构、外部空间溢出与制造业增长：以长三角为例 ［J］. 产业经济研究，2015（1）：71 - 82.

［51］ 文东伟，冼国明. 中国制造业产业集聚的程度及其演变趋势：1998 ~ 2009 年 ［J］. 世界经济，2014（3）：3 - 31.

［52］ 沃尔特·克里斯塔勒. 德国南部中心地原理 ［M］. 北京：商务印书馆，2010.

［53］ 吴三忙，李善同. 专业化、多样化与产业增长关系——基于中国省级制造业面板数据的实证研究 ［J］. 数量经济技术经济研究，2011（8）：21 - 34.

［54］ 伍业君，张其仔，徐娟. 产品空间与比较优势演化述评 ［J］. 经济评论，2012（4）：145 - 152.

［55］ 袁富华，张平. 雁阵理论的再评价与拓展：转型时期中国经济结构问题的诠释 ［J］. 经济学动态，2017（2）：4 - 13.

［56］ 赵伟，隋月红. 集聚类型、劳动力市场特征与工资——生产率差异 ［J］. 经济研究，2015（6）：33 - 45.

［57］ 郑琰. "雁阵模式"及其对我国产业升级的启示 ［J］. 华中农业大学学报（社会科学版），1999（2）：50 - 52.

［58］ 邹晓涓. 东亚地区产业转移和结构变动解析 ［J］. 亚太经济，2010（6）：15 - 18.

［59］ Akamatsu K.. A Historical Pattern of Economic Growth in Developing Countries ［J］. Developing Economies，1962（1）：3 - 25.

［60］ Andrew M. Isserman. The Location Quotient Approach to Estimating Regional Economic Impacts ［J］. Journal of the American Institute of Planners，1977，43（1）：33 - 41.

［61］ Billings S. B.，Johnson E. B.. Agglomeration within an Urban Area ［J］. Journal of Urban Economics，2016，91：13 - 25.

［62］ Billings S. B.，Johnson E. B.. The Location Quotient As an Estimator of Industrial Concentration [J]. Regional Science & Urban Economics, 2012, 42 (4): 642 – 647.

[63] Ciccone A. , Hall R. E. . Productivity and the Density of Economic Activity [J]. American Economic Review, 1996, 86 (1): 54 – 70.

[64] Ciccone A. , Papaioannou E. . Human Capital, The Structure of Production, and Growth [J]. Review of Economics & Statistics, 2009, 91 (1): 66 – 82.

[65] Delgado M. , Porter M. E. , Stern S. . Defining Clusters of Related Industries [J]. Working Paper, 2015, 16 (1) .

[66] Dowlinga M. , Cheang C. T. . Shifting Comparative Advantage in Asia: New Tests of the "Flying Geese" Model [J]. Journal of Asian Economics, 2000, 11 (4): 443 – 463.

[67] Duranton G. , Overman H. G. . Testing for Localization Using Micro – Geographic Data [C] // C. E. P. R. Discussion Papers, 2002.

[68] Ellison G. , Glaeser E. L. . Geographic Concentration in U. S. Manufacturing Industries: A Dartboard Approach [J]. Social Science Electronic Publishing, 1994, 105 (105): 889 – 927.

[69] Ginzburg A. , Simonazzi A. . Patterns of Industrialization and the Flying Geese Model: The Case of Electronics in East Asia [J]. Journal of Asian Economics, 2005, 15 (6): 1051 – 1078.

[70] Grossman G. M. , Helpman E. . Product Development and International Trade [J]. Elhanan Helpman, 1989, 97 (6): 1261 – 1283.

[71] Grossman G. M. , Helpman E. . Quality Ladders in the Theory of Economic Growth [J]. Review of Economic Studies, 1991, 58 (1): 43 – 61.

[72] Hausmann R. , Klinger B. . Structural Transformation and Patterns of Comparative Advantage in the Product Space [J]. Working Paper, 2006.

[73] Jianqing R. , Zhang X. . Do Geese Migrate Domestically?: Evidence from the Chinese Textile and Apparel Industry [J]. Ifpri Discussion Papers, 2010.

[74] Kojima K. . The "Flying Geese" Model of Asian Economic Development: Origin, Theoretical Extensions, and Regional Policy Implications [J]. Journal of Asian Economics, 2000, 11 (4): 375 – 401.

［75］ Krugman P. R. . Increasing Returns and Economic Geography ［C］// University of Chicago Press，1990：483 – 499.

［76］ Lee J. . Comparative Advantage in Manufacturing as a Determinant of Industrialization：The Korean Case ［J］. World Development，1995，23（7）：1195 – 1214.

［77］ Long C. , Zhang X. . Cluster – Based Industrialization in China：Financing and Performance ［J］. Ifpri Discussion Papers，2009，84（1）：112 – 123.

［78］ Lu J. , Tao Z. . Trends and Determinants of China's Industrial Agglomeration ［J］. Journal of Urban Economics，2009，65（2）：167 – 180.

［79］ Lucio J. J. D. , Herce J. A. , Goicolea A. . The Effects of Externalities on Productivity Growth in Spanish industry ［J］. Regional Science & Urban Economics，2002，32（2）：241 – 258.

［80］ Matsuyama K. . Increasing Returns，Industrialization，and Indeterminacy of Equilibrium ［J］. Quarterly Journal of Economics，1991，106（2）：617 – 650.

［81］ Matsuyama K. . The Rise of Mass Consumption Societies ［J］. Social Science Electronic Publishing，2000，110（5）：1035 – 1070.

［82］ Schott P. K. . Across – Product versus Within – Product Specialization in International Trade ［J］. Quarterly Journal of Economics，2004，119（2）：647 – 678.

［83］ Young A. . Learning by Doing and the Dynamic Effects of International Trade ［J］. Quarterly Journal of Economics，1991，106（2）：369 – 405.

［84］ Yue M. A. , Tang H. , Zhang Y. . Factor Intensity，Product Switching，and Productivity：Evidence from Chinese Exporters ［M］// Journal of International Exporters，2014.

（李雯轩）

后　记

　　《中国社会科学院工业经济研究所学科前沿报告（2017）》是中国社会科学院工业经济研究所加强学科建设和研究室建设的重要举措，是工业经济研究所实施中国社会科学院创新工程的重要组成部分，是一项集体合作完成的成果。

　　本报告分为三篇，共计十二章。第一章由江飞涛、张航燕执笔；第二章由胡伟、刘戒骄执笔；第三章由刘勇执笔；第四章由梁珊珊、杨丹辉、张艳芳执笔；第五章由袁惊柱、朱彤执笔；第六章由闵宏、吕铁执笔；第七章由王钦、刘湘丽、肖红军、赵剑波、张崔执笔；第八章由余菁执笔；第九章由贺俊执笔；第十章由胡文龙执笔；第十一章由陈耀、倪君执笔；第十二章由李雯轩执笔。

　　在本报告写作过程中，编写人员参阅了大量文献。在稿件组织、文字整理和编辑出版过程中，工业经济研究所科研处王楠、蒙娃同志做了深入、细致的组织协调工作，经济管理出版社的编辑也为此付出了努力。在此，谨向各文献的作者和诸位工作人员表示感谢。

编者

2017 年 11 月 24 日